céu

Dados Internacionais de Catalogação na Publicação (CIP)
(Câmara Brasileira do Livro, SP, Brasil)

Tada, Joni Eareckson

    Céu, nosso verdadeiro lar / Joni Eareckson Tada ; tradução de Lena Aranha. — São Paulo : Shedd Publicações, 2006.
264 p.

ISBN: 978-85-88315-44-0
Título original: Heaven: your real home.

    1. Céu - Cristianismo 2. Vida espiritual - Cristianismo I. Título

06-3069   CDD-234.24

Índices para catálogo sistemático:
1. Céu : Cristianismo 234.24

céu
NOSSO VERDADEIRO LAR

JONI EARECKSON TADA

Tradução
Lena Aranha

SHEDD
PUBLICAÇÕES

Publicado originalmente nos EUA com o título
Heaven, Your Real Home
Copyright © 1995 de Joni Eareckson Tada
Grand Rapids, Michigan

1ª Edição - Maio de 2006
1ª Reimpressão - 11/17

Publicado no Brasil com a devida autorização
e com todos os direitos reservados por
SHEDD PUBLICAÇÕES
Rua São Nazário, 30, Sto Amaro
São Paulo-SP - 04741-150
Tel. (011) 5521-1924

sheddpublicacoes@uol.com.br
www.sheddpublicacoes.com.br

Proibida a reprodução por quaisquer
meios (mecânicos, eletrônicos, xerográficos,
fotográficos, gravação, estocagem em banco de
dados, etc.), a não ser em citações breves
com indicação de fonte.

ISBN 978-85-88315-44-0

Printed in Brazil / Impresso no Brasil

TRADUÇÃO - Lena Aranha
REVISÃO - Shirley Gomes
DIAGRAMAÇÃO & CAPA - Edmilson Frazão Bizerra

Para Al Sanders
Este mundo não é a morada dele,
pois ele é apenas um peregrino...

e para Margareth,
que suaviza o máximo possível
a jornada dele.

Sumário

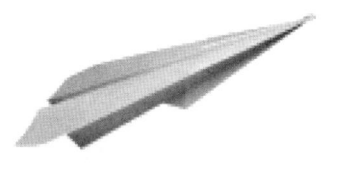

Agradecimentos 9
1. O que é tão fabuloso sobre o céu? 13

PARTE 1: COMO É O CÉU? 37
2. Quem está no céu? 39
3. O que faremos no céu? 65
4. Onde fica o céu e como é ele? 91

PARTE 2: O CÉU SERÁ A NOSSA MORADA? 117
5. Por que não nos adaptamos à Terra? 119
6. O céu é o desejo de nosso coração 143
7. O céu: a pátria do amor 169
8. À vontade com o nosso Rei 195

PARTE 3: A JORNADA RUMO À NOSSA MORADA 219
9. Preparando-se para o céu 221
10. A caminho de casa 247
Epílogo 263

Agradecimentos

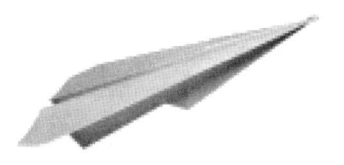

Pode parecer estranho, mas gostaria de expressar meu apreço por uma cadeira de rodas. Há quase trinta anos tetraplégica e há quase tanto tempo estudando a palavra de Deus, levaram-me a aprofundar minha gratidão a Deus por essas tiras e ferrolhos. A cadeira mostra-me o caminho para o lar, que já conheço pelo coração.

Grandes escritores e pensadores ajudaram-me a guiar meu coração para o céu. Ao longo dos anos, vasculhei as prateleiras em busca de todos os ensaios, sermões ou comentários escritos por C. S. Lewis e Jonathan Edwards, como também outras obras, cujo espectro se estende desde o bispo J. C. Ryle aos contemporâneos, como Peter Kreeft e John MacArthur. Obviamente, quando quero refletir sobre uma visão mais poética de céu, sempre tiro a poeira de meus velhos favoritos, como George MacDonald e Madame Jeanne Guyon. Agradeço aqui a todos esses maravilhosos filósofos e teólogos, muitos dos quais deixam suas impressões digitais, que você certamente detectará, nas páginas a seguir.

Também expresso minha gratidão por alguns outros... Scott Bolinder da Zondervan, que, há muitos anos, me diz: "Adoraríamos ouvir o que você tem a dizer sobre o céu". E John Sloan, meu editor, que graciosamente concedeu-me toda liberdade e espaço para escrever o que estava em meu coração. Também agradeço a Bob Hudson por ter examinado meus parágrafos com lupa. John Lucas, diretor de arte da Zondevan, e James Sewell, meu professor de arte, que me orientou enquanto eu trabalhava na apresentação da capa. E agradeço aos meus amigos da Wolgemuth & Hyatt pela ajuda que permitiu que este projeto se tornasse realidade.

Agradeço a Judy Butler e Frankie Lorey por graciosamente servir como minhas "mãos" neste projeto. E Steve Estes por revisar o manuscrito, mantendo-me dentro dos parâmetros rigorosos das Escrituras. Agradeço especialmente às mulheres que vieram à minha casa, em dias distintos, para tirar-me da cama, vestir-me, sentar-me na cadeira de rodas e deixar-me pronta para enfrentar as tarefas: Irene Lopez e Carolyn Simons, Patti Guth e Frankie Lorey, Donna Condon, Judy Butler e Karen Crum. Essas amigas fazem um investimento celestial toda vez que tratam minhas feridas, escovam com meus dentes ou me dão um suco de laranja com cereais. Naturalmente, não posso deixar agradecer a meu marido, Ken, que tolerou uma cota excessiva de pratos mexicanos para viagem, enquanto eu trabalhava neste manuscrito.

Ultimamente, sinto-me muito grata pelo fato de que o Senhor Jesus moveu o coração de muitos guerreiros de oração que intercedem fielmente. Bunny Warlen, Mary Lance Sisk, Jean Kenoyer, Pam Rosewell Moore e meu grupo de oração de quarta-feira à noite na igreja. Agradeço também ao pessoal do *JAF Ministries*, que se reúne todas as manhãs antes do trabalho para orar.

Um agradecimento a mais. Agradeço a você por separar um tempo e juntar-se a mim nesta jornada em direção às glórias celestes. E, quem sabe, antes que você termine a leitura, talvez descubra que também conhece de cor o caminho para nossa pátria celestial.

> Embora minha vida terrena nesta cadeira posso passar
> Recuso-me meu viver com o desespero desperdiçar.

E, embora os outros possam, o dom da cura receber
Creio que ele um dom incomparável me fez perceber...

Pois o céu está mais próximo de mim
E, às vezes, ele é tudo que consigo enchergar
Ouço a doce música aos meus ouvidos chegar;
E sei que ela é dedicada a mim.

Pois sou a noiva de Cristo, o Salvador,
E redimida estarei pelo seu amor.
Ele me dirá: "Vamos dançar?",
E nosso romance valerá todas as lágrimas que derramar.

Com aqueles que o Senhor curou a dor, vou me alegrar.
Com aqueles que ainda sentem a angústia, chorar.
As alegrias terrenas e as lágrimas terrenas, porém,
Estão confinadas à vida terrena,
E, um bem muito maior, a Palavra de Deus revela

Nesta vida temos de uma cruz carregar;
Uma pequena parte da morte de Jesus que podemos
    compartilhar.
E, um dia, nós a lançaremos ao solo,
Pois ele nos prometeu uma coroa
À qual nosso sofrimento jamais poderá ser comparado.

          — A valsa de Joni, de Nancy Honeytree[1]

1
O que é tão fabuloso sobre o céu?

Noite escura e de ventania.

Antes de retornar ao abrigo da casa, protegi-me contra o ar frio para escutar o assobio dos pinheiros da casa vizinha e admirar a lua – uma fatia sorridente e delgada no horizonte. Meus olhos perscrutaram a abóbada celeste, repleta de estrelas, a fim de localizar a Ursa Maior. Já a tinha visto recentemente, num livro, mas jamais tivera a oportunidade de vê-la todinha.

Procurei, procurei e, de repente, lá estava ela, o arranjo de estrelas que se espalhava grandioso e glorioso em um pedaço do céu que cobria um quarto da abóbada celeste. Não tinha idéia de que fosse tão *grande*. Nem imaginava que fosse tão bonita.

Estremeci e me senti pequena. Fui envolvida por aquele domo estrelado, que parecia ecoar com uma canção. Poderia jurar que ouvi uma música. Seria a melodia esmaecida de uma canção em meu coração? Quem sabe as estrelas da manhã cantando em coro? Não sei, mas a canção tocou um acorde de meu ser, como um diapasão que ressoasse em minha alma. As estrelas e a música tiraram-me o fôlego. E, antes que o frio me impelisse para dentro de casa, meu coração se alegrou, e eu murmurei em direção ao céu: "Jesus, estou voltando para a minha morada; é a esse mundo que pertenço". Então, girei a minha cadeira de rodas e entrei na cozinha pela porta da garagem. A luz fluorescente feriu-me os olhos, enquanto fechava a porta. Senti o aroma da refeição que estava sendo preparada. Dentro de casa estava quente, e a iluminação era suave. A televisão, monótona, não parava de sussurrar na sala, e Ken, meu marido, estava no corredor, ao telefone com um amigo.

Por algum tempo, fiquei sentada na cozinha, deixando que o calor acariciasse a minha face gelada. Lá fora, tivera um momento de grande felicidade e sabedoria, embora soubesse que seria incapaz de reter aquele momento celestial. Poucas pessoas têm a receptividade necessária para ouvir uma música celestial. Coisas corriqueiras — como o tinido das panelas e pratos na cozinha, o toque do telefone e os comerciais de comidas congeladas e detergentes na televisão — afogam essa canção. Ela é muito delicada para competir com as coisas mundanas. A música e o momento esmaecem, e voltamos a ser nós mesmos, deixando a criança para fora e pondo de lado nossa satisfação, como fizemos com a lua, com as estrelas e com o vento. Reservamos os pensamentos celestiais para um outro momento.

No entanto, vivemos com a memória poderosa desses momentos.

Nossas melhores lembranças, quer sejamos adultos quer crianças, são geralmente aquelas que tocam, como um diapasão, os acordes ressoantes de nossa alma. Essa é a canção que jamais esquecemos, e, sempre que captamos seu eco, a reconhecemos imediatamente. Nós a reconhecemos porque é repleta de uma beleza pungente. Essa canção, como um chamado profundo, traz a marca do Senhor. E como temos sua imagem, a memória está guardada na parte mais profunda do nosso ser. Tais momentos lançam sons e perscrutam as profundezas de quem somos. O que escutamos é o eco celestial.

Podemos escutar o eco inesquecível sob o véu da noite, ou em uma sinfonia, um poema, ou captá-lo em uma pintura. Na verdade, são os cantores, escritores e pintores que tentam, com mais freqüência, captar esse eco, essa música celestial, que nos impele a cantar, escrever ou pintar algo verdadeiramente belo.

Sei disso, pois sou uma artista. Tenho de confessar, no entanto, que jamais consegui pintar o céu. As pessoas me perguntaram a razão, mas não encontrei uma boa resposta, a não ser que o céu desafia a tela em branco do artista. O melhor que posso oferecer são cenas de montanhas de tirar o fôlego ou nuvens que, em parte, refletem, um pouco da majestade do céu. Não me sinto capaz de alcançar esse efeito.

A Terra, tampouco, retrata essa majestade. As montanhas e as nuvens reais são exaltações, mas mesmo as demonstrações mais grandiosas da glória terrestre — as nuvens carregadas que se avolumam acima do trigal ou a vista do Grand Canyon, da borda sul — são apenas esboços do céu. O melhor da Terra é apenas um reflexo esmaecido, uma apresentação preliminar da glória que, um dia, será revelada.

O problema é que raramente permitimos que esse fato nos penetre. Ou seja, até que sejamos detidos por uma dessas noites brilhantes, em que a atmosfera esteja límpida, e o céu escuro, salpicado com milhões de estrelas. É preciso um momento como esse para nos fazer parar, observar nossa respiração, criando pequenas nuvens no ar noturno e pensar: "Que é a sua vida? Vocês são como a neblina que aparece por um pouco de tempo e depois se dissipa" (Tg 4.14).

Depois, voltamos para dentro de casa e vamos assistir ao noticiário das seis ou para servir de juiz em uma disputa de nossos filhos. Aquele momento celestial se desvanece, e pensamos: *A vida não é como uma neblina que se dissipa rapidamente.*

Nós realmente não acreditamos que tudo terminará, não é? Se Deus não nos tivesse dito o contrário, pensaríamos que este desfile da vida continuaria para sempre.

Mas ela terminará. Esta vida não é para sempre; tampouco é a melhor vida que existe. O fato é que os crentes *são* direcionados para o céu. Isso é realidade. E o que fazemos aqui na Terra tem relação direta com a forma que viveremos lá. O céu pode estar tão perto quanto o ano ou a semana que vem; portanto, aqui na Terra, faz muito sentido dedicar algum tempo aos pensamentos sinceros sobre o maravilhoso futuro que nos está reservado.

Amo pensar e ler sobre o céu. No entanto, ao folhear as páginas das Escrituras — nosso melhor recurso sobre o céu —, percebi que sua linguagem é enigmática. É preciso decifrar os hieróglifos do céu para que sua mensagem faça sentido.

Além disso, perdi-me no caos cronológico quando meditava sobre como o retorno de Jesus à terra se relaciona ao milênio, ao arrebatamento, ao julgamento, e às tigelas, aos códices e às trombetas do livro de Apocalipse. Como podemos perseguir o céu em meio a tanta confusão ou considerar nosso futuro "maravilhoso" se continuamos hesitantes diante da expressão que representa coroas e tronos?

Essas coisas podem parecer impedimentos, mas, na verdade, são incentivos. Os símbolos que as Escrituras utilizam, palmas, ruas de ouro e mares de vidro, são apenas símbolos. Eles jamais satisfazem nossa curiosidade sobre o céu, nem foram utilizados com essa finalidade. Não passam de imagens da coisa real e funcionam como mapas e placas que nos indicam e nos mostram o caminho de casa.

As próximas páginas falam de mapas e placas que sinalizam o caminho até o firmamento, a verdadeira morada do nosso coração e do nosso espírito. Quero tocar em seu coração, abrir um mapa para mostrar-lhe o caminho do nosso abrigo. Os pensamentos aqui expressos são para aqueles cujo coração se prostra diante da alegria celestial, ou, pelo menos, para os que gostariam que seu coração sucumbisse. Este livro é também para aqueles que não têm a menor idéia do que seja a alegria celestial, mas são perseguidos pela curiosidade.

É verdade, o céu pode desafiar o autor das páginas impressas, mas as palavras, e até mesmo as pinturas, como aquela que fiz para a capa deste livro, podem muitas vezes tocar a corda ressonante, ajudando-nos a ouvir a antiga e celestial canção, que as estrelas da manhã cantam em coro. Em vez de consentir que essa canção se retire com a presença de coisas mundanas, como o chiado das rádios e o barulho da máquina de lavar, espero que essas próximas páginas possam ajudar você a se sintonizar com a melodia celestial.

Essas canções, como aquela colher de sopa surrupiada antes do jantar, servem para que você sinta o sabor do que lhe espera quando chegar à mesa do banquete.

O intuito foi apontar para o céu, a fim de ajudar você a ver algo além, muito além da constelação da Ursa Maior. Isso nos serve para que não nos acomodemos às coisas aqui da Terra nem fiquemos muito satisfeitos com elas. Afinal, as coisas terrenas são apenas o som da afinação da orquestra, que se prepara para uma apresentação. A canção real está prestes a irromper na sinfonia celestial, e o prelúdio está muito próximo.

O primeiro sinal celeste

A primeira vez que escutei a inesquecível canção celestial, tão antiga e tão nova, foi em 1957. Minha família e eu havíamos feito as malas e, com nosso velho carro, seguíamos para o oeste do país pelas estradas do interior do Kansas. Meu pai encostou o carro no acostamento, para que minha irmã pudesse ir ao banheiro. Saltei do sufocante banco traseiro e caminhei ao longo da cerca de arame farpado ao lado da estrada. Essa oportunidade serviu tanto para secar o suor de minhas costas como para explorar as redondezas.

Parei, peguei uma pedra, observei-a e, depois, atirei-a para o lado de lá da cerca, na maior plantação que já tinha visto – tão grande que a perdia de vista. Parecia um mar de trigo, ondas de grãos dourados que se agitavam ao vento, e, com aquele céu azul brilhante ao fundo, tudo era radiante e belo. Continuei parada, observando. Uma brisa suave afagou meus cabelos. Uma borboleta adejava. A não ser pelo zumbido de alguns insetos, tudo estava quieto, incrivelmente quieto.

Ou não estava?

Não me lembro se a canção veio do céu ou do campo de trigo, ou se era apenas o som dos grilos. Tentei ouvir atentamente, mas em vez de realmente escutar as notas, eu senti... o espaço. Um espaço amplo encheu meu coração, como se todo o campo de trigo coubesse na alma de uma criança de sete anos. Olhei para cima e vi um falcão fazendo círculos no ar. O pássaro, o céu, o sol e o campo de trigo elevaram-me, como se fossem uma orquestração celestial, e, com sinceridade e claridade, iluminaram meu coração como uma canção folclórica tocada em tom maior, puro e sincero. Jamais sentira — ou seria melhor dizer: escutara? — tal coisa. No entanto, assim que tentei captar o eco inesquecível, ele desapareceu.

Tinha apenas sete anos, mas ali, de pé, ao lado da cerca de um campo de trigo do Kansas, sabia que meu coração fora quebrantado por Deus. Na verdade, eu ainda não o conhecia naquela época, mas também não era tão jovem a ponto de não poder sentir os toques ocasionais do Espírito Santo. Continuei com os olhos fixos na paisagem, cantarolando uma antiga cantiga, uma de minhas favoritas da escola dominical: "Este mundo não é minha morada, estou apenas de passagem". Para mim, aquele momento foi celestial.

Papai tocou a buzina, e voltei correndo para o carro. Minha família saiu dali agora com uma garotinha levemente transformada no banco traseiro.

Posso contar nos dedos as vezes que tive experiências semelhantes, em que meu coração parecia bater à frente de meu corpo, no compasso do Espírito. Um desses momentos foi alguns anos depois de 1967, ano em que sofri um acidente de mergulho que me deixou paralítica. Estava apenas começando a ter experiências espirituais com Jesus e, ao ser duramente encostada contra a parede, tive de considerar seriamente seu senhorio em minha vida. Aqueles foram os momentos em que passei longas noites com meu amigo Steve Estes, que, ao lado da lareira e com a Bíblia aberta, meditava sobre a Palavra.

Ele me guiava através da Palavra de Deus, a fim de me ajudar a compreender o céu. Todos nós temos curiosidade para saber onde ele se localiza, com que se parece, quem está lá e o que as pessoas que lá estão usam e fazem. Eu não sou exceção.

Fiquei fascinada ao descobrir que um dia não mais estaria paralítica, pois teria um corpo novo e glorificado. Comecei, imediatamente, a imaginar todas as coisas maravilhosas que faria com minhas mãos e pernas após a ressurreição. Nadar alguns metros. Descascar algumas laranjas. Correr pelos campos e mergulhar nas ondas. Escalar algumas montanhas e correr pelas campinas. Esses pensamentos, apesar de estar em minha cadeira de rodas e ser incapaz de me mover, arrebatam-me e comecei a sentir saudades, pois o eco da canção celestial reverberou e fez ampliar o poder da alegria em meu coração.

Ao perceber o quanto eu estava maravilhada com tudo, Steve mostrou-me uma passagem em Apocalipse 21. Mal podia esperar para ler tudo sobre esse futuro que Deus nos reserva. Iniciei com o primeiro versículo: "Então vi novos céus e nova terra...".

"Tudo bem! Aceito essa idéia. Este velho planeta realmente precisa de uma boa reforma."

"...pois o primeiro céu e a primeira Terra tinham passado..."

"Como? Você quer dizer que tudo nesta terra desaparecerá e deixará de existir? Mas há tantas coisas das quais gosto. Cachorro-quente com queijo. As finais do campeonato de basquete. As belas cachoeiras..."

"...e o mar já não existia."

"O quê? Sem mar? Mais eu amo o oceano. As ondas. O vento. O cheiro de maresia no ar. E quanto ao borrifar da arrebentação das ondas? E cavar a areia com os pés? Para mim, o céu *deve ter* oceanos."

"Vi a Cidade Santa, a nova Jerusalém, que descia dos céus, da parte de Deus, preparada como uma noiva adornada para o seu marido."

"Sem mares? Sem dunas de areia? Sem recifes de coral? Sem campos de trigo nem sequóias? Basta! Odeio cidades, mesmo que sejam santas. Quem apreciaria os projetos de prédios de dezesseis andares no centro do céu? Algumas pessoas podem até gostar de um planejamento urbano perfeito, mas não eu, meu caro amigo!"

Meu amigo percebeu meu desapontamento e fechou a Bíblia. Ele sabia que as maravilhas do céu, que brotaram espontaneamente em meu coração, também desapareceram com a mesma rapidez. Isso não foi *nada* parecido com a sensação que tive quando era criança, quando observei aquele campo de trigo no Kansas. Alguma coisa estava muito errada comigo ou com as descrições da glória celeste encontradas na Bíblia.

Isso lhe parece familiar?

Seja honesto. Seja como qualquer cristão honesto e ousado, cujo pés estão firmemente plantados na terra. Não houve momentos em que as descrições pictóricas do céu, conforme encontramos na Bíblia, pareceram sem graça e enfadonhas se comparadas com a visão de tirar o fôlego e o rugido ensurdecedor das cataratas do Niágara? Ou com o esquadrinhar as planícies serenas do Colorado do alto das montanhas? Ou com o roçar das ondas de grão dourado que se estendem por quilômetros e quilômetros? Você sente que, algumas vezes, as notas musicais da criação de Deus chegam quase a eclipsar as notas de rodapé de Ezequiel, nas quais ele descreve as coisas do céu como rodas que estão em intersecção com outras rodas e que se movem em quatro direções distintas? "Seus aros eram altos e impressionantes e estavam cheios de olhos ao redor" (Ez 1.18). *O queeeê?*

Ler sobre o céu na Bíblia pode, às vezes, parecer uma cópia mal-feita de um folder de turismo de alto padrão:

> Um grande conjunto de portões cravejados de pérolas lhe dará as boas-vindas no céu, mas tome cuidado para não escorregar nas ruas pavimentadas com ouro. Não se preocupe em buscar um lugar em que possa experimentar as delícias da cozinha local, pois não há necessidade de comer enquanto estiver no céu. Você também não precisará procurar acomodação, pois camas confortáveis, lençóis limpos e claros e travesseiros macios não são necessários.

O ápice dos cenários turísticos é o mar de vidro. Entretanto, as condições locais impedem o pôr-do-sol, o alvorecer ou as luas cheias. Não deixe de visitar a fantástica Nova Jerusalém, uma surpreendente cidade do futuro com planejamento arquitetônico grandemente premiado. Deleite-se com os doze fundamentos. Maravilhe-se diante das doze portas, cada uma delas feita com uma pérola única e gigante. A Nova Jerusalém, um espetáculo totalmente à parte, ofusca até mesmo a cidade de esmeraldas, a tão famosa Cidade de Oz.

Comentei com Steve: "Isso é desconcertante. Realmente, não entendo".

Ele, com o intuito de me encorajar, passou para as palavras de Jesus em João 14.1-4: "Não se perturbe o coração de vocês. Creiam em Deus; creiam também em mim. Na casa de meu Pai há muitos aposentos; se não fosse assim, eu lhes teria dito. Vou preparar-lhes lugar. E se eu for e lhes preparar lugar, voltarei e os levarei para mim, para que vocês estejam onde eu estiver. Vocês conhecem o caminho para onde vou".

Meu amigo tentou instigar minha imaginação, explicando-me que se Jesus, no momento, está preparando o céu, este deve ser fantástico. Ele apenas precisou de sete dias para criar a Terra, mas — veja que fantástico! — já está trabalhando há quase dois mil anos em meu aposento em sua casa.

Uma manobra esperta, mas que bombardeou meu ânimo. Lembrei-me das vezes que, em menos de uma semana, fiquei entediada nos quartos dos hotéis mais belos que já conheci. Ele tentou de novo, explicando que, de qualquer forma, esse assunto de casas e aposentos provavelmente fosse uma alegoria. Olhei perplexa para o meu amigo, me perguntando como essa idéia melhorava a anterior.

Com certeza, você pode entender a razão pela qual, pelo menos no início, eu preferia pensar no céu da beira de um penhasco com vista para um oceano revolto, em vez de imaginá-lo de acordo com Apocalipse 21.

Por que os símbolos celestiais parecem tão negativos?

Não estou brincando, mas, como você, fico perplexa em saber que o céu é habitualmente descrito em termos de "sem isso" e "sem aquilo". Sem mar. Sem noite. Sem tempo. Sem lua ou sol.

E quanto à comida, ao casamento, ao sexo, à arte e aos grandes livros?! Será que Ezequiel e o autor de Apocalipse pressupõem que todos os outros benefícios do céu são mais importantes do que o "sem isso" e o "sem aquilo"? Há décadas sentada em uma cadeira de rodas, tenho um sem-número de memórias gloriosas da existência, tudo, desde sentir meus dedos sobre o teclado branco e frio de um piano até a euforia de mergulhar na arrebentação da maré alta. Essas memórias inundam todas as fibras do meu ser, e, portanto, de minha imaginação. É triste pensar que o melhor dessas memórias não tem lugar no céu. Você poderia dizer a mesma coisa.

Steve desafiou-me: "Entretanto, conforme está escrito: 'Olho nenhum viu, ouvido nenhum ouviu, mente nenhuma imaginou o que Deus preparou para aqueles que o amam...'. Logo, sua imaginação não pode nem mesmo começar a visualizar tudo que Deus está preparando para nós".

Não conseguia compreender porque a maior parte da felicidade celeste deveria ser descrita com negações. Por que Deus parecia falar sobre o céu em termos do que ele *não* seria, em vez do que ele seria?

Isso não era tudo. Também ficava perplexa ao perceber que as descrições positivas do que o céu *é* pareciam desajeitadas e sem graça. Arco-íris e tronos? Ruas de ouro? Portas de pérola? Uma cidade brilhante com dois mil e duzentos quilômetros de comprimento e de largura e de altura, cujos muros têm sessenta e cinco metros de espessura e são feitos de jaspe? Isso se parecia mais com um shopping center. Fiquei confusa ao admitir isso, mais até mesmo as descrições sobre a paz duradoura e a felicidade eterna pareciam maçantes.

Meu amigo suspirou e, mais uma vez, tentou explicar-me. "Joni, você conhece a Bíblia bem o suficiente para saber que ela não a enganará. Assim, em vez de nos desanimar, essas descrições não deveriam acender nosso coração? Você não fica um pouco aliviada ao saber que o céu não está reduzido a termos com os quais podemos lidar?"

Olhei-o inexpressivamente. E ele prosseguiu: "Você não se sente consolada ao saber que suas maravilhas desafiam qualquer descrição?" Ele fez uma longa pausa e depois acrescentou: "Para simplificar, não há palavras para descrever o céu". Agora era a vez de ele me olhar de forma vaga.

Conforme alguém bem expressou, o que Steve estava dizendo era obscuro para meu intelecto, embora fosse mais claro para meu coração. Ele estava certo. Eu queria que aquelas ruas de ouro e portões de pérolas acendessem meu coração, não que dessem um banho de água fria em meus anseios. Meu coração queria que o céu fosse o diapasão que Deus faz soar. Queria que o âmago do meu ser vibrasse com o antigo, mas ainda familiar, anseio que deseja algo que preencha a minha alma e a faça transbordar.

Sorri. A seguir, nós dois sorrimos. Sabíamos que Deus não nos trouxera até aquele ponto apenas para nos deixar desapontados com meras negativas. Eu não estava prestes a desanimar. Devia ver os pontos positivos. A Bíblia é um livro confiável, portanto *devia* haver muito mais por trás do trono e do arco-íris, coisas que meus olhos não conseguiam vislumbrar. Todas essas referências às cidades de ouro e aos mares de vidro deviam ser indícios de algum mistério surpreendente. E se Salmos 25.14 estiver correto? E visto que "o Senhor confia os seus segredos aos que o temem", então esse é um mistério que Deus quer estimular-me a buscar para que o meu interesse seja instigado e despertado até que eu compreenda o que é o céu.

Senti-me reanimada. Decidi contar ao Steve sobre aquela distante tarde de verão ao lado do campo de trigo, em Kansas. Suspirei: "Era apenas uma menina, mas o céu parecia tão próximo e tão real". Descrevi a alegria e a admiração, a sensação de espaço e o som da música. A seguir, contei-lhe que queria que o céu se assemelhasse àquilo... queria uma espécie de mapa para que pudesse retornar àquele campo de trigo.

Meu amigo alertou-me: "Seus anseios sobre o céu precisam se apoiar em algo. Você não pode ignorar as ruas de ouro nem os arco-íris e os tronos apenas porque eles, à primeira vista, não a deixam empolgada. Essas são imagens que Deus nos deu — os símbolos que a Bíblia nos convida a examinar. Eles não são empecilhos, mas incentivos".

Sabia que, em relação a isso, ele também estava certo. Se eu andasse pela periferia da ofuscante cidade celestial com seus muros de sessenta e cinco metros de espessura, feitos de jaspe — apenas porque eu não gostava da idéia de planejamento urbano no céu —, não teria nada, exceto minha imaginação, em que apoiar minha fé. E isso poderia ser um tanto perigoso, se é que não seria um tanto similar à Nova Era.

"Joni, não confunda os sinais da Bíblia com a realidade que eles representam. Isso funciona mais ou menos da seguinte forma: suponha que estamos viajando por uma estrada e vemos uma placa verde de sinalização que diz: 'Chicago – 80 km'. Nós jamais confundiríamos a placa de sinalização com a cidade de Chicago, não é mesmo?"

"Claro."

"Nós dois compreendemos que essa é uma sinalização que nos informa que estamos a 80 quilômetros dessa realidade que, na verdade, é muito, muito diferente dessa placa de sinalização verde, com letras brancas, que mede um metro e meio por um metro e oitenta."

Isso era fácil de acompanhar.

"Da mesma forma, não caminhe até o muro que tem dois mil e duzentos quilômetros de altura e que é feito com jóias radiantes apenas para parar sua caminhada ali. Não se ajoelhe para examinar se as ruas de ouro são de dezoito ou de vinte e quatro quilates. Essas coisas estão apenas apontando para uma realidade, ainda nebulosa para a nossa mente, e que está muito além dos meros símbolos."

Aos poucos, a luz raiava. O problema não estava com as descrições bíblicas da glória celeste, mas com a forma pela qual eu estava olhando para aqueles símbolos.

Steve prosseguiu: "Como você não parece tão entusiasmada com a nova Jerusalém, considere o seguinte: os muros dessa cidade têm a mesma altura, largura e comprimento. A cidade é um cubo perfeito, cuja proporções são de dois mil e duzentos quilômetros. O que você acha que isso significa?"

Apenas repliquei: "Que o céu é feio".

"Uau! Cuidado ou você pode quebrar a cara em uma placa de sinalização para Chicago", disse-me sorrindo. "Se você parar apenas no símbolo, você está correta, pois essa não é uma visão bonita. No entanto, os símbolos apontam para algo mais distante de si mesmos."

Retornamos à descrição, no Antigo Testamento, da construção do Santo dos Santos, sob a orientação do rei Salomão, no qual a arca da aliança ficava. Primeiro Reis 6.20 diz o seguinte: "O santuário interno tinha nove metros de comprimento, nove de largura e nove de altura".

Steve prosseguiu: "Veja bem, as proporções são idênticas, só que o céu é cerca de duzentos e cinqüenta mil vezes maior. Como o livro de Apocalipse insiste que não há templo no céu, provavelmente a idéia que nos passa é que o paraíso todo é um templo. Assim como a presença inebriante de Deus enchia o Santo dos Santos, ela também encherá a Cidade Santa. Só que de forma muito mais intensa."

"Hum... isso é algo a se pensar", refleti.

"Exatamente! Você tem de pensar sobre isso. Quando você medita sobre as Escrituras, sua fé tem algo em que se apoiar. Algo que é factual e verdadeiro. Sua fé tem algo que a alimenta, algo em que seus sonhos sobre os céus possam lançar suas raízes."

Naquele momento, não percebi que Steve Estes acabara de me mostrar a maneira como deveria ler o mapa, como compreender a legenda e os símbolos que mostrariam o caminho para o céu. Pois, quando se trata do céu, não há limites para o que o Senhor confia àqueles cuja fé está enraizada nas Escrituras.

Ver o céu com os olhos da fé

A Bíblia fornece os símbolos. No entanto, a fé é que dá vida aos hieróglifos do céu. E o céu *deve* ganhar vida! Afinal, você é um cidadão do reino do céu e, de acordo com Filipenses 3.20, você deve esperá-lo ansiosamente. O céu é o fim de sua jornada, o objetivo de sua vida, a razão para prosseguir. Se o céu é a morada do seu espírito, o descanso para sua alma, o lugar apropriado para guardar todo o investimento espiritual feito na Terra, ele deve, então, fascinar seu coração.

O céu é e sempre será uma questão de fé. "Ora, a fé é a certeza daquilo que esperamos e a prova das coisas que não vemos" (Hb 11.1). Pare e separe esse versículo. Fé significa acreditar em realidades que estão além dos sentidos e da visão. É ter certeza de algo que você espera, isto é, certeza sobre as coisas que só serão cumpridas no futuro. É ter certeza de algo que você não pode ver, ou seja, é estar consciente das realidades divinas invisíveis que estão ao seu redor. A fé, para expressar isso de uma outra forma, não faz apenas com que você tenha certeza de que as ruas celestes de ouro realmente existam, mas também ajuda a ver algo além das ruas terrenas de asfalto que existem agora.

Bem, não é necessária uma fé maior que um grão de areia para se ter certeza das coisas que ainda se cumprirão no futuro. Não é necessária uma grande fé para se ter consciência das realidades divinas invisíveis que estão ao nosso redor. Se você estiver consciente das realidades que não pode ver, se estiver certo de que há muitas realidades a ser cumpridas, já está muito próximo da solução do mistério!

Façamos uma experiência com algumas descrições pictóricas no livro de Ezequiel.

O profeta está sentado às margens de um rio, quando, repentinamente, em um lampejo, ele vê os céus se abrirem acima dele. "Olhei e vi [...] uma nuvem imensa, com relâmpagos e faíscas, e cercada por uma luz brilhante. O centro do fogo parecia metal reluzente, e no meio do fogo havia quatro vultos que pareciam seres viventes. [...] Assim eram os seus rostos". Depois, Ezequiel prossegue e descreve quatro cabeças com olhos, orelhas, nariz e boca de boi e homem, leão e águia. Acho que era isso mesmo.

Meu coração se junta a Ezequiel. Ele estava apenas cuidando de seus afazeres ao lado do rio quando, sem aviso, Deus pressionou seus olhos, que ficaram bem apertados em razão do brilho do céu, um brilho que a fé comum vê à distância e, depois, apenas através de um vidro esfumaçado. O profeta lutou para encontrar palavras que descrevessem o que ele testemunhou, mas, depois de procurar em seu dicionário substantivos e adjetivos apropriados para fazer uma descrição com imagens do céu, ele teve de recorrer a uma linguagem antiga e familiar. Essa é a razão pela qual há figuras estranhas de criaturas com faces esquisitas e rodas que apenas os escritores de ficção científica seriam capazes de imaginar.

Ezequiel, corajosamente, prosseguiu e escreveu o que vira. Deus revelou-lhe algo sobrenatural — muitas realidades divinas invisíveis —, mas Deus não deu ao profeta um dicionário com palavras relacionadas aos aspectos sobrenaturais. Portanto, Ezequiel teve de confiar na linguagem da semelhança. O centro do fogo *parecia* isso... e as faces *pareciam* aquilo. Na verdade, quanto mais Ezequiel se aproxima do trono de fogo, menos precisas se tornam suas palavras.

Você pode quase escutar, a partir do versículo 26 do capítulo 1, o titubear e o gaguejar de Ezequiel:

> Acima da abóbada sobre as suas cabeças havia o que parecia um trono de safira e, bem no alto, sobre o trono, havia uma figura que parecia um homem. Vi que a parte de cima do que parecia ser a cintura dele, parecia metal brilhante, como que cheia de fogo, e a parte de baixo parecia fogo; e uma luz brilhante o cercava. Tal como a aparência do arco-íris nas nuvens de um dia chuvoso, assim era o resplendor ao seu redor. Essa era a aparência da figura da glória do SENHOR.

Você contou todos os "parecia"? Pobre homem! O trono não era nada parecido com o do rei Davi; e a peça de mobília que Ezequiel observou, conforme sua descrição, mais "parecia um trono". E o Senhor que estava assentado nele? Ele poderia apenas descrevê-lo como "uma figura que parecia um homem."[1]

A mesma coisa aconteceu com o apóstolo João que lutou para escrever a visão celeste que teve enquanto estava sentado na praia, na ilha de Patmos. Assim, o profeta se esforçou o máximo que podia para descrever o que parece rios de vidro, ruas de ouro e portões de pérola.

Onde quero chegar? Ezequiel e João tinham certeza daquilo que esperavam? É claro que sim. Eles tinham certeza das coisas que jamais viram? É obvio que sim. Eles testemunharam muito do futuro, o que ainda estava para ser cumprido, e, quando o Senhor puxou as cortinas, eles puderam realmente ver as realidades invisíveis, eles confiaram que o Senhor as faria acontecer. A fé que tinham em relação ao céu pode até ter sido nebulosa no passado, mas assim que seus olhos foram abertos, as realidades com *r* minúsculo tornaram-se Realidades com *R* maiúsculo.

Bem, é verdade que eles tinham uma pequena vantagem. Quando viam o céu, era como se estivessem diante de um arco de luz sem óculos escuros. Eles não poderiam deixar de ver isso. Viram com os próprios olhos o que haviam esperado durante toda a vida. Mas, antes que você os inveje, lembre-se de que "esperança que se vê não é esperança. Quem espera por aquilo que está vendo?" (Rm 8.24).

Ezequiel e João viram a esperança. Nós não podemos vê-la. E essa é a razão pela qual a música celestial ainda é apenas um eco. É uma aspiração ainda não cumprida. Um desejo que ainda é uma dor. Mais isso não é ruim. Podemos nos esforçar e apertar os olhos para ver os céus através do vidro nebuloso, mas quando nós, os fiéis comuns, temos um vislumbre, podemos ficar em um estado mais abençoado do que o do profeta. Como? Jesus, em João 20.29, recomenda a fé das pessoas como você e eu, quando ele nos eleva, ao dizer: "Felizes os *que não viram* e creram" (destaque da autora).

Jesus diz que há um tipo especial de benção, uma felicidade singular que está reservada às pessoas como você e eu, que escavam a sujeira terrena para decifrar os hieróglifos do céu. No que diz respeito ao céu, se você consegue ir além dos símbolos e ter certeza do que espera, como também se tiver certeza de que o que você não vê está *lá,* então está se aproximando do tipo de comunhão que os profetas e os apóstolos tiveram. Embora o arco-íris e o trono tenham ficado gravados nos olhos deles, você pode vislumbrar o que o trono simboliza, como também pode ver o que está além, ainda que através de um vidro obscuro.

Por que é difícil compreender o céu?

Há algo mais que podemos aprender com Ezequiel e João. As palavras utilizadas nessas descrições, por mais esquisitas e estranhas que possam parecer, transmitem uma coisa com certeza: toda cena do céu é muito real. Não há nada que seja insignificante ou nebuloso em relação às medidas exatas de uma fundação com doze camadas de pedras preciosas.

Ele é real, mas totalmente distinto de qualquer coisa da Terra.

Deus tem boas razões para descrevê-lo dessa forma. Veja bem, se Ezequiel ou João, ou até mesmo nós, não fôssemos capazes de derrubar o muro infinitamente alto que separa "tudo o que é espiritual" de "tudo o que não é espiritual", se fôssemos capazes de medir aquele muro com as cordas e os cabos de ferro da compreensão humana, então — por Deus! — nossa fé não significaria muito.

Deus planejou o céu e os seres humanos de forma que uma nuvem de mistério impedisse que você e eu compreendêssemos o céu por meio da linguagem e da lógica. O apóstolo Paulo, como Ezequiel e João, viu o céu com os próprios olhos, mas, de forma distinta deles, não só foi incapaz de descrever as visões, como também não lhe foi dada a permissão para isso! O mistério *supostamente* deve permanecer intacto. Não podemos conceber o céu apenas a partir de pressupostos lógicos. Mesmo se pudéssemos, estaríamos apenas iluminando o sol com uma lanterna. Só podemos quebrar o vidro nebuloso pela fé.

Sinto-me muito agradecida que o céu seja maior que a linguagem humana. E quanto às visões "deselegantes" do folder de turismo de luxo, a fé remove toda essa deselegância. Tentar captar o céu sem fé é o mesmo que tentar apenas admirar o exterior de uma enorme catedral com grandes vitrais. Ao ficar do lado de fora, você vê uma estrutura impressionante e majestosa. O prédio é surpreendente, mas não tem nenhuma glória real. Contudo, se visitar o interior da catedral — que é um pouco como admirar o céu pelos olhos da fé —, você, enquanto está ali de pé, fica boquiaberto, quando se vê imerso em cores gloriosas da luz que irradia através dos vitrais.[2]

A fé nos leva além da linguagem impressionante e majestosa das cidades e dos tronos de ouro para revelar a glória, melhor e mais radiante, existente no interior dos muros da Nova Jerusalém. A fé aceita as descrições do asfalto de vinte e quatro quilates e de grandes pérolas balançando em dobradiças, o que nos faz ter certeza de que aquilo que esperamos é muito, muito melhor do que aqui.

Quanto melhor?

Olhe para além do negativo

Lembra-se de como exacerbei todas as descrições dos "sem isso" e dos "sem aquilo" do céu? Nada de comida, nada de casamento, nada de lua, nada da necessidade de bons livros? *A fé faz-nos lembrar de que todo negativo é apenas o reverso de algo que se cumprirá.* O cumprimento de tudo que Deus quis que a humanidade fosse. É verdade, podemos desfrutar uma boa carne grelhada ou uma noite romântica de lua cheia, com o marido ou a esposa, mas a fé nos diz que essas são alusões a melhores sabores e encantadoras delícias por vir. Eles não serão negados, não. Ao contrário, o sussurro daquilo que são aqui na Terra encontrará total cumprimento no céu.

Não parta do pressuposto que se não houver casamento no céu, seremos forçados a embarcar em uma abstinência eterna. Não rumine a idéia de que se não houver churrasco no céu, seremos compelidos a nos alimentar com pílulas cinzentas e sem sabor.

Utilize os olhos da fé. Pense em termos de "realizações divinas futuras". Perceba que cada negativo é apenas o reverso da realização. Pois o que não mais será necessário para os propósitos biológicos, como a procriação ou a digestão, talvez possa servir a uma função mais sublime e superior.

Essa é uma daquelas realidades que estão além dos sentidos ou da visão. Observe o versículo que afirma: "Feliz é o homem que persevera na provação, porque depois de aprovado receberá a coroa da vida..." (Tg 1.12). Com base nesse versículo, podemos inferir que nossas vitórias, quando refreamos nossos apetites aqui na Terra, recusando-nos a permitir que a cobiça e a glutonaria arruinem coisas maravilhosas, como o casamento ou os alimentos, ganham glória e esplendor no céu. Se controlarmos nossos hormônios na Terra, a fidelidade no casamento nos servirá como arma triunfal com a qual derrotamos a tentação. E isso trará glória ainda maior a Deus.

Mencionei esse assunto sobre "controlar hormônios" em uma outra noite bem agradável, ao lado da lareira, com Steve. Essa é a grande questão que, mais cedo ou mais tarde, cogitamos sobre o céu. Era apenas uma adolescente e fiquei sem jeito para usar a palavra *sexo*, portanto apenas fiz um comentário casual: "O que essa idéia que afirma que 'as pessoas não se casam' no céu realmente significa?"

Parece que ele leu meus pensamentos e, sorrindo, respondeu-me: "Joni, coisas como a procriação e a digestão são funções físicas, necessárias para a nossa vida aqui na Terra. Quando chegarmos ao céu, não acho que nos tornaremos seres assexuados nem jamais deixaremos de enterrar nossos gloriosos dentes em um pêssego suculento. É que o céu oferece algo muito, muito melhor. Muito melhor do que o prazer que as pessoas desfrutam no casamento".

Olhei-o cheia de ceticismo. "Não sou casada, mas acho isso muito difícil de imaginar."

Steve prosseguiu: "Não, não é difícil de imaginar; é impossível. Absolutamente impossível. Não temos a menor idéia do que Deus está nos preparando. Mas escute esse versículo, em Salmo 16.11: 'Tu me farás conhecer a vereda da vida, a alegria plena da tua presença, eterno prazer à tua direita'. A fé nos diz que os prazeres e privilégios dos quais as pessoas desfrutam no casamento são apenas alusões e suspiros de prazeres ainda maiores que estão por vir".

Dei um sorriso incerto, traduzindo-lhe minha dúvida. Decidi, porém, que ele estava certo. Meu questionamento sobre intimidade e alimentos, por enquanto, teria de ser protelado. Por ora, deveria cultivar a fé de que todo negativo não passava do reverso de uma realização. Aquela realização de tudo que Deus planejou que a nossa humanidade fosse.

Não apenas não haverá necessidade de procriação nem de digestão, mas, no céu, também não existirá — repito, não existirá — um sol ou uma lua. Apocalipse 21.23 afirma: "A cidade não precisa de sol nem de lua para brilharem sobre ela". Mas não lamente esse fato. O céu não será menos esplendoroso do que um glorioso alvorecer ou o brilho de uma noite enluarada, pois "a glória de Deus a iluminará, e o Cordeiro será sua lâmpada". Até mesmo a luz, no futuro, terá sua realização divina, pois será uma luz melhor; "não mais como a chama de uma vela que se apaga, mas como a chama de uma vela que se torna invisível, pois alguém abriu as cortinas, escancarou as janelas e deixou entrar o brilho intenso do filho ressurrecto".[3]

A fé nos diz que não devemos lamentar. Não sairemos perdendo no céu; antes, ganharemos. O Senhor que plantou, em quase todas as coisas boas aqui da Terra, a semente das realizações divinas e futuras, no dia em que esse futuro chegar, completará sua obra até que todas as realidades divinas invisíveis tornem-se claras como a água límpida. Deus não jogará fora nenhuma das coisas boas. "O antigo campo do espaço, tempo, matéria e sentidos deve ser limpo, arado e semeado para uma nova safra."[4]

Reconheça os positivos

Vou fazer mais uma pergunta que explicará algo mais sobre todos aqueles negativos do céu. Você sabe por que um fotógrafo utiliza um negativo para fazer uma foto? Ele o usa para nos mostrar a imagem positiva. É o mesmo princípio que utilizo quando estou pintando em meu cavalete. Algumas vezes, escolho não esboçar uma forma, como uma folha, por exemplo, com o pincel, mas pinto todo o céu ao redor dela, que acaba por definir sua forma. Isso se chama "espaço negativo". Essa é uma forma — e, conforme alguns afirmam, uma forma melhor — de definir as formas das folhas contra o céu. O artista ajuda você a ver pintando aquilo que você não vê.

No que diz respeito ao céu, o princípio é o mesmo: *os negativos são utilizados para nos mostrar os positivos.* Na Terra, conhecemos muito bem os negativos: sofrimento, dor e morte. Mostre-nos seus opostos, o lado positivo, e teremos a melhor idéia possível do estado de perfeição. Por exemplo, no céu, pode não haver lua, nem casamento e, tampouco, necessidade de comer, conforme sugere o texto de Apocalipse 21. No entanto, há um *bom* número de negativos com os quais podemos nos identificar, os quais, curiosamente, foram também enumerados em Apocalipse 21.

Nada de tristeza.
Nada de choro.
Nada de dor.
Nada de desgraça.
E, louvado seja o Senhor, nada de morte.
Selah. Pausa. Pense nisso.

Todos nós admitimos que a miséria humana na Terra sobrepuja enormemente a felicidade da humanidade. Jó disse: "O homem nascido de mulher vive pouco tempo e passa por muitas dificuldades" (14.1). Davi, o salmista, expressa isso em Salmo 55.6-8: "Quem dera eu tivesse asas como a pomba; voaria até encontrar repouso! [...] Eu me apressaria em achar refúgio longe do vendaval e da tempestade".

Concordo com Jó e Davi: tire-me daqui!

Você já se sentiu assim? Não seria possível lhe contar quanta tristeza tive de enfrentar ao longo dos anos. As lágrimas brotariam facilmente se deixasse os prazeres dos movimentos e das sensações que perdi inundar minha mente. Mergulhar em uma piscina e sentir meus braços e pernas rasgar a água. Dedilhar as cordas de um violão. Correr até sentir os músculos queimar. Quebrar, com um martelo, caranguejos grelhados no vapor. Puxar as cobertas e pular para fora da cama. Passar minhas mãos sobre o torso de meu marido e *senti*-lo. Pensar que algum dia ouviremos estas palavras, que não foram mais proferidas desde que Adão foi expulso do Éden: "Não haverá mais tristeza".

Fé para encontrar o caminho para casa

Você vê isso? Seus olhos estão mais bem focados? Ou, melhor, você consegue ouvir isso? Os ecos de alguma distante canção celestial? Ela nos sussurra que o céu não *desfará* todas as coisas boas que conhecemos, mas nos oferecerá uma versão muitíssimo melhorada. O céu também será o *desfazer* de todas as coisas ruins que conhecemos, pois Deus enxugará toda lágrima e descerá a cortina para colocar um fim a toda dor e frustração.

Na verdade, corrigirei algo que escrevi antes. Lembra-se do comentário feito em uma daquelas discussões junto à lareira: "Não há palavras para descrever o céu"? Talvez, devesse dizer: "O céu é muito específico, muito real para a linguagem".[5] Se aprendemos algo com o profeta Ezequiel e com o apóstolo João é que o céu é real. Não é um estado nem condição, mas um local. Um local com ruas, portões, muros e rios. Seria um equívoco pensar que o céu é etéreo, vaporoso e rarefeito. A Terra que é como a grama que murcha, não o céu.

É preciso fé para conhecer o local que Jesus já foi preparar para nós. Fé no que Deus tem a dizer sobre o céu em sua Palavra. Pois, quando Deus escolheu falar, na Bíblia, sobre o céu, ele fez isso utilizando substantivos e verbos, sintaxe e gramática. E, embora tenha principalmente explicado o céu em livros altamente simbólicos, como Ezequiel e Apocalipse, esses símbolos existem para motivar nossa mente e abastecer nossa fé...

Fé que não se concentra nos símbolos das Escrituras, mas que os penetra e vai *além* deles.

Fé que desenvolve a habilidade de apegar-se ao momento celestial.

Fé que nos mostra o caminho de nossa morada.

Fé que apresenta o céu como uma realidade vívida. Essa fé, por intermédio de seu coração, fará contato vital com as coisas que as pessoas chamam de invisível e distante. Ela envolve seu coração e seus olhos. Se o apóstolo Paulo estivesse aqui, ele repetiria Efésios 1.18: "Oro também para que os olhos do coração de vocês sejam iluminados, a fim de que vocês conheçam a esperança para a qual ele os chamou, as riquezas da gloriosa herança dele nos santos".

Recue um pouco, concentre-se nos olhos da fé e, depois, caminhe comigo nesse mundo, do qual escuta falar desde sua juventude, mas que jamais viu. Como é o céu? O que faremos? Onde fica esse local chamado céu e por que é denominado "lar"? Olhe, junto comigo, através desse vidro obscuro e, talvez, você descubra que nossa morada está muito mais próxima — e é mais real — do que você poderia imaginar.

Notas

1. Essa idéia foi retirada do livro de A. W. Tozer, *The knowledge of the holy*.
2. Essas idéias foram retiradas das obras de Nathaniel Hawthorne.
3. C. S. Lewis. *Perelanda*. New York: Macmillan, 1965. p.33.
4. C. S. Lewis. *The inspirational writings of C. S. Lewis*. New York: Inspirational Press, 1991. p. 358.
5. C. S. Lewis. *The problem of pain*. New York: Macmillan Inc., 1962.

Parte 1
Como é o céu?

2
Quem está no céu?

Penso sobre minha morada celestial há anos. Naturalmente, você pode entender a razão: meu corpo terrestre não funciona. Esse é o motivo pelo qual sonho com o céu o tempo todo.

Não posso dizer que meus sonhos são versões coloridas dos portões de pérolas e das ruas de ouro; ao contrário, eles são mais esboços toscos ou reflexos esmaecidos do momento em que meus "olhos verão o rei em seu esplendor e vislumbrarão o território em toda a sua extensão" (Is 33.17). Como a vista ondulante do campo de trigo no Kansas...

...Exceto por um extraordinário sonho com o céu, que tive uma noite em um hotel em Stavanger, Noruega. Naquela semana, nas horas de tranqüilidade, concentrava-me em Apocalipse 21.21, em específico no trecho que afirma: "A rua principal da cidade era de ouro puro, como vidro transparente". Isso não fazia o menor sentido. O ouro não é transparente e não se parece em nada com o vidro, pois não se pode ver através dele. Essa era mais uma das imagens do céu que parecia estranha e desengonçada. Dei de ombros e fechei a Bíblia.

Naquela noite, enquanto o vento frio norueguês sacudia as janelas do meu quarto, aconcheguei-me debaixo das cobertas e tive um sonho muito surpreendente. Vi-me de pé, usando um maiô amarelo vivo, à beira de uma piscina. Isso por si só já era surpreendente, pois raramente sonho que estou de pé. Em geral, não vejo nem sinto meu corpo dos ombros para baixo; meu torso e pernas ficam sempre nebulosos e inacabados, como as bordas inacabadas de uma pintura. Não nesse sonho, porém.

Estiquei os braços acima da cabeça, arqueei as costas e, graciosamente, mergulhei na piscina. Quando retornei e alisei os cabelos com as mãos, fiquei surpresa ao ver as extremidades de meu corpo brilharem, molhadas e vermelhas, como as rosas, e douradas, imersas em vida, beleza e bem-estar. Encostei as palmas da mão no nariz. O cheiro delas era extravagante e doce. Algumas pessoas poderiam me confundir com um anjo, mas jamais me sentira tão humana, tão mulher. Levantei a cabeça e admirei meus braços estendidos e, depois, olhei ao redor. Isso é difícil de descrever, mas a água e o ar estavam brilhantes, flamejantes na luz, como ouro puro, e eram tão transparentes como o vidro.

A cada inspiração, o ar enchia os meus pulmões, mas com um ardor tão doce que me fez desejar respirar ainda mais profundamente. Abaixei os olhos e vi a água da piscina tremeluzir como diamantes. A água cintilava. Em meu sonho, era exatamente assim. O ar também cintilava. Tudo brilhava, bem claro e dourado.

Vi um amigo sentado à beira da piscina, em uma cadeira, debaixo de um quiosque branco. Ele estava ali relaxando e olhava para mim. Estranhamente, ele também parecia estar banhado em luz. Parecia mais real, mais homem. Era um velho amigo, mas milhares de vezes mais ele mesmo. E, quando nossos olhos se encontraram, a juventude infundiu meu coração. Pensei se ele sentia o mesmo. Sorri e acenei com a mão. Depois, comecei a nadar, rasgando a água a cada vigorosa e ampla braçada. Sentia as ondulações frescas e macias da água, que mais parecia um cetim. Depois de algum tempo, meu amigo mergulhou. Ele tocou meus ombros, e estes arderam, mas não de forma dolorida. Não havia necessidade de falar; os sorrisos diziam que éramos amigos pela primeira vez e de novo. Nadamos juntos, braçada a braçada. E quanto mais nadávamos, mais fortalecidos ficávamos. Não enfraquecidos pelo cansaço, mas fortalecidos.

Esse foi o sonho mais fascinante que tive. Quando acordei, não tive a menor dúvida de que era um sonho sobre o céu. Fiquei convencida que havia "ouro puro, como vidro transparente". Essa não era uma imagem boba. Eu a vi com os olhos do coração.

Novos corpos

Um dia, esse sonho se tornará realidade.

Um dia, se eu morrer antes de Jesus voltar, minha alma se reunirá ao meu corpo. Pare e sonhe comigo...

Um dia, nada de pneuzinhos na cintura nem carecas. Nada de pés-de-galinha ao redor dos olhos nem varizes. Nada de celulite nem meias elásticas. Esqueça os culotes e os quadris largos. Apenas um pulo para além do túmulo, e você terá o corpo que sempre sonhou. Em forma e bonito, macio e elegante.

Isso me dá vontade de rir! Não é de admirar que "esperamos ansiosamente o Salvador, o Senhor Jesus Cristo. Pelo poder que o capacita a colocar todas as coisas debaixo do seu domínio, ele transformará os nossos corpos humilhados, tornando-os semelhantes ao seu corpo glorioso" (Fp 3.20-21).

Nossos corpos humilhados [...] semelhantes ao seu corpo glorioso. Surpreendente. Nós, como Jesus em seu corpo ressurrecto, teremos braços e pernas, pés e mãos. Não seremos seres espirituais, vagando por aí como anjos que não têm corpos.

Uma promessa como essa, no entanto, leva-nos quase a questionar mais do que nos traz respostas. Será que o corpo glorificado pode ser compreendido como o aparelho digestivo glorificado? E quanto ao sono? E se preferirmos os dentes um pouco tortos a tê-los retos e perfeitos? Teremos a mesma aparência? E se tivermos, reconheceremos uns aos outros? Meu marido será "Ken Tada", e minha mãe "Margaret Johanna Eareckson"? Lá no céu, será que, se desejar, usarei maiô amarelo vivo e nadarei com um amigo?

Uma outra coisa. E quanto às pessoas que morreram nos oceanos séculos atrás, e cujos corpos, já há muito tempo, viraram comida de peixe? Ou as pessoas que foram esmigalhadas em explosões de bombas? E os pioneiros que morreram nas planícies e cujos corpos foram dissolvidos na poeira e espalhados pelos quatro ventos? Será que Deus aspirará os ventos para recolher e separar as partículas, selecionando o DNA correto, do corpo de todas as pessoas?

Essas questões tornaram-se reais para mim no verão de 1990, quando meu pai morreu aos 90 anos de idade. Sua vida, como rancheiro, foi domar potros bravos, negociar com índios, cavalgar cavalos velozes e escalar os picos mais altos das Montanhas Rochosas. Por isso, naquele verão, não foi nada estranho minha família, Ken e eu nos dirigirmos ao topo do pico Pikes para espalhar as cinzas de meu pai.

Encontramos um local bastante retirado, próximo à encosta do despenhadeiro. Milhares de metros abaixo, estendia-se um vale verdejante, uma colcha de retalhos formada de pedaços iluminados pelo sol e sombreados pelas nuvens. O vento gelado chicoteava nosso cabelo, e tínhamos de segurar nosso chapéu de lã. Uma águia planava acima de nossa cabeça. Ken abriu o *Livro comum de oração* e leu: "Visto que, como assim deseja nosso poderoso Deus, em sua sábia providência, levar deste mundo a alma de nosso amado pai, John Eareckson, nós, portanto, depositamos seu corpo no solo; terra à terra; cinzas às cinzas; pó ao pó; à espera da ressurreição com a aparição do Senhor Jesus Cristo; em sua segunda vinda, [...] a terra e o mar entregarão seus mortos; e o corpo corruptível dos que dormem nele serão transformados à semelhança de seu glorioso corpo..."[1]

Ken fechou o livro e finalizou com a leitura de Romanos 8.11, que nos assegura: "se o Espírito daquele que ressuscitou Jesus dentre os mortos habita em vocês, aquele que ressuscitou a Cristo dentre os mortos também dará vida a seus corpos mortais, por meio do seu Espírito, que habita em vocês". Depois disso, minha mãe se aproximou da beirada do despenhadeiro, pegou as cinzas de seu marido nas mãos e as jogou ao vento. Observei que seus olhos umedeceram enquanto uma rajada de vento carregava as cinzas de meu pai para cima e para além das nuvens.

Cinzas às cinzas e pó ao pó.

Naquela tarde, horas depois, conversamos sobre como Deus ressuscitaria o corpo de meu pai. Não entramos em detalhes, mas nossa fé nos assegurava que algo aconteceria. Naquela noite, já na cama, pensei: *como* isso acontecerá? Bilhões e bilhões de pessoas habitaram a Terra e, provavelmente, compartilham o mesmo pó e a mesma cinza. Até onde eu saiba, as cinzas de meu pai se depositaram em algum campo naquele vale verdejante, servindo de fertilizante para alimentar a geração seguinte. Isso parece tolice, mas como as moléculas de John Eareckson podem ser distinguidas das outras?

Outras pessoas já imaginaram a mesma coisa. O apóstolo Paulo, em 1Coríntios 15.35, expressou esse pensamento que intriga a muitas pessoas, quando disse: "Mas alguém pode perguntar: Como ressuscitam os mortos? Com que espécie de corpo virão?"

Paulo, a seguir, dá a dimensão correta a essas perguntas amedrontadoras, quando diz: "Insensato!" Em outras palavras: "Camaradas, caiam na real. Abram os olhos". E a partir do versículo 36, ele esboça algumas lições da natureza: "O que você semeia não nasce a não ser que morra. Quando você semeia, não semeia o corpo que virá a ser, mas apenas uma simples semente, como a de trigo ou a de alguma outra planta. Mas Deus lhe dá um corpo e, de acordo com o que determinou, a cada espécie de semente dá seu corpo apropriado".

Como os mortos são ressuscitados?

Você já viu um daqueles programas de televisão especializados em assuntos sobre a natureza? Eles colocam uma câmara contra um vidro para mostrar um grão de feijão seco no solo. Depois de algum tempo, por meio da fotografia, você observa esse grão enrugar, ficar marrom e morrer. Depois, miraculosamente, a casca morta daquele pequeno grão se parte e uma franzina raiz brota. O velho grão, à medida que a pequena planta verde torna-se mais protuberante, é jogado de lado na lama. O broto pode nascer só porque o velho grão morreu.

Nem mesmo um especialista em botânica consegue explicar como a vida consegue brotar da morte, mesmo em algo tão simples como uma semente. Mas, de uma coisa, todos têm certeza: essa é uma planta de feijão. Não é um maço de rosas nem um cacho de bananas. É impossível confundi-la com qualquer outra planta. Ela é aquilo que é e tem identidade absoluta. Definitivamente, tão claro como o dia, é um pé de feijão. E esse pé de feijão pode brotar da terra com detalhes um pouco diferentes daqueles quando ali foi depositado, mas continua sendo uma planta exatamente com as mesmas características.

A mesma coisa acontece com a ressurreição do corpo. Teremos total identificação com nosso corpo que morreu. Certamente, serei capaz de identificar meu pai como John Eareckson. O "papaizinho" que encontrar nos céus será meu pai. Aos meus olhos, ele não será assexuado, despido de todas as características que fizeram dele meu pai. Ele pode brotar da terra com detalhes diferentes do que quando foi enterrado, mais ele não será confundido com ninguém mais.

E quanto ao pó e às cinzas do meu pai que foram espalhados ao vento? Quantas moléculas do meu pai são necessárias juntar antes que ele possa ser ressuscitado? Muito poucas, acredito. Certa vez, li que se todo o DNA de cinco bilhões e tantas pessoas, que hoje habitam a terra, fosse reunido, ele seria aproximadamente do tamanho de dois comprimidos de 500 miligramas de vitamina C. O "quem" você é e o "quem" eu sou não é assim tão grande. Na verdade, esse "quem" é bastante pequeno.[2]

Além disso, quanto daquele velho grão de feijão era a "semente" da qual a vida miraculosamente brotaria? O melhor botânico do mundo não consegue responder essa pergunta. Ninguém sabe quanto dessa semente é necessário para que o novo pé de feijão brote nem como a vida pode brotar de uma semente morta. Esse é um dos milagres de Deus que se manifesta na natureza.

O mesmo acontecerá com a ressurreição. Deus não precisará usar todas as partes de seu corpo para ressuscitá-lo. De qualquer forma, hoje você não tem as mesmas partículas em seu corpo que tinha há alguns anos. Em nossas primeiras aulas de biologia, aprendemos que as células humanas são substituídas a cada três anos e meio. A mesma carne e o mesmo sangue que constituem "você" hoje não são a mesma carne e o mesmo sangue que você tinha quando era adolescente. Entretanto, a pessoa que você é continua a existir.

Obviamente, Deus não se apega tanto ao DNA como nós o fazemos. Jesus, em João 12.24, nos dá uma simples lição de biologia: "Digo-lhes verdadeiramente que, se o grão de trigo não cair na terra e não morrer, continuará ele só. Mas se morrer, dará muito fruto". É muito mais difícil crer na ressurreição do que crer na colheita.

Que tipo de corpo?

E quanto à segunda questão: "Com que espécie de corpo virão?" Conforme o que o apóstolo Paulo nos disse em sua lição sobre a natureza, tudo que devemos fazer é abrir os olhos e olhar ao nosso redor. "Quando você semeia, não semeia o corpo que virá a ser, mas apenas uma simples semente [...]. Se há corpo natural, há também corpo espiritual. [...] Assim como tivemos a imagem do homem terreno [Adão], teremos também a imagem do homem celestial [Jesus]" (1Co 15.37, 44, 49).

Não semeia o corpo que virá a ser. Aprendi essa lição em uma daquelas tardes de tempestades de novembro, quando temos a tendência de ficar pensativos, meditando sobre a vida. Olhei através da janela e vi um esquilo gordo e peludo fazendo seu ritual de outono, as coletas de frutos de carvalho. Observei-o cheirar cada um deles, inspecioná-los com suas patas e, depois, encher as bochechas com os frutos mais saborosos. Os outros, ele jogou ao solo.

Os frutos do carvalho que ele jogou rolaram. Sabia que a maioria deles seria levada pelo vento. Outros permaneceriam na lama e secariam no ar frio. E alguns, apenas alguns, criariam raízes no solo. Estes seriam os que na estação seguinte brotariam com os brotos verdes da nova vida. Eles são os frutos do carvalho que se tornaram árvores.

Pasma, balancei a cabeça. Se você dissesse àquele pequeno fruto do carvalho que um dia ele seria tão alto quanto um prédio, e teria galhos pesados, e folhas verdes, tornando-se uma árvore tão grande que seria capaz de abrigar muitos esquilos, aquela noz lhe diria que você estava totalmente louco. Um carvalho gigante não tem qualquer semelhança com seu fruto. Os dois, embora sejam relacionados, são tão diferentes quanto a noite e o dia. Entretanto, em algum local dentro daquele fruto, estão a promessa e o padrão da árvore que ele virá a ser.

De alguma forma, em algum lugar em seu interior, está o padrão da pessoa celeste que você virá a ser, e se você quiser ter um vislumbre de quão glorioso e esplendoroso seu corpo será, faça apenas uma comparação. Compare o caroço felpudo de um pêssego com a árvore na qual ele se torna, carregada de flores cheirosas e frutos doces. Eles são totalmente diferentes, mas, não obstante, são a mesma coisa. Compare a lagarta com a borboleta. O bulbo úmido e mofado com o aromático jacinto. O coco felpudo com a graciosa palmeira.

Não é de admirar que você fique confuso quando pensa sobre o nosso corpo ressurrecto, e se nossos dentes serão ou não retos, ou se nosso aparelho digestivo estará intacto. Em 1Coríntios 15.42-44, o autor toca nesse assunto: "O corpo que é semeado é perecível e ressuscita imperecível; é semeado em desonra e ressuscita em glória; é semeado em fraqueza e ressuscita em poder; é semeado um corpo natural e ressuscita um corpo espiritual. Se há corpo natural, há também corpo espiritual". O *corpo* que é semeado... ressuscita. Talvez, não sejamos capazes de descrever as mudanças, mas sabemos que é o mesmo "corpo". Você e o que você virá a ser um dia são um e o mesmo — embora distintos.

Tentar compreender como será nosso corpo no céu é como esperar que o fruto do carvalho compreenda seu destino de raízes, tronco, ramos e folhas. Ou pedir que a lagarta aprecie um vôo. Ou que o caroço compreenda a fragrância. Ou o coco entenda o que significa balançar-se na brisa do mar. Nosso corpo eterno será tão grande, tão glorioso, que apenas podemos captar um rápido vislumbre do esplendor por vir. C. S. Lewis maravilhou-se: "Coisa séria é viver em uma sociedade de deuses e deusas em potencial".[3]

Grãos de feijão. Sementes de trigo. Caroços de pêssego, frutos de carvalho e carvalhos. A Bíblia nos convida a usar exemplos da natureza, uma vez que "ainda não se manifestou o que havemos de ser" (1Jo 3.2). Uma das melhores formas de compreender a ressurreição é fazer uma viagem ao campo, conforme a lição que o apóstolo Paulo nos deu sobre a natureza: ache um fruto de carvalho no solo, olhe para cima e observe a copa revolta da árvore da qual caiu e, depois, louve a Deus, pois assim "será com a ressurreição dos mortos".

Você consegue perceber agora por que eu gosto de sonhar com o céu?

Em algum local de meu corpo alquebrado e paralisado está a semente daquilo que virei a ser. A paralisia torna aquilo que virei a ser ainda mais grandioso, pois contrasta minhas pernas inúteis e atrofiadas com o esplendor de minhas pernas em meu corpo ressurrecto. Estou convencida de que se houver espelhos no céu (e por que não?), a imagem que verei será inconfundivelmente a de Joni, embora uma Joni muito melhor e mais radiante. Tão mais radiante, que não vale a pena comparar. Não é possível que eu possa compreender isso tudo porque, quando se trata de compreender o céu, não passo de um "fruto do carvalho". Mas posso dizer que qualquer que seja a forma que meu pequeno fruto do carvalho tiver, com todo o seu poder e a sua honra, estou preparada para isso.

Estou preparada para a transformação desse corpo caído. Isso significa que não ressuscitarei meramente dos mortos, como Lázaro quando saiu de seu túmulo. As pessoas que retornam dos mortos — quer do túmulo quer de uma mesa de operação — não são capazes, como Cristo o foi, de aparecer e desaparecer, caminhar através das paredes ou transportar-se através do tempo, do espaço com apenas um pensamento.

Não, eu exibirei a semelhança de Jesus, o homem do céu. Meu corpo, como o de Jesus, será real, um corpo perfeitamente ajustado para a terra *e* para o céu. Tanto para lançar um disco como para voar adiante da Ursa Maior. Escalar paredes ou caminhar através delas. Falar com amigos ou conversar com anjos. Em uma pescaria de truta no mar de Cristal ou dando um pulinho na ceia das bodas, o tempo todo e em todos os lugares, estaremos perfeitamente ajustados ao nosso ambiente, quer este seja o novo céu, quer seja a nova terra.

Um novo coração

Por favor, não parta do pressuposto de que tudo o que faço é sonhar em sair desta cadeira, esticar meus braços e pernas glorificados e saltar com vara os portões de pérolas. No entanto, por mais que eu aprecie a idéia de deixar esta cadeira de rodas para trás, isso, para mim, ainda não é a melhor parte do céu.

Posso lidar com pernas e braços que não me obedecem. Para mim, mãos que se recusam a pegar as coisas, independentemente do quanto a minha mente as ordena, é um fato da vida. Posso lidar com isso.

Mas há algo com o que não posso lidar. Na verdade, quanto mais velha fico e mais me aproximo do céu, menos me sinto capaz de ajustar-me a ele. Estou cansada e enjoada de combater a minha carne; isto é, "a lei do pecado que atua em meus membros", que não faz aquilo que eu ordeno. "Quando quero fazer o bem, o mal está junto a mim. No íntimo do meu ser tenho prazer na Lei de Deus; mas vejo outra lei atuando nos membros do meu corpo, guerreando contra a lei da minha mente, tornando-me prisioneiro da lei do pecado que atua em meus membros. Miserável homem que eu sou!" (Rm 7.21-24).

Isso é por que a melhor parte do céu será um coração totalmente purificado.

Lembro-me disso toda vez que recito essas belas palavras na Confissão Geral, de meu *Livro comum de oração*:

Pai poderoso e misericordioso; nós erramos e nos desviamos de seus caminhos como ovelhas perdidas. Nós seguimos muito as artimanhas e desejos de nosso coração. Pecamos contra suas leis santas. Deixamos de fazer aquelas coisas que deveríamos ter feito, e fizemos aquelas que não deveríamos ter feito; e não há saúde em nós... ofensores miseráveis.[4]

Amo essas palavras. E também as odeio. Estou cansada dessa constante confissão. Desprezo o pecado. Angustia-me continuar errando e desviando, fazer o que eu não deveria fazer, sempre cair com a face na lama, lamentando que, desgraçadamente, ofendi o Deus que amo. Meu coração está desonrado e maculado, e isso me faz aproximar de joelhos (pelo menos, metaforicamente) do Senhor. O estranho é que, quanto mais me aproximo de Jesus, mais intenso se torna o calor da batalha.

Nunca me sinto tão na linha de frente dessa batalha como quando ofereço meu louvor ao Senhor. Em meio à minha adoração a ele, por meio da oração ou de um hino, meu coração começa a vaguear por alguns pensamentos pecaminosos. Tenho de segurar meu coração pela aorta e empurrá-lo, vez após vez, para que se alinhe novamente.

"Quem me libertará do corpo sujeito a esta morte? Graças a Deus por Jesus Cristo, nosso Senhor!" (Rm 7.24,25). Jesus, um dia, voltará para completar a salvação que começou quando nos convertemos. É por isso que as más notícias de Romanos, capítulo 7, são seguidas das boas novas de Romanos, capítulo 8: "E não só isso, mas nós mesmos, que temos os primeiros frutos do Espírito, gememos interiormente, esperando ansiosamente nossa adoção como filhos, a redenção do nosso corpo" (v. 23).

Aqui, exatamente, está a maior e principal razão pela qual "carne e sangue não podem herdar o Reino de Deus" (1Co 15.50). Para entrar no céu é necessário ter um corpo redimido. Esse corpo tem de estar livre da lei do pecado que trabalha em seus membros. Neste tempo presente, o Espírito está desejoso, mas a carne é fraca. Entretanto, está chegando o dia em que o corpo deixará de ser um impedimento para o espírito e passará a ser um vaso perfeito para a expressão de minha mente, meus desejos e minhas emoções glorificadas. Nesse momento, usamos nossa alma em nosso interior. No entanto, um dia, estaremos "revestidos de justiça" e poderemos usar nossa alma, brilhante e gloriosa, do lado de fora.[5]

Mal posso esperar o dia em que estarei vestida de justiça. Sem o menor traço de pecado. É verdade, será maravilhoso ficar de pé, esticar os braços e buscar alcançar o céu, mas será ainda mais maravilhoso oferecer o puro louvor imaculado. Eu não ficarei aleijada com as distrações. Incapacitada com a hipocrisia. Não serei mutilada pelo tédio da indiferença. Meu coração se unirá ao seu e exultará em fervente adoração. Por fim, seremos capazes de ter total comunhão com o Pai e o Filho.

Para mim, essa é a melhor parte do céu.

Uma nova mente

Aguardo o céu porque investi muito nele. Um novo corpo. Um novo coração livre de pecado. Tenho, porém, alguns outros amigos que investiram tanto quanto que eu, se não mais.

Encontrei esses amigos, pouco tempo atrás, em uma escola dominical em que compartilhei meu testemunho. Eram adultos jovens, deficientes mentais, alguns com síndrome de Down, outros com autismo ou outras deficiências mentais. Foi muito difícil conseguir a atenção deles. Alguns olhavam para fora, outros tamborilavam nos assentos, e outros ainda andavam ruidosamente no fundo da sala. A professora bateu palmas e direcionou a atenção da classe para mim.

Um ou dois deles apoiaram-se sobre o cotovelo e me observaram, com curiosidade fortuita, em minha cadeira de rodas. Ganhei o interesse deles quando agitei meus braços inúteis e lhes contei que os rapazes que tomam conta de um famoso parque temático não me deixaram dar uma volta no grande escorregador de água. Eles se sentiram mal. Alguns vaiaram. Depois, disse-lhes que um dia, quando tivesse meu novo corpo, não só seria uma especialista no escorregador de água, mas que também esquiaria ou participaria de uma maratona, se assim desejasse (alguns deles riram quando lhes disse que não queria participar de nenhuma maratona).

"Será maravilhoso ter um novo corpo." Sorri para aqueles homens e mulheres que, agora, estavam me olhando com profundo interesse. Os camaradas do fundo sentaram-se, e os outros pararam de jogar bolas de papel mascado e de tamborilar com os lápis em suas carteiras. Todos queriam escutar sobre o céu.

"Eles dizem que as portas do céu são feitas com uma única pérola", disse-lhes com os olhos arregalados.

"Nã-nã!", disse um adolescente com síndrome de Down, em uníssono com dois outros colegas. Eles deram risadinhas e cobriram a boca. Ele zombou: "Pérola tão grande, nem pensar!"

Provoquei-o: "Existe mesmo! E será que você consegue imaginar quão grande deve ser a ostra que faz esse tipo de pérola?" Naquele momento, metade da classe abriu os seus braços, tentando mostrar o quão grande uma ostra precisava ser para produzir uma pérola do tamanho de uma porta.

Consegui captar a atenção deles. Eu os desafiei a apresentar outras coisas interessantes que faria com o novo corpo. Eles acharam que, para mim, seria maravilhoso ir até uma lanchonete e ficar na fila. Eu seria capaz de abrir a embalagem de um chocolate. Poderia dar a descarga (e isso causou mais risos). Uma menina queria saber se eu ainda teria meus braços de plástico no céu. Olhei para ela, um tanto atônita, pois não há nada de plástico em relação aos meus braços, mais sorri, dei de ombros e disse-lhe de forma cautelosa: "Isso mesmo, nada mais de plástico no céu. Terei um corpo de verdade e serei capaz de fazer todo tipo de coisas, até mesmo nadar, se assim quiser".

Meu comentário fez a solidariedade deles aumentar. Uma garota se aproximou de mim, passou as mãos em meus braços e me disse: "Seja mais cuidadosa da próxima vez, está bem?"

"Serei", prometi-lhe. A classe queria falar mais sobre o céu. Eles inventaram todo tipo de atividades extravagantes e maravilhosas. Cavalgar girafas. Fazer um piquenique com Jesus. Agradar tubarões. Ganhar muito dinheiro. Cumprimentar pessoas famosas, como o jogador de basquete, Kareem Abdul-Jabaar. Lembrei-os que só cumprimentariam as pessoas famosas que conhecessem Jesus. Foi nesse momento que alguém sugeriu que orássemos pelo time de basquete L.A.Lakers.

Como o entusiasmo deles crescia, finalmente deixei escapar: "Ei pessoal, eu posso ter um novo corpo, mas um dia vocês terão... uma nova... *mente!*". Toda a classe ficou de pé e aplaudiu entusiasticamente. Em meio aos assobios e vivas, prossegui: "Vocês serão capazes de pensar melhor do que sua professora aqui. Vocês ensinarão a sua irmã a fazer a lição de casa, até mesmo assuntos difíceis como matemática e coisas assim. Vocês terão pensamentos superpoderosos e superemocionantes e saberão tudo o que há para saber. O cérebro de vocês será ágil e rápido! Acima de tudo, vocês e Jesus estarão juntos, e vocês terão muito o que conversar".

Quando a escola dominical acabou, os jovens estavam prontos a enviar o coração e a mente para as glórias celestes lá do alto. Pulando e batendo palmas, olhavam para fora, através da janela, para ver se Jesus estava voltando.

Achei que lhes ensinara uma lição sobre o céu, mas eles me ensinaram o que significa ter "a mente de Cristo".

Uma nova mente!

Em 1Coríntios 13.12, o autor descreve isso da seguinte forma: "Agora, pois, vemos apenas um reflexo obscuro, como em espelho; mas, então, veremos face a face. Agora conheço em parte; então, conhecerei plenamente, da mesma forma como sou plenamente conhecido". Teremos a mente de Cristo. Nada de preocupações com o sentir-se embotado nem ficar sem saber as respostas. "Conheceremos como somos conhecidos", e nosso conhecimento atual será muito maior do que podemos imaginar. E o que é ainda melhor, o brilho de nossos melhores pensamentos e memórias fica ainda mais resplandecente à medida que são ampliados por meio de nossa mente.

Mas e quanto aos pensamentos tristes que restarem de nossa vida na Terra? Isaías 65.17-18 diz: "Pois vejam! Criarei novos céus e nova terra, e as coisas passadas não serão lembradas. Jamais virão à mente! Alegrem-se, porém, e regozijem-se para sempre no que vou criar". Isso, de início, parece um tanto confuso. Não acabamos de ler que conheceremos plenamente *todas* as coisas? As coisas ruins, portanto, são excluídas?

Nossa ignorância ou pensamentos imperfeitos e memórias não serão apagados, mas eclipsados, como a luz das estrelas é eclipsada pelo nascer do sol. Algo muito surpreendente acontecerá no fim do mundo, a ponto de essa luz obscurecer toda memória sombria. Não esqueceremos, mas não teremos necessidade nem desejo de lembrar. As coisas ruins, conforme Isaías observa, não assolarão a nossa mente, pois serão bloqueadas pelo esplendor do conhecer a Deus.

Apenas coisas boas virão à mente. Nossos processos mentais não mais conspirarão contra nós; não mais nos satisfaremos com palavras desagradáveis nem esquematizaremos planos malévolos. Não teremos mais de batalhar contra os inúteis sonhos de olhos abertos nem contra as fantasias lascivas. Antes, nossos pensamentos serão gloriosamente elevados, pois "quando ele se manifestar, seremos semelhantes a ele, pois o veremos como ele é" (1Jo 3.2).

Pense sobre a perfeita obediência aos Dez Mandamentos. Não ter outros deuses além do Senhor? Fácil, seremos um com ele. Não sei quanto a você, mas eu adoraria andar pé ante pé ao longo das fileiras de serafins e concordar com eles, enquanto, dia e noite, proclamam: "Santo, santo, santo é o Senhor, o Deus todo-poderoso" (Ap 4.8).

Ciúmes? Você e eu não sentiremos nada, a não ser admiração por quem for selecionado a sentar-se à direita e à esquerda de Cristo.

Guardar o Sábado? Já estaremos no sétimo, e último, dia do Senhor, o descanso do sabá de paz e alegria para toda a eternidade.

Adultério? Amarei todas as pessoas tão perfeitamente quanto Cristo ama e jamais sentirei dor com a idéia de que sou diminuída por aqueles que amo, ou que o amor deles não é retribuído carinhosa e totalmente. Descobrirei em cada pessoa aquela faceta amorosa do Senhor, que apenas essa pessoa pode refletir — ficarei apaixonada por um grande número de pessoas, tanto homens como mulheres.

Cobiça? Seremos co-herdeiros de Cristo. Teremos tudo.

Dar falsos testemunhos? O pai das mentiras estará morto. A carne não mais nos tentará a mentir. Apenas a verdade brotará de nosso coração.

Não tomar em vão o nome do Senhor? Apenas o louvor estará em nossos lábios.

Nunca mais teremos um pensamento que possa ferir.

Ah! Que dia feliz! Teremos a mente de Cristo!

E com a mente de Cristo "conheceremos totalmente". Não o conhecimento parcial, mas total. Enquanto estamos na Terra, apenas temos uma compreensão parcial de "todas as coisas que Deus faz para o nosso bem" e para o bem dos outros, especialmente em meio às provações dolorosas. A maior parte do tempo, coçamos a cabeça e ficamos imaginando como aquela malha emaranhada de fios, em Romanos 8.28, poderia ser tecida para o nosso bem. Na Terra, vemos o avesso da tapeçaria, confuso e nada claro; mas, no céu, ficaremos maravilhados ao ver o lado direito da tapeçaria e a observar como Deus, de forma magistral, bordou cada circunstância em um padrão para o nosso bem e a sua glória.

Esse será um dos benefícios adicionais, que não é essencial para nossa alegria eterna, mas que será agradável conhecer. Os pais da garota que ficou paralítica em um acidente, causado por um motorista bêbado, compreenderão essa fatalidade. Eles perceberão como esse acidente tocou a vida dos amigos e vizinhos, pois sua repercussão foi extensa e ampla. Verão como Deus usou as orações das pessoas de quase todo o país; e como aquelas orações alcançaram os parentes e os amigos desses parentes, e como essa repercussão foi muito além do que jamais imaginaram. Eles perceberão como a graça de Deus embalou a filha, cujo caráter foi forjado com nobreza e coragem. Compreenderão que nada — absolutamente nada — foi perdido, e que cada lágrima foi registrada, e cada lamento, escutado. "Registra, tu mesmo, o meu lamento; recolhe as minhas lágrimas em teu odre; acaso não estão anotadas em teu livro?" (Sl 56.8).

Linda, minha irmã, compreenderá por que o Senhor levou sua filha de 5 anos, com câncer no cérebro. Diane, minha amiga, entenderá como a esclerose múltipla a protegeu de cair na indiferença espiritual. Greg, meu colega de trabalho, perceberá a medida da misericórdia que Deus derramou sobre ele depois de seu divórcio. Você se maravilhará com aquela situação em que se repreendeu por ter virado à esquerda no semáforo, uma conversão equivocada, mas que, por meio dela, pôde escapar por um triz de um terrível acidente — que nunca aconteceu.

Levantaremos nossas mãos e glorificaremos a Deus quando virmos como ele usou aquela quantia de dinheiro que sacrificamos na conferência de missões para alcançar centenas de pessoas no Brasil. Perceberemos como ele engendrou os locais corretos com os momentos corretos para que encontrássemos as pessoas certas — e os casamentos felizes e as amizades profundas que resultaram desses encontros.

Compreenderemos como tudo se ajusta. Tudo foi levado em conta. Nada foi perdido. "O Senhor faz tudo com um propósito; até os ímpios para o dia do castigo" (Pv 16.4). Todas as coisas da vida glorificarão de forma suprema ao nosso Deus onisciente e onipotente.

Perfeição do corpo e da alma

A perfeição do corpo e da alma, para algumas pessoas, pode parecer algo sem interesse.

Tenho dois amigos, John e Mike, para os quais a perfeição não significa muito. Eles são irmãos maravilhosos em Cristo, mas são resolutos e preferem fazer o trabalho do reino na Terra, em vez de pegar os atalhos dos assuntos futuros. Eles fazem aqui a tarefa que Deus lhes designou e deixam o assunto céu para ser tratado quando lá estiverem. De qualquer modo, a imagem de céu que eles têm é estática — uma inatividade sem fim em que não há mais coisas a serem alcançadas nem objetivos a serem realizados. Para eles, o céu é literalmente o fim de tudo. A idéia de "um relacionamento interminável aos pés de Jesus", embora reconfortante, não os entusiasma.

Perfeição? Não! Eles, aqui e ali, saboreiam uma boa discussão. E dizem: "Quem quer um amigo, ou até mesmo uma esposa, que sempre concorde com você?"

Esses homens, com certeza, dariam preferência a ajudar a pavimentar as ruas de ouro com tratores monstruosos de titânio, guindastes e rolos compressores a vapor. Eles, qualquer dias desses, pegarão as corredeiras do Rio da Vida ou talvez prefirão levar José e Daniel a pescar, em vez de sentar-se para escutá-los explicar a terapia dos sonhos.

Não estou criticando esses meus amigos. Honestamente, espero que eles me levem a pescar também. Eles utilizam muito o hemisfério esquerdo do cérebro. Gostam de lógicas e explicações e — vejam bem — símbolos terrenos desajeitados. Perfeição do corpo e da alma não têm nada a ver com fazer o vôo perfeito ou jogar uma partida impecável de golfe. (Embora, eu me lembre de que, certa vez, um garoto, com cerca de 13 anos, disse-me que ele não conseguia entender como alguém conseguia marcar pontos em um jogo de basquete, uma vez que o ataque era tão perfeito quanto a defesa. E eu repliquei: bem, se houver graus distintos de dons e talentos no céu — e acho que haverá —, você apenas terá de encontrar alguns santos para jogar, cujos arremessos não sejam tão elegantes quanto os seus!")

No entanto, até mesmo com esse garoto de 13 anos, temos de prestar atenção. Não podemos construir o céu com as estruturas de nossa lógica. Não podemos nos esquecer de que o que imaginamos pode parecer estúpido se nos apoiarmos em imagens materiais.

Para apreciar a perfeição de nosso corpo e de nossa alma, temos de fazer com que o nosso coração e a nossa mente comecem, de alguma forma, a entrarem em sintonia com o céu. O céu é um lugar preparado para pessoas preparadas. Caso contrário, ele passa a ser algo desestimulante.

Isso funciona mais ou menos da seguinte maneira. Eu adoro ouvir Mozart, pois ele era um mestre na composição de peças perfeitas. Fiquei sabendo que ele organizava as notas, em cada linha e em todas as páginas, de maneira impecável, como também empregava algumas progressões numéricas que refletiam ordem e simetria absoluta no timbre e na harmonia da música. Os matemáticos estudam esse compositor. Ele é perfeito.

Bem, se tivesse de tocar *A flauta mágica* para alguns meninos da escola em que meu marido trabalha, eles cairiam na risada e aumentariam o volume em sua caixa de som. *Hip-hop* e *rap* radical estão mais de acordo com o ritmo deles. No entanto, esses ritmos estão muito, muito distante da música perfeita. Você tem de escutar a música perfeita por um bom tempo antes que possa apreciá-la.

Onde quero chegar? Você tem de gastar tempo aqui na Terra fazendo aquilo que torna você "perfeito como eu [Jesus] sou perfeito", antes que possa desfrutar a idéia de perfeição celestial. Para John e Mike, de início, isso pode desanimar, em vez de acender o desejo deles pelo céu. Cada um de nós, quer sejamos pessoas que atuam com o hemisfério esquerdo do cérebro quer com o direito, quer sejamos do tipo extremamente másculos ou meditativos, jamais devemos desviar nossos olhos dos elementos enigmáticos e aversivos do céu; pois é exatamente o enigma da perfeição que guarda o segredo do que ainda não conhecemos e ainda precisamos conhecer.

"O quê? Como assim?", posso até escutar meus amigos másculos questionar.

Quanto mais próximos chegamos do Senhor Jesus, mais direcionamos nosso coração e mente para as glórias celestes, como também mais bem preparados estaremos para a perfeição do céu. Comunhão não significa assentar-se ao pé de Jesus e lutar contra o tédio, enquanto todas as outras pessoas sentem-se enlevadas. Não. Comunhão será melhor do que as amizades terrenas aludem.

Gostaria de falar para John e Mike: "Ei, não se esqueçam, mas Cristo sabe melhor que vocês o que significa ser homem. Ele navegou os mares, fez trilhas nas montanhas e dormiu sob as estrelas à beira do riacho murmurante. Ele sabe o que faz vibrar o coração de vocês. Lembrem-se, ele os criou. Vocês jamais deixarão de ser homens. Ao contrário, vocês desfrutarão de toda a riqueza de sua humanidade e de tudo para o que ela foi planejada para ser. Vocês, com toda sua propensão para a camaradagem à beira da fogueira do acampamento, serão vocês mesmos, mas melhores!"

E você melhorado é você perfeito.

Pessoas perfeitas em comunhão perfeita

No céu, as bodas do Cordeiro serão celebradas em uma festa perfeita. O Pai enviou os convites, e as pessoas, ao longo dos séculos, têm aceitado esse convite. Jesus foi à frente para pendurar as flâmulas, preparar a festa e aprontar nossa mansão. E, como qualquer outra festa, é a comunhão que a tornará doce.

Comunhão com nosso glorioso Salvador e com nossos amigos e família.

Há um sem-número de pessoas que espero ver. A rainha Ester, Daniel, Jonas e, é claro, Maria e Marta. É realmente surpreendente saber que reconhecerei imediatamente essas pessoas e todos os outros redimidos que jamais encontrei na Terra. Elias e Moisés, de pé ao lado de Jesus, no monte da transfiguração — santos que jamais vi —, mas, em contraposição, isso também é verdade em relação a nós. Mal posso esperar para encontrar todos eles!

Entretanto, uma pessoa que, em particular, tenho desejo de encontrar é Steve Estes, meu amigo que mencionei no primeiro capítulo. Ele é pastor em uma cidade muito pequena na Pensilvânia. E, depois de meu marido, ele é meu amigo mais querido. Ken é o primeiro a compreender e a aceitar minha afeição por Steve. Afinal, Ken percebe que, na década de 1960, o Senhor utilizou esse rapaz para tirar-me de meu desespero suicida. Steve não sabia nada sobre cadeiras de rodas, mas ele amava Cristo apaixonadamente e queria que eu — sua vizinha deprimida e que acabara de sair do hospital — encontrasse ajuda e esperança na Palavra de Deus. Portanto, fizemos um acordo: eu ofereceria um bom suprimento de refrigerantes, e ele viria a minha casa às sextas-feiras à noite com a Bíblia para ajudar-me a encaixar as peças do enigma do meu sofrimento. Sim, encontrei a ajuda e a esperança de que havia me falado. E o resto é história.

Isso aconteceu muito tempo atrás e, embora nos falemos apenas ocasionalmente por telefone, nossa amizade permanece firme e segura. Além disso, sempre que sinto saudades "dos bons tempos" ou desejo vê-lo com maior freqüência, essas saudades são temperadas por um pensamento surpreendente: seremos amigos para toda a eternidade.

Nossa amizade não é coincidência. Deus tem algo eterno em mente para mim e Steve. Como sei disso? Em Atos 17.26, lemos: "De um só fez ele todos os povos, para que povoassem toda a terra, *tendo determinado os tempos anteriormente estabelecidos e os lugares exatos em que deveriam habitar*" (destaque da autora).

Compreende agora? De todos os bilhões de possibilidades, de todos os milhões de pessoas que poderiam ser minhas amigas, o Senhor escolheu Steve para mim. Alguns quilômetros a mais entre as nossas casas ou uma diferença entre nossa idade, e as chances seriam de jamais termos nos encontrado. Mas para os cristãos, conforme C. S. Lewis afirma, não há acasos. "Cristo disse aos discípulos: 'Vocês não me escolheram, mas eu escolhi vocês', e isso é algo que o Senhor pode verdadeiramente dizer em relação a todo grupo de amigos cristãos: 'vocês não escolheram uns aos outros, mas eu escolhi vocês uns para os outros'".[6]

Isso tem implicações poderosas para a eternidade. A amizade iniciada na Terra fica apenas em seus primórdios. Nos poucos anos que residimos aqui, temos tempo apenas para nos envolver superficialmente com nossos amigos. A dimensão mais profunda e mais rica dessa amizade vai se descortinar no céu. Deus tem um plano para Steve e para mim na eternidade, e juntos desempenharemos um papel de intimidade para realizar esse plano especial. Eu o amarei de uma forma que, aqui na Terra, jamais pensei que seria possível. Uau! Se acho que meu marido, Steve e os outros que me são queridos me trazem alegria aqui e agora, apenas pense naquilo que está reservado para nós no céu! Como isso se produzirá é algo que ainda não pode ser visto, mas de uma coisa tenho certeza: todas as coisas terrenas que desfruto com meus amigos aqui encontrarão uma expressão mais sublime no céu. Jamais esquecerei daquela noite quando Steve, sentado à beira da lareira, abriu a Bíblia e conduziu-me em um estudo sobre o céu. Meu coração, à medida que tinha vislumbres da alegria celeste e, em especial, da empolgação que senti com um novo coração, mente e corpo glorificados, ardeu tanto quanto o carvão da lareira. Aquele foi um momento humano e divino. Na verdade, nossa alegria foi tão grande que, à meia-noite, corremos para o jardim da frente para cantar e uivar para a lua. Nós tínhamos de *fazer* algo humano para expressar nossa alegria divina. E, exceto pelo uivar para a lua, tenho certeza de que o céu será muito parecido com isso. Lá será um lugar onde *faremos* coisas com nossos amigos pela simples alegria de estarmos juntos e sermos abençoados por Deus.

A comunhão celeste com os amigos não será um não fazer nada etéreo em que bocejamos, sentamos nas nuvens e admiramos os anjos. Como o céu é a pátria dos seres humanos redimidos, ele será totalmente "humano" no que diz respeito à estrutura e às atividades. Conforme o escritor disse: "As alegrias e as ocupações do céu devem ser racionais, morais, emocionais, espontâneas e ativas. Todas as faculdades devem ser exercitadas, todos os gostos devem ser satisfeitos, todos os talentos devem ser expressos e todos os ideais realizados... a curiosidade intelectual, os instintos estéticos, as afeições santas, as afinidades sociais, os recursos inexauríveis da força e poder inerentes à alma humana, *tudo* isso deve ser exercitado e saciado".[7]

Ó, as coisas que faremos! Você e seus amigos governarão o mundo e julgarão os anjos. Os amigos, juntos, comerão o fruto da árvore da vida e serão pilares no templo de Deus. Juntos, receberemos a estrela da manhã e seremos coroados com a vida, a justiça e a glória. Acima de tudo, juntos prostraremos nosso rosto aos pés do trono e adoraremos o nosso Salvador para sempre.

Observe quantas vezes usei a palavra "juntos". O céu não é, de forma alguma, um lugar de reunião de pessoas independentes que perambulam pelo universo, atuando sozinhos em suas atividades particulares. É um lugar da doce proximidade e, talvez, essa seja a razão pela qual dizemos que todos nós moramos em uma cidade, a Nova Jerusalém. Não seremos espalhados aqui e ali para morar em casas de campo isoladas umas das outras, mas habitaremos em harmonia em uma cidade. Uma cidade *agradável*. Uma cidade santa!

Sonhar sobre isso faz com que as saudades que sinto do Steve — e de muitos outros amigos queridos — seja mais suportável. Isso torna doce e próximo meu relacionamento com os amigos que já morreram e já foram para a glória.

E isso é verdade para você também. Leia Atos 17.27 novamente e alegre-se, pois o fato de viver nesta década, em sua região, em sua cidade, onde você convive com seus melhores amigos, não é um mero acaso. As pessoas que são queridas para você não são apenas frutos da coincidência. Você poderia ter nascido em um outro tempo e lugar, mas Deus determinou "povoar" sua vida com esses amigos em particular.

Esses amigos especiais fazem ressoar uma corda em seu coração. Há algo sobre eles, algum aspecto da beleza ou bondade deles, que o faz lembrar de Deus. Eu tenho o pressentimento de que quando você vir a face de Deus no céu, exclamará: "É verdade, eu sempre conheci o Senhor!" Foi ele que você amou o tempo todo quando esteve com aquela pessoa querida. Deus, na amizade, abre seus olhos para as glórias dele mesmo, e quanto maior o número de amigos com quem você compartilha esse amor profundo e altruísta, melhor e mais clara a imagem de Deus que você tem.

O que farei quando chegar no céu

Cresci em uma pequena igreja episcopal reformada, em que se pregavam o evangelho, liam a liturgia, cantavam hinos do coração e ajoelhavam-se em oração. Cartazes e velas, procissões e hinos faziam parte regular do culto de adoração. A adoração, aos domingos de manhã, era algo sério, e, quando criança, aprendi o que significava dobrar meus joelhos diante do Senhor. É verdade, quando me ajoelhava, embora meus joelhos sentissem o desconforto, aquilo fazia com que meu coração se sentisse melhor.

Não quero criar uma polêmica sobre o fato de se ajoelhar. Deus escuta quando seu povo ora de pé, sentado, de bruços ou prostrado. Qual é o ponto que quero abordar quando falo em ajoelhar-se? Só quero dizer que gostaria de poder fazer isso. Para mim, é impossível inclinar-me em adoração.

Certa vez, em uma convenção, o palestrante encerrou sua mensagem pedindo que todos naquele recinto amplo empurrassem suas cadeiras para longe das mesas e, se fossem capazes, se ajoelhassem no chão carpetado para orar. Observei enquanto todos no recinto — talvez quinhentas ou seiscentas pessoas — faziam isso. Quando todos estavam ajoelhados, eu certamente fiquei em evidência. E não consegui controlar as lágrimas.

Não estava chorando em conseqüência da autopiedade nem por que me sentia estranha ou diferente. As lágrimas rolavam por que me senti tomada pela beleza de ver tantas pessoas ajoelhadas diante do Senhor. Aquela era uma imagem do céu.

Ali, sentada, lembrei-me de que no céu serei livre para pular, dançar, chutar e fazer aeróbica. E, embora tenha certeza de que Jesus ficará feliz ao me ver levantar nas pontas do pé, há algo que planejo fazer e que talvez possa agradá-lo ainda mais. Se possível, em algum lugar, em algum momento antes que a festa se inicie e os convidados sejam chamados à mesa do banquete das bodas do Cordeiro, a primeira coisa que planejo fazer com meu corpo ressurrecto é prostrar-me de gratidão sobre meus joelhos glorificados. Quero ajoelhar-me calmamente aos pés de Jesus.

Terei a chance, ao *não* me mover, de demonstrar meu agradecimento sincero ao Senhor, pela graça que ele me dispensou ano após ano, enquanto minhas pernas e mãos estavam aleijados e sem movimento. O não mover será minha última chance de apresentar um sacrifício de louvor — um louvor paralisado.

E, após algum tempo, ficarei de pé sobre meus pés, esticarei meus braços e gritarei para todos que estiverem ao alcance de minha voz em todo o universo: "E cantavam em alta voz: "Digno é o Cordeiro que foi morto de receber poder, riqueza, sabedoria, força, honra, glória e louvor!" (Ap 5.12). Nesse momento, imagino se minhas raízes episcopais farão com que minhas mãos tapem minha boca que clama. Se isso acontecer, pelo menos para mim, a festa terá ganhado alguns pontos. Ela terá uma celebração de adoração cheia de dignidade, que será eloqüente e régia.

Faz décadas que não sou capaz de me ajoelhar. Aqueles longínquos domingos de manhã, em nossa pequena igreja, parecem pertencer a uma outra época. Quando era criança, não apreciava o privilégio de Salmos 95.6: "Venham! Adoremos prostrados e ajoelhemos diante do Senhor, o nosso Criador".

Agora, eu certamente aprecio isso. O dia em que serei capaz de me ajoelhar novamente se aproxima; o céu está logo ali, portanto, faça-me o favor: faça aquilo que muitos de nós que sofremos de paralisia, somos aleijados ou velhos não *podemos* fazer. Abra a sua Bíblia em Salmos 95.6, leia-o em voz alta e siga o conselho que ali lhe é dado. E, quando você se ajoelhar em oração, seja grato pelos joelhos que se dobram ao desejo do Senhor. Seja grato, pois você está destinado ao céu e a ter um novo coração, mente e corpo.

> Nosso coração elevado, imaculado será,
> paixão pura derramará,
> simplesmente
> Adorar!
> Ele nos dará esse coração livre
> Para amar novamente e pela primeira vez.

Nosso corpo ressurrecto, leve, radiante
Revestido da natureza de justiça,
abençoado na carne que brilha e que sente,
realmente sente novamente e pela primeira vez.
Mas agora esperamos
Esperamos
Esperamos por nosso Senhor ressurrecto
Que recompensará a nós os que choramos
Mas que mesmo assim o buscamos acima de tudo
Assim...
Ficar de pé juntos
pela primeira vez
e depois, por favor, prostrar-nos em joelhos agradecidos...
A eternidade é nossa.

— Joni Tada

Notas

1. *The book of common prayer*. Philadelphia: Reformed Episcopal Publication Society, 1932. p. 512.
2. Robert L. Sassone. *The tiniest humans*. Stafford, Va.: American Life League, 1995. p. viii.
3. C. S. Lewis. *Weight of Glory*. Grand Rapids: Eerdmans, 1949. p. 15. (ver Peso de Glória, Edições Vida Nova).
4. *Book of common prayer*, 5.
5. Essa idéia me foi sugerida por um leitor de C. H. Spurgeon.
6. C. S. Lewis. *The four loves*. Nova York: Harcourt, Brace, Jovanovich, 1960. p. 126.
7. A. A. Hodge. *Evangelical Theology*. Carlisle, Pa.: Banner of Truth, 1976. p. 400.

3
O que faremos no céu?

Ainda mal posso acreditar nisso. Eu, com os dedos paralisados e encurvados, os músculos atrofiados, os joelhos deformados e sem sentir nada do ombro para baixo, terei, um dia, um novo corpo, leve, radiante e vestido de justiça — poderoso e esplendoroso.

Você consegue imaginar a esperança que isso significa para alguém como eu, que sofreu danos na medula espinhal? Ou para alguém que tem paralisia cerebral, ou que sofreu algum traumatismo cerebral ou luta contra a esclerose múltipla? Imagine a esperança que isso dá a alguém que é maníaco-depressivo. Nenhuma outra religião ou filosofia promete um novo corpo, coração e mente. Apenas no Evangelho de Cristo as pessoas feridas encontram essa incrível esperança.

É fácil, para mim, alegrar-me "na esperança", conforme Romanos 12.12 afirma, e é exatamente isso que venho fazendo nestes últimos vinte e tantos anos. Minha certeza do céu é tão vívida que marco encontros com amigos, para que possamos fazer toda sorte de coisas divertidas assim que recebermos nosso novo corpo — como a conversa a seguir que tive com uma garota, em uma cadeira de rodas, a quem encontrei em uma conferência.

"Como estamos aqui sentadas conversando sobre o céu, você gostaria de marcar um encontro para que nos encontremos lá?", perguntei-lhe.

A garota, retorcida e encurvada, na cadeira, olhou-me de forma curiosa e perguntou: "E fazer o quê?"

"O que você gostaria de fazer?"

"Hum... gostaria de tricotar", disse ela, hesitante.

"Então, acho que podemos marcar um encontro em uma cabana, onde puxaremos duas cadeiras de balanço perto do fogo e pegaremos nossas agulhas de tricô, certo?"

Minha amiga, em sua cadeira de rodas, zombou: "Você é quem diz isso. Não teremos cabanas nem cadeiras de balanço no céu. Isso, só na Terra!"

Olhei-a e, com toda seriedade possível, disse-lhe: "Creio que o céu terá tudo isso. O céu, de forma alguma, é ambíguo. Isaías 65.17 diz que Deus criará 'novos céus e nova terra'. Entendeu? O céu contém nosso planeta. Uma nova Terra com coisas terrenas nela. Nada desajeitado... nem imagens desengonçadas... apenas coisas maravilhosas e acolhedoras que fazem da Terra... a *Terra*".

"Como você pode ter tanta certeza de como será a nova Terra?"

"Pois não acredito que Deus mudará nosso dicionário para, de repente, redefinir o significado de *Terra*. Se há ruas, rios, árvores e montanhas nessa nova Terra, conforme a Bíblia afirma que haverá, então por que também não todas as outras coisas? Por que não as cadeiras de balanço?"

Ela me olhou, e havia um sorriso dissimulado em sua face, mas, depois, seu ceticismo desapareceu. Ela começou a pensar que tipo de padrão de malha usaria. Aquela garota descobriu o que as pessoas, após conversar alguns minutos comigo, descobrem. Eu levo o céu a sério.

Eu o levo tão a sério quanto as crianças. Certa manhã, no saguão de um aeroporto, pedi para Matthew Fenlason, meu amigo de 5 anos, e Stephen, seu irmãozinho, que segurassem o braço de minha cadeira de rodas e fôssemos à procura de algumas crianças com as quais pudéssemos brincar. No saguão de espera, encontramos dois garotinhos sentados com os pais. Perguntei-lhes se gostariam de brincar conosco. Em pouco tempo, na ampla área do saguão, começamos a brincar de lenço atrás, só que em vez de deixar cair o lenço, tocaríamos na pessoa. Quando Matthew me tocou, corri com minha cadeira de rodas, mas não consegui alcançá-lo. Ele, se sentindo mal por eu não ser capaz de me levantar e correr, suspirou: "Não se preocupe, Joni, pois quando você chegar no céu, suas pernas serão perfeitas, e vamos poder brincar muito".

Ele queria dizer isso mesmo. E eu também.

Rana Leavell e eu planejamos escalar montanhas. Thad Mandsager e eu, ambos tetraplégicos, vamos esquiar. Minhas irmãs, Linda, Kathy e Jay, e eu jogaremos tênis em duplas. Michael Lynch planeja ensinar-me o *passo-doble*, e Ken, meu marido, já determinou: "Não me interessa com quem você dançará no céu, mas a última dança será minha!" E há um grupo de órfãos romenos que quero levar para fazer um piquenique nas planícies da Hungria, além disso, mal posso esperar pelo momento em que eu e minha amiga Judy Butler cavalgaremos juntas no lombo de um cavalo veloz pelos bosques do Windsor Great Park.

Cavalos no céu? Claro! Por que não? Acho que os animais pertencem ao conjunto das melhores e mais avançadas idéias de Deus. Por que ele descartaria suas maiores realizações artísticas? Não estou dizendo que Scrappy, meu cãozinho de estimação, vai para o céu depois da morte. Não, Eclesiastes 3.21 descarta totalmente essa idéia. Estou falando sobre novos animais, apropriados para a nova ordem de coisas. Isaías previu leões e cordeiros deitados lado a lado, como também ursos, vacas e cobras; e João profetizou que os santos galopariam cavalos brancos. Não tenho a menor idéia de onde vão se acomodar, mas tenho certeza de que povoarão partes dos novos céus e da nova Terra. Enfatizo novamente a palavra "Terra". Sem animais, não seria "Terra". Portanto, se quiser andar a cavalo, marque um encontro comigo e com Judy em Windsor.

Você pode ter certeza de que levo esses encontros a sério. Estou realmente convencida de que essas coisas realmente acontecerão. Por Deus, achei que meu amigo, debaixo do quiosque branco, ao lado da piscina, ficou contente em me ver em meu estado glorificado; apenas pense no prazer que teremos em ver uns aos outros livres do pecado em nosso corpo glorificado, todo radiante e cheio de luz. Essa será a resposta de nossos anseios.

Não apenas de nossos anseios, mas dos de Jesus também.

Recompensas no céu

Você é o cumprimento do desejo de Jesus.

Em João 17.24, você consegue escutar o anseio da voz de Jesus: "Pai, quero que os que me deste estejam comigo onde eu estou e vejam a minha glória, a glória que me deste porque me amaste antes da criação do mundo". Meu coração se ilumina quando penso no júbilo do Senhor por nossa alegria. Gosto de imaginar seu prazer quando ele nos vir com nossas vestes brancas, preparados para a comemoração das Bodas do Cordeiro.

Na verdade, você lhe dá tanto prazer que, em algum local em meio à celebração celeste e régia — talvez logo antes do banquete ou assim que ele terminar —, Jesus se levantará, subirá ao trono e distribuirá as recompensas e coroas a todos os convidados. Essa será uma celebração totalmente sem precedentes, pois não são os convidados que distribuem os presentes, mas o anfitrião. O Senhor Jesus fará a entrega dos presentes.

E essas recompensas não são aquelas que costumamos oferecer aos que nos são caros.

Receberemos coroas. Em 2Timóteo 4.8 temos um convite para a coroação: "Agora me está reservada a coroa da justiça, que o Senhor, justo Juiz, me dará naquele dia; e não somente a mim, mas também a todos os que amam a sua vinda".

Uau! Deus quer me recompensar com uma coroa! Talvez alguns adultos achem essa idéia de recompensa uma bobagem, mas não eu. A criança que existe dentro de mim pula de alegria só de pensar que Deus pode realmente premiar-me com algo. Lembro-me, quando criança, de ter aulas de piano e contorcer-me de alegria em meu banquinho sempre que a senhora Merson colava coroas douradas, graças ao bom desempenho, em minha partitura. O que mais me alegrava não era tanto o meu desempenho, mas a alegria que esse desempenho dava à senhora Merson. Meu foco não era o que eu fazia, mas a aprovação dela. Adultos sofisticados não são afeitos a essas extravagâncias, mas as crianças certamente o são.

Nada é tão óbvio na mente de um filho de Deus voltada para o céu do que seu indisfarçável prazer de receber uma recompensa — recompensa essa que reflete a aprovação do Pai. C. S. Lewis afirmou: "Agradar a Deus[...] ser um ingrediente real na felicidade divina[...] ser amado por Deus, em vez de ser apenas motivo de compaixão, para que ele se jubile como um artista se deleita com seu trabalho ou um pai com seu filho — parece algo impossível, um peso ou fardo de glória que nossos pensamentos mal podem suportar. Mas é isso o que acontece".[1]

Portanto, todas as crianças que, conforme Jesus disse, são mais preparadas para o reino do céu devem estar preparadas para a demonstração, por parte de Deus, de seu deleite e de sua aprovação.

Com o que se parece uma coroa do céu? Será que se parece com a do xá do Irã, com pele de arminho salpicada de bolinhas negras, com pérolas e diamantes encravados, ou é mais parecida com aquela que a rainha Vitória usava, com uma cruz na parte superior? Cuidado, pois suspeito que, de novo, estamos nos aproximando da imagem terrena.

Em Salmos 149.4, temos uma pista sobre o tipo de coroa que Deus tem em mente: "O Senhor agrada-se do seu povo; ele coroa de vitória os oprimidos". Logo vi! Deus provavelmente não quis dizer, literalmente, uma coroa, pois a salvação não é algo que você põe sobre a cabeça. Coroas celestes devem representar algo que o Senhor faz, algo que ele nos dá, como quando nos coroa com a salvação. De qualquer forma, isso é mais valioso do que qualquer pedaço de platina cravejado de coisas brilhantes.

Há também, em Tiago 1.12, a *coroa da vida*, reservada àqueles que perseverarem na provação. Isso quer dizer que Deus nos premiará com a vida eterna.

Em 1Tessalonicenses, há a *coroa da alegria*, dada àqueles que levam os outros a Cristo. Isso significa que Deus nos premia com a alegria que dura toda a eternidade.

Em 1Coríntios 9.25, a *coroa incorruptível*, é presenteada àqueles que estiverem puros e imaculados no dia do julgamento. Nada do que Deus nos dá acaba, estraga ou esmaece.

E, em 1Pedro 5.2-4, há a *coroa de glória*, reservada aos líderes cristãos que conduziram outros pelos caminhos do Senhor. Deus concede-nos a glória que jamais diminui, apenas aumenta.

E a *coroa de justiça*, a minha favorita, mencionada em 2Timóteo 4.8, destinada àqueles que anseiam pela volta do Senhor. Deus nos premiará enquanto estivermos junto com ele, que nunca muda.

Prepare-se para as coroas!

O tribunal de Cristo

"Pois todos nós devemos comparecer perante o tribunal de Cristo, para que cada um receba de acordo com as obras praticadas por meio do corpo, quer sejam boas quer sejam más" (2Co 5.10).

Opa! Essa celebração, de repente, não soa como uma coroação. Isso parece amedrontador. Especialmente, a parte "quer sejam boas quer sejam más". Com certeza, a festa azedará assim que todos virem todas as coisas ruins que você fez na Terra. Elas o dispensarão e soltarão um suspiro: "*Agora* eu sei quem ele(a) realmente foi durante todos esses anos na Terra. Estou decepcionado!"

Eu costumava pensar assim quando estava no colegial. Nunca entendi por que os cristãos ansiavam para ir para o céu. Para mim, esse era o lugar de onde Deus saberia de tudo e veria tudo. E não apenas Deus, mas meus amigos e familiares também. Via-me ali, logo que passasse pelas portas de pérolas, debaixo da marquise de um teatro, cujo título da peça em cartaz era: A VERSÃO SEM CENSURAS DA VIDA DE JONI. Eu me via caminhando ao longo do corredor e passando por pessoas que respeitava, como minha professora do primeiro colegial, meu treinador de hóquei e meu líder da escola dominical. Em cada fileira, percebia a presença de outras pessoas, como o garoto deficiente físico, colega de escola, de quem zombava, e a menina que morava na mesma rua que eu e em quem bati certa vez. Criava a imagem mental do momento em que chegava à primeira fileira, mergulhava em um assento e encolhia-me enquanto Deus desenrolava o filme de minha vida para que todos vissem. Apenas culpa e juízo!

Estou propensa a acreditar que o tribunal real de Cristo será bem diferente.

Leve em conta o que diz o autor de 1Coríntios 4.5: "Portanto, não julguem nada antes da hora devida; esperem até que o Senhor venha. Ele trará à luz o que está oculto nas trevas e manifestará as intenções dos corações. Nessa ocasião, cada um receberá de Deus a sua aprovação".

Leia esse versículo uma vez mais. *Cada um receberá de Deus a sua aprovação.* Quando Cristo sentar-se no trono, em seu tribunal, não creio que ele revelará uma versão sem cortes e sem censuras de sua vida. Ele não parecerá um juiz carrancudo e inflexível que bate o martelo e lê em voz alta todos os seus pecados para que os jurados façam o registro. Não, isso já aconteceu em um outro julgamento. O julgamento da cruz. Nesse julgamento, foi que o Pai bateu o martelo e anunciou a seu Filho: "Culpado!", pois ele se tornara pecado por nós. Isso foi registrado nos tribunais do céu e, depois, a acusação foi cancelada com as palavras: "Totalmente pago!", afirmação que não foi escrita com tinta vermelha, mas com sangue. De qualquer forma: "Se tu, Soberano Senhor, registrasses os pecados, quem escaparia? Mas contigo está o perdão para que sejas temido" (Sl 130.3-4).

Seus pecados não o condenarão no céu. Salmos 103.10-12 promete isso: "Não nos trata conforme os nossos pecados nem nos retribui conforme as nossas iniqüidades. Pois como os céus se elevam acima da Terra, assim é grande o seu amor para com os que o temem; e como o Oriente está longe do Ocidente, assim ele afasta para longe de nós as nossas transgressões". Se você depositou sua confiança em Cristo por ele ter carregado nossos pecados na cruz, então, você nada tem a temer. Ele já liquidou esse assunto. Apagou-o. O pecado não tem mais o poder de ferir nem de infligir o remorso e a tristeza.

O tribunal de Cristo é diferente. Não é um julgamento para decidir se você é culpado ou inocente, mas parece-se mais com uma tribuna de julgamento para determinar sua capacidade de servir a Deus.

A seguinte analogia talvez seja muito simples para um seminarista, mas gostaria de retratar uma tribuna de julgamento em uma convenção de construtores em que prêmios são distribuídos para os arquitetos, os construtores, os mestres de obras e os peões. O juiz examina a qualidade do trabalho de cada um deles, cada um é recebe elogios por aquilo que construiu e pela forma como construiu. Elogios, não condenação. É verdade que alguns serão mais elogiados, mas todos receberão a sua recompensa.

E o prêmio? O juiz dirá: "Muito bem! Você realizou bastante com essas pequenas construções, agora o colocarei como responsável de um grande empreendimento". Portanto, os arquitetos e os mestres de obras são recompensados com contratos maiores e mais elaborados. E os construtores têm de arregaçar as mangas e botar mãos às obras para criar as melhores casas do mercado. Toda pessoa sai dessa convenção feliz, animado e com um aumento em sua capacidade de servir a indústria.

É mais ou menos assim que as coisas acontecem para os cristãos. Enquanto estivermos na Terra, temos a oportunidade de acumular "tesouros no céu" e, por assim dizer, enviar antecipadamente os materiais de construção de forma que seja possível construir algo digno da eternidade. Essa é a razão pela qual a Bíblia diz: "Veja cada um como constrói. Porque ninguém pode colocar outro alicerce além do que já está posto, que é Jesus Cristo. Se alguém constrói sobre esse alicerce usando ouro, prata, pedras preciosas, madeira, feno ou palha, sua obra será mostrada, porque o Dia a trará à luz; pois será revelada pelo fogo, que provará a qualidade da obra de cada um. Se o que alguém construiu permanecer, esse receberá recompensa. Se o que alguém construiu se queimar, esse sofrerá prejuízo; contudo, será salvo como alguém que escapa através do fogo" (1Co 3.10-15).

Estou construindo com o olhar voltado para a eternidade, e você também pode fazer isso. Todos os dias, temos a oportunidade de arregaçar as mangas espirituais e aplicar as nossas energias espirituais para construir algo duradouro tanto em nossa vida quanto na dos outros. Devemos ser cuidadosos, conforme nos foi avisado, e escolher o ouro, a prata e as pedras preciosas como material de construção; isto é, o culto oferecido com coração puro, motivação correta e o olhar voltado para a glória de Deus. Ou podemos escolher a madeira, o feno ou a palha; coisas provenientes de um motivo impuro e um olhar voltado para a nossa glória pessoal.

Traremos para o tribunal de Cristo tudo o que somos e tudo o que fizemos. Um olhar do Senhor verificará a qualidade do que construímos. E o culto egoísta será consumido em uma chama ardente. Embora seja verdade que nenhum filho de Deus será repreendido, alguns serão repreendidos pelo calor, e sua única recompensa será sua salvação eterna.

Isso é muito sério. Não posso deixar de ver-me saindo um pouco chamuscada nas extremidades. Não me leve a mal, pois acredito que me reconfortarei com a aprovação de Deus por meu serviço na Terra, mas o orgulho e os motivos impuros provavelmente macularam muito minha atuação. Serão queimadas todas aquelas ocasiões em que entreguei o Evangelho, motivada pelo orgulho empedernido. Também serão dissolvidos nas chamas qualquer serviço realizado "em prol do desempenho em si". Serão reduzidos a carvão o comportamento manipulador e as mentiras camufladas para que se pareçam com verdades.

Mas, observe bem, mesmo se muitas pessoas sobreviverem por um triz ao tribunal de Cristo e tiverem apenas a coroa da salvação, isso é um motivo da maior importância e motivo de grande regozijo. Observe todas as pessoas que confiaram em Cristo em seu leito de morte, quando mal tiveram tempo de dizer sim a Jesus e, muito menos, tiveram oportunidade de construir algo para a eternidade. Pense que você, segundos antes de morrer, foi resgatado das chamas do inferno. Tal alegria será difícil de ser suplantada.

Um olhar do Senhor destruirá todo servir indigno. No entanto, ele iluminará todo servir que honra a Deus. O servir puro como o ouro e as pedras preciosas sobreviverão facilmente ao teste. E é por *esse* tipo de culto que seremos elogiados. Cairemos de joelhos diante do tribunal com as palavras do nosso mestre soando em nosso coração: "Muito bem, servo bom e fiel! Você foi fiel no pouco, eu o porei sobre o muito. Venha e participe da alegria do seu senhor!' [...] Pois a quem tem, mais será dado, e terá em grande quantidade. Mas a quem não tem, até o que tem lhe será tirado" (Mt 25.23, 29).

Mal posso esperar para escutar essas palavras. Literalmente. Quero matar todo motivo egoísta e pretensão arrogante para que, quando os olhos do Senhor examinarem o meu servir, a minha construção passe nesse teste. Quero ser cuidadosa na maneira de construir, tendo em mente que todo sorriso ou oração, como também cada partícula de músculo ou dinheiro sacrificado, representa uma guirlanda dourada, tijolo ou algo muito pequeno. Quero que tudo o que faço aqui seja um investimento eterno, uma forma de construir algo radiante e belo lá. É assim que muitas coisas aqui embaixo influenciam o que acontece lá.

E ninguém será deixado de lado. Cada um receberá a sua recompensa. Cada um de nós receberá uma capacidade para servir no céu, e assim teremos algo para fazer.

A adoração eterna nunca aborrece

Consigo ver meus dois amigos, John e Mike, aqueles que odeiam a idéia de não fazer nada no céu, boquiabertos e com os olhos arregalados diante do tribunal. Enquanto estiveram na Terra, eles sempre souberam que eram filhos de Deus, mas também sabiam que "o que seríamos ainda não tinha sido revelado". Bem, mas, no céu, eles são filhos de Deus no sentido mais pleno da palavra. Que poder! Que privilégio! E Deus os coroou como prova disso.

Eu os visualizo um agarrando ao outro, dando pulos de alegria e exclamando: "É isso aí cara, agora temos de *fazer* algo! Temos de servir!" Eles esfregam as mãos, arregaçam as mangas de suas vestes brancas e perguntam: "Tudo bem, Senhor, quais são as nossas tarefas? Apenas aponte-nos a direção, e estamos prontos para ir!"

Jesus pode repetir suas próprias palavras, conforme João 4.23, e dizer: "No entanto, está chegando a hora, e de fato já chegou, em que os verdadeiros adoradores adorarão o Pai em espírito e em verdade. São estes os adoradores que o Pai procura". Nossa primeira tarefa é louvar. No céu, nosso mais importante servir a Deus é a adoração. O céu é o local para a eterna adoração amorosa. Nosso servir será louvar a Deus continuamente, sem interrupção.

"O quê?", posso ouvir meus amigos falando.

E se Deus não fosse capaz de ler os pensamentos deles, eles poderiam ousar pensar: *Isso é maravilhoso e topo tudo isso. Mas será que isso não vai ficar um pouco entediante depois de algum tempo? Será que depois de alguns milênios não ficaremos sem os corinhos das Escrituras e as canções de louvor?*

Continuo sentindo a mesma coisa sobre o céu. Para mim, qualquer coisa invariável e constante sempre estava envolta em tédio. Qualquer coisa, até mesmo as férias maravilhosas na praia sempre podem ser entediantes caso se prolonguem por muito tempo. Quando as coisas boas, depois de algum tempo, chegavam ao fim, eu sempre ficava feliz.

Contudo, no céu, o louvor nunca será entediante.

Primeiro, a única razão pela qual achamos até as melhores coisas monótonas depois de algum tempo é em conseqüência do... *espaço de tempo*. Em outras palavras, devido ao fluxo do tempo. A eternidade não é invariável (algo que é entediante), pois a invariabilidade significa que o tempo transcorre enquanto tudo permanece igual. Não é isso, de forma alguma, o que acontece no céu. A eternidade não corresponde a muitos milênios. Não significa nem mesmo bilhões ou trilhões de milênios. No céu, o tempo não passa, ele apenas *é*.

A seguir, posso escutar meus amigos retorquirem: "Tudo bem, mas você pode apenas ficar encantado com a verdade, a bondade e a beleza do céu por um longo tempo. Há algo sufocante sobre o alcançar a perfeição; quase preferimos a emoção de chegar aqui em vez de lá: o céu é tão, tão... final!"

Você pode apenas dizer isso se conceber a verdade, a bondade ou, até mesmo, a eternidade e o céu como estáticos e abstratos. Eles não são. Verdade e bondade, eternidade e céu — é verdade, e Deus também — não são estáticos, mas dinâmicos. Não são abstratos, mas concretos. Mais reais do que tudo o que já tocamos e experimentamos na Terra. Lembre-se, pensar que o céu seja impalpável, nebuloso e etéreo é um equívoco. A Terra é que é como a erva que murcha, não o céu.

C. S. Lewis, em *The great divorce* [*O grande divórcio*], apresenta um diálogo entre um fantasma confuso do inferno e um espírito celestial, que está tentando ensinar ao primeiro a concretude da eternidade. O espírito celestial inicia a conversa...

> "Você viria comigo até as montanhas?"
> "Teria de exigir algumas certezas... uma atmosfera livre à indagação..."
> "Não... nenhuma atmosfera livre à indagação, pois eu lhe trarei para a terra das respostas, não das perguntas, e você verá a face de Deus."
> "Ah, mas... para mim não existe nada que seja uma resposta final... você mesmo pode sentir que há algo sufocante em relação à idéia de finalidade... viajar cheio de esperanças é melhor do que chegar... o que poderia ser mais destrutivo para a alma do que a estagnação?"
> "Você acha isso, pois, até aqui, você experimentou a verdade apenas como uma abstração intelectual. Eu o trarei ao local onde você pode saboreá-la como saboreia o mel e pode ser abraçado por ela como se fosse abraçado pelo noivo. Sua sede será saciada."[2]

No céu, o louvor não será inerte nem abstrato, como a impressão que você tem quando escuta um hino obsoleto, cantado em uma enorme catedral por um punhado de adoradores inexpressivos. Nem é como o sentimento que você tem quando canta um corinho de louvor pela centésima vez. Até mesmo os mais belos corinhos das Escrituras, depois de algum tempo, acabam por se desgastar: "Já cantamos isso zilhões de vezes. Será que não dá para cantar algo novo?" Nosso coração realmente não se importa se a canção é nova — alguns dos hinos mais antigos da igreja são ainda novidades —, mas nosso coração não pode tolerar palavras ou canções de louvor que se tornam rotina com o tempo. Se a alegria e satisfação não estiverem em sua adoração, então você sabe que errou o alvo. Você quer oferecer algo novo que chegue até a verdadeira morada no coração do Senhor.

No céu, o louvor nunca será vazio nem deixará de alcançar o seu alvo. A adoração não estará suspensa entre nós, que estamos no ponto A, e Deus, que está no ponto B. Esse tipo de adoração pode ser experimentado na Terra, mas, quando se trata do céu, ele fica solto ao vento.

No céu, o louvor terá substância. Comeremos da árvore da vida.
Saborearemos o maná escondido como saboreamos o mel.
Sentiremos o odor da verdade como sentimos o de uma flor.
Usaremos a justiça como se fosse a luz.
Seguraremos a estrela da manhã como se fosse um cetro.
Seremos radiantes como as estrelas do céu.
Entraremos na alegria do Senhor.

Não há nada inerte nem abstrato em relação a esses verbos. No céu, tudo terá mais substância do que jamais imaginamos.

No louvor eterno, a emoção de chegar lá será suplantada pelo que veremos, seguraremos, saborearemos e usaremos. Para John e Mike, a emoção incluirá não apenas o escalar da montanha, mas o desfrutar a vista do topo, como também fazer as duas coisas ao mesmo tempo. Viajaremos cheios de esperança e chegaremos todos no mesmo momento — não mais desejaremos nosso Deus ausente, mas nos alegraremos em nosso Deus que está presente.

Por que o adoraremos para sempre

Além disso, nossa adoração a Deus jamais terminará. Ela é exatamente como a alegria que costumava sentir quando meu pai lia uma história para mim. Para mim, o início era sempre a parte mais fascinante. Era uma novidade. Isso por que o início toca em algo atemporal, que nenhum evento no tempo pode macular. Infelizmente, à medida que a história progredia, meu interesse, como também minha perplexidade, diminuíam.

Exceto em um conto de fadas. Em *A última batalha*, a conclusão da série *As crônicas de Nárnia*, de C. S. Lewis, o final não era nada previsível, como: "E eles viveram felizes para sempre". Ao contrário, na última página, após muitas e divertidas aventuras e jornadas em todos os livros anteriores, C. S. Lewis escreve que, agora, haviam chegado ao início da verdadeira história. Todos os capítulos anteriores das aventuras de Nárnia não passavam de capas e títulos no topo da página. O capítulo real estava para começar, uma história que ninguém aqui na Terra lera e que continuaria para sempre, e todo capítulo seria melhor do que o anterior.

Quando criança, lembro-me de pensar: *Quer dizer que tudo que aconteceu até agora é apenas o prefácio da história real? Todas as coisas boas não passavam de prenúncios de uma história maior!* A perplexidade estava de volta. Era como se estivesse novamente no início da narrativa.

A maioria das pessoas gostaria que as coisas fossem assim na vida real. As pessoas, exatamente como as histórias, labutam capítulo após capítulo de sua vida, e a fascinação e a perplexidade, que sentiram quando criança, esmaecem à medida que a sucessão de eventos se desenrola ao longos dos anos. Ficamos cansados e abatidos, sem capacidade de captar os sonhos que nos entusiasmaram no início. O estado pelo qual ansiamos nunca é totalmente alcançado. E assim, nossos interesses se perdem.

Para os cristãos, no entanto, todas as coisas que acionam nosso interesse sobre a eternidade serão alcançadas. Veremos o Cordeiro. Saborearemos a pureza. Tocaremos a verdade. Seremos revestidos de justiça. Como uma grande história, ela sempre terá um início encantador. Ou, melhor ainda, o fim *e* o início, como Deus é alfa e ômega, o primeiro e o último, o início e o fim.

Assim, carne e sangue não podem herdar o céu. É necessário uma total metamorfose para estar tanto no início quanto no fim ou para vestir a justiça como uma veste radiante. Como uma lagarta se transformando em borboleta, ou o caroço de um pêssego se tornando uma árvore. Nosso corpo terrestre jamais será capaz de conter a alegria ou expressar o louvor. Nosso coração e mente carnais não poderiam reter tudo isso. A adoração celestial poderia partir as junções e quebrar o recipiente humano. Não estamos falando aqui sobre a troca de pele, como acontece com as cobras, mas nos referimos a uma transformação radical. Nós, pequenas lagartas e caroços de pêssego, precisamos ir da morte para a vida para que nosso corpo e coração glorificados se adaptem ao encher-se e transbordar com o louvor extático. Conforme Jesus declarou: "Digo-lhe a verdade: Ninguém pode ver o Reino de Deus, se não nascer de novo" (Jo 3.3).

Não, o louvor não será algo que nos será designado nem ordenado; ele será natural. Melhor, uma resposta sobrenatural exaltada da criatura que nasceu de novo, em novidade de vida e adequada para o céu. O professor E. L. Maskell afirma isso da seguinte maneira: "Nós não louvamos a Deus, porque ele nos faz coisas boas, embora, sem dúvida, ele o faça. Tampouco, o louvamos porque isso lhe faz bem, pois, na verdade, não faz. O louvor, portanto, é estritamente extático, no sentido que nos leva totalmente para fora de nós mesmos, pois é pura e unicamente direcionado a Deus. O louvor desvia nossa atenção totalmente de nós mesmos e faz com que essa atenção se concentre nele".[3]

Mal posso esperar! Fico aflita e cansada apenas de pensar em mim mesma. Algumas vezes, sinto-me como aquela mulher do filme *Beaches* [*Praias*], totalmente voltada para si mesma, que diz à amiga: "Chega de falar sobre mim... Vamos falar sobre você. Diga-me, o que *você* acha de mim?" Você já se sentiu dessa forma? Bem, no céu, o esquecimento de si mesmo será nossa segunda natureza; portanto, nada será aborrecido. O louvor apenas seria algo que aborreceria se fôssemos capazes de parar e olhar para nós mesmos para perceber como estamos nos saindo, como está nosso desempenho e que impressão causamos; mas essa consciência não existirá no céu. Para nós, a coroação da glória será o perder-nos e, mesmo assim, o encontrar-nos no alfa e ômega. Isso é puro louvor. Preocupação total com Deus.

Por fim, como seremos um com ele e cheios de luz como ele, nosso corpo radiante e esplendoroso não poderá fazer nada a não ser ficar impregnado pela glória de Deus. Afinal, "glória" é o reflexo do ser essencial de Deus, por meio de sua santidade, justiça, compaixão ou misericórdia. No céu ou na Terra, sempre que o Senhor se revelar por meio de uma dessas qualidades, dizemos que ele está se glorificando. E, no céu, nós, como os diamantes, daremos louvor como se fôssemos um prisma e, por nosso ser refletir a glória *Shekinah* de Deus, será impossível não louvá-lo. Daniel 12.3 esclarece esse assunto, quando afirma: "Aqueles que são sábios reluzirão como o fulgor do céu, e aqueles que conduzem muitos à justiça serão como as estrelas, para todo o sempre".

Lembra-se do meu sonho em que tudo — o ar, a água e o meu corpo — resplandeciam com a luz? Não acho que o meu sonho esteja tão distante do céu. O Cordeiro é a lâmpada que iluminará o céu. A luz terá tal intensidade ali que a "lua ficará humilhada, e o sol, envergonhado; pois o Senhor dos Exércitos reinará no monte Sião e em Jerusalém, *glorioso* na presença dos seus líderes!" (Is 24.23; destaque da autora). A glória de Deus e sua luz andam de mãos dadas. O céu é um local cheio de glória, luz e louvor.

Meus amigos, junto com todas as outras pessoas redimidas, transcendem alegremente a deformação do tempo para ser parte da "grande multidão que ninguém podia contar, de todas as nações, tribos, povos e línguas, em pé, diante do trono e do Cordeiro, com vestes brancas e segurando palmas. E clamavam em alta voz: 'A salvação pertence ao nosso Deus, que se assenta no trono, e ao Cordeiro'" (Ap 7.9-10).

Quem poderia encontrar palavras para tal adoração? Que dicionário conteria os substantivos ou os adjetivos para transmitir a idéia de "comer" a vida como se come um fruto de uma árvore ou "saborear" o pão do céu? Quero erguer minhas mãos e suspirar: "Ó profundidade da riqueza da sabedoria e do conhecimento de Deus! Quão insondáveis são os seus juízos e inescrutáveis os seus caminhos! [...] Pois dele, por ele e para ele são todas as coisas. A ele seja a glória para sempre! Amém" (Rm 11.33, 36).

Servir a Deus reinando com ele

Tenho uma confissão a fazer. Sou muito mais parecida com os meus amigos John e Mike do que gostaria de admitir. Passe apenas algumas semanas comigo e compreenderá. Adoro arregaçar as minhas mangas aqui na Terra e entregar-me ao culto a Deus. Não sou tanto um ser humano quanto um *fazer* humano. Visitar hospitais, defender causas, fazer compras para o jantar, trabalhar para o ministério, relacionar-me com meu marido, cuidar do casamento, pintar em minha prancha, escrever em meu computador, trabalhar em programas de rádio, aconselhar pelo telefone, ajudar a escola dominical e *ad infinitum*.

Também sou perfeccionista. Se uma pintura não fica à altura da minha expectativa, eu a deixo de lado. Se um artigo não soa bem, ele é jogado na lixeira. Se uma amizade for danificada, ela é diligentemente reconstruída. Se meu casamento está sofrendo danos, tudo o mais é cancelado, e Ken ganha prioridade em minha vida. Se sinto que uma de minhas palestras parece ter caído no vazio, eu me repreendo de forma interminável, com pensamentos como estes: *Por que* disse aquilo?... *Por que não disse isso?* Em alguns dias, ergui minhas mãos e suspirei: "De que vale tudo isso? Estraguei tudo de novo!"

Grande parte dessa pressão, por ser auto-imposta, é desnecessária. Entretanto, parte dela é real e necessária. Essa é a razão pela qual Deus, quando sabe que minha atitude em relação às minhas incumbências não foi nada desafiadora, além de ter sido também bastante preguiçosa, impõe essa pressão.

No céu, no entanto, não haverá falhas no servir. Nem desapontamento no fazer. Jamais lutaremos contra as falhas no fazer a tarefa que Deus pôs diante de nós, como falhamos em uma missão e no casamento. Jamais ficaremos aquém na realização de nossas responsabilidades.

Ah, meus queridos, nós *faremos!* John e Mike ficarão extremamente felizes, mas apenas por um curto período de tempo, pois estarão mais ocupados do que estiveram na Terra. Nada de ficar à toa na eternidade, caminhando pelas ruas de ouro. Nada de matar o tempo tangendo harpas ao lado do mar de vidro. Teremos tarefas para realizar. Mal posso conter as lágrimas quando penso em meu amigo, Cornelius, que está há quinze anos na cama, incapaz de erguer um dedo para fazer qualquer trabalho, por menor que seja. Posso até ver esse homem agora com seu corpo glorificado, deixando John e Mike para trás, enquanto lida com todo o trabalho que deixou de fazer em todos estes anos aqui na Terra. Serviremos a Deus por meio da adoração e do trabalho — um trabalho empolgante do qual jamais nos cansaremos.

Para mim, isso será o céu. Amo servir a Deus. E se fomos fiéis no serviço terreno, no céu, nossa responsabilidade aumentará proporcionalmente. Não, retiro o que disse. Ele não aumentará proporcionalmente. Deus é muito generoso para isso. Nosso serviço aumentará desproporcionalmente. Não é preciso ser um cientista de renome para ler, em Lucas 19.17, a fórmula que Jesus dá em sua parábola sobre o céu: "'Muito bem, meu bom servo!', respondeu o seu senhor. 'Por ter sido confiável no pouco, governe sobre dez cidades'".

Pare e leia isso novamente. Dez cidades? Em troca da fidelidade em um assunto tão pequeno? Uau! Jesus, quando se trata de nos abençoar, vai além da matemática simples e mergulha no cálculo. Aqueles que são fiéis em algumas pequenas coisas serão responsáveis por numerosas coisas.

Você é fiel em seu casamento ou em uma missão? Mesmo que só um pouco? Deus já está pensando exponencialmente, como na equação sobre suas "dez cidades". Ele aumenta generosamente sua capacidade para servir à enésima potência. Quanto mais fiel você for nesta vida, mais responsabilidade receberá na vida que está por vir.

Por favor, observe que Jesus não diz "por você ter sido bem-sucedido no pouco", mas disse: "por você ter sido *confiável*". Deus não está examinando minuciosamente o sucesso de seu casamento nem julgando o resultado de sua missão. Você pode estar casado há quarenta e cinco anos, quarenta dos quais você apenas marcou presença graças a uma promessa e a uma oração. Você pode ter investido vinte e cinco anos de sua vida para compartilhar o evangelho em Moçambique, e ter apenas um punhado de convertidos para apresentar. Deus, quando chegamos diante do tribunal, não exigirá os gráficos de retorno no investimento nem fará uma análise de custo-benefício de nosso serviço terreno. Todo cristão está no mesmo campo de trabalho. O sucesso não é a chave, mas a fidelidade. Ser maior e melhor não está em questão, mas o ser obediente, sim.

Quanto mais confiável você é, maior será o seu serviço na eternidade. Eis onde nossos dois camaradas brilharão!

Eis onde começamos a servir e a ficar mais ocupados do que aqui na Terra. Pois não apenas temos de louvá-lo para sempre, mas temos de reinar com ele para toda a eternidade: "Ao vencedor darei o direito de sentar-se comigo em meu trono, assim como eu também venci e sentei-me com meu Pai em seu trono" (Ap 3.21). Você pode acreditar nisso? Sentaremos com Cristo em seu trono e reinaremos com ele. Receberemos a esfera de autoridade e a supervisão do reino eterno de Deus.

Temos de reinar com ele, e muito mais.

Somos mais do que reis? Sim, somos filhos e herdeiros. Em Romanos 8.17, somos elevados a uma incrível posição: "Se somos filhos, então somos herdeiros; herdeiros de Deus e co-herdeiros com Cristo". Apenas imagine: nós sentaremos com Cristo em seu trono e nos uniremos a ele na supervisão de sua herança e da nossa. Herdaremos o que nosso irmão mais velho herdar. Em Salmos 2.8-9, lemos a afirmação desse nosso direito de ação: "Pede-me, e te darei as nações como herança e os confins da terra como tua propriedade. Tu as quebrarás com vara de ferro e as despedaçarás como a um vaso de barro". Não estamos falando sobre alguns poucos acres na parte menos nobre da fazenda. Nossa esfera de autoridade será o céu e a Terra.

Temos de reinar sobre a Terra com Cristo!

Governar sobre a Terra

Gostaria de compreender os pontos específicos, mas Deus não revelou todos eles. Um vislumbre foi sussurrado em Apocalipse, capítulo 20, que afirma que somos "sacerdotes de Deus e de Cristo" e reinaremos "com ele durante mil anos", e em Isaías 11, "com retidão julgará os necessitados, com justiça tomará decisões em favor dos pobres".

Repetidas vezes, as palavras "herança", "Terra" e "reino" aparecem juntas. Folheie o Antigo Testamento e verá repetidas referências ao ungido de Deus administrando pessoalmente a justiça, exaltando os oprimidos ou governando com cetro de ferro. As especificações não são apresentadas, mas há uma indicação que devemos captar: reinaremos com Cristo sobre a Terra.

Não fica claro se é esta Terra ou aquilo que a Bíblia denomina de "nova Terra". Mas sei que o ponto culminante da criação de Deus, essa jóia chamada planeta, não será abandonado. Ele não será esquecido para que fique girando no espaço. Deus não desperdiça as coisas, mas as redime, e Romanos 8.20-21 revela a intenção de Deus para esta bela bola de gude azul: "Pois ela foi submetida à inutilidade, não pela sua própria escolha, mas por causa da vontade daquele que a sujeitou, na esperança de que *a própria natureza criada será libertada da escravidão da decadência em que se encontra, recebendo a gloriosa liberdade dos filhos de Deus*" (destaque da autora).

Toda a criação, como nós, "geme até agora, como em dores de parto" (Rm 8.22). Percebo isso sempre que vejo a névoa de poluição, os depósitos de lixo ou algum animal morto na estrada. Quando dirijo nas montanhas costeiras, bem próximas de onde moro, maravilho-me com as rochas e os cânions salientes e denteados, mas tenho muita consciência de que estou bem no centro da região de terremotos (os terremotos de Northridge, de 1994, pareciam uma daquelas contrações de trabalho de parto). Deslizamentos de terra e incêndios acontecem o tempo todo por aqui. Essas montanhas não têm repouso. Elas também estão cheias de cicatrizes em virtude dos improváveis palácios das estrelas de cinema de Malibu, que sujam a paisagem com suas antenas parabólicas. Meu coração se despedaça por essas montanhas e árvores (e estrelas de cinema!) para que sejam libertas dessa escravidão.

Esta é a Terra que Cristo libertará em sua gloriosa volta. Você consegue escutar o suspiro do vento? Você sente o silêncio pesado nas montanhas? Percebe o anseio impaciente do mar? Consegue perceber isso nos olhos aflitos de um animal? Algo está vindo... algo melhor.

Se você quiser saber exatamente o que esse "algo" é, estude Apocalipse e Isaías. Faça pesquisas na área de hermenêutica. Examine a escatologia. Devo admitir que jamais tive o benefício de freqüentar um seminário e, portanto, não consigo seguir muito bem uma linha teológica quanto gostaria; no entanto, fico feliz em saber que o céu envolve a Terra, a velha ou a nova. Fico intrigada só de pensar que depois que Cristo voltar para nós, podemos habitar novamente este mesmo planeta. Os caminhos que percorro com minha cadeira de rodas podem muito bem ser os mesmos que meus pés glorificados trilharão quando Jesus reinar.

Se assim for, as montanhas das Sierras serão exatamente aquelas em que Thad e eu esquiaremos. E na outra montanha, os caminhos para passeios serão, de fato, trilhados pelos pés celestiais de minha amiga e pelos meus. Ou seja, se Thad, Rana ou outras pessoas quiserem um descanso de suas escapadas emocionantes nos recantos mais distantes do universo!

As possibilidades são intermináveis, como também irradiantes. Talvez, nosso reino na Terra inclua exaltar os pobres e os necessitados do Curdistão, reflorestar as montanhas do Líbano, ajudar a julgar o iníquo ou a plantar árvores ao longo do rio Amazonas. Que tal limpar os tribunais para livrar-nos da corrupção e ensinar aos juízes a sabedoria divina? Ou dar um fim ao lixo nuclear? Talvez ensinemos as nações a adorar a Deus, como também transmitiremos a nova definição de paz e transformaremos as espadas em arados. Será que faremos um remendo na camada de ozônio e faremos o Danúbio Azul ter novamente a cor anil, em vez de ter a cor da lama? Cortar os excessos governamentais, acabar com a burocracia e mostrar a todos que a teocracia é a única forma de governo na cidade?

De uma coisa podemos ter certeza: não haverá abrigo para os sem-teto (não haverá homens e mulheres sem-teto!). Nem orfanatos nem hospícios. Nem clínicas de aborto. Nem asilos para os idosos.

Em meio a isso tudo, a radiante cidade e capital do céu, a Nova Jerusalém, será plantada como uma pérola brilhante. Reis e príncipes de todos os cantos da Terra chegarão à Cidade Santa para prestar homenagem. Isso é demais para a minha mente, mais foi claramente explicado em Apocalipse 21.

Percebo que isso acarreta mais questões do que respostas. Por exemplo, quem são todas aquelas pessoas que terão de ser governadas com cetro de ferro? Depois que o Senhor Jesus e seus santos retornarem para a Terra, o que todas essas outras pessoas ficarão fazendo aqui? Elas são pessoas iníquas ou são os pobres que devem ser exaltados? Por que ainda estão aqui se o céu veio até a Terra?

Os teólogos são aqueles que lidam com essas questões o tempo todo. Alguns estudiosos dizem que após a ressurreição daqueles que morreram em Cristo, quando ele retornar para a Terra, nós, por mil anos, reinaremos com ele sobre as pessoas deste planeta. No final desse período, o demônio incitará uma última rebelião, que dará início ao Armagedom. Os exércitos de Deus vencerão, o demônio perderá, as pessoas iníquas ressuscitarão, o livro da vida será aberto e o dia do julgamento chegará. Após a destruição final da velha serpente e de seus seguidores iníquos, a Terra será consumida pelo fogo e purificada para ser transformada em uma nova Terra adequada para a habitação eterna. Entendeu isso?

Outros estudiosos afirmam que quando o Senhor Jesus voltar para a Terra como Rei dos reis, o tempo terminará depois de um Armagedom instantâneo, da derrota de Satanás, do julgamento dos mortos e do causticante holocausto que incinera toda a Terra e o espaço. Quando a fumaça desaparecer, o Senhor e seus santos iniciarão o reinado eterno nos novos céus e na nova Terra.

Fico feliz que os teólogos estudem essas coisas! Não consigo dizer ao certo como a Terra, seja nova ou a velha, se ajusta no esquema celeste de Deus. A minha tendência é me inclinar para a visão de que reinaremos com Cristo nesta Terra por mil anos, e esse período serviria como um vestíbulo do céu. Mas tudo que realmente preciso saber é que espero "novos céus e nova Terra, onde habita a justiça" (2Pe 3.13). O céu será a minha morada. Serei co-herdeira com Cristo... e ajudarei a governar os novos céus e a nova Terra... e estarei mais ocupada e feliz com o servir do que imaginei ser possível.

E você também.

É mais real do que podemos imaginar

Sabe o que me deixa mais entusiasmada sobre essa questão de reinar com Cristo na Terra? É que isso é algo concreto. O céu não se parece com a terra do nunca, etérea, com formas fantasmagóricas e nuvens. Não é um local em que você coloca o dedo através das pessoas apenas para descobrir que são seres espirituais etéreos que você não pode abraçar nem pegar. De forma alguma!

Estas últimas páginas fortaleceram meu entusiasmo, pois o céu é tão concreto quanto a Rocha de Gibraltar. Tocaremos e saborearemos, governaremos e reinaremos, nos locomoveremos e correremos, riremos e jamais teremos motivo para chorar.

    Talvez, anos atrás, eu presumisse que o céu fosse uma morada nebulosa e etérea para anjos e — ui! — seres humanos, mas já não penso mais assim. Fico entusiasmada ao pensar que o céu é realmente real como uma rocha e que ele será a minha morada — muito mais do que a Terra. Toda vez que quero visualizar o quanto o céu é dinâmico e definido, folheio as páginas do livro de C. S. Lewis, *The great divorce* [*O grande divórcio*], uma fantasia em que o povo não redimido faz uma excursão de ônibus até as fronteiras radiantes do céu. Leia as maravilhosas palavras desses personagens no momento em que eles, perplexos, espreitam o céu:

> A luz, a grama e as árvores é que eram diferentes; feitas de alguma substância diferente, muito mais sólidas que as coisas em nosso país...
>
> Vi as pessoas que vieram ao nosso encontro. Como elas eram brilhantes, eu consegui vê-las enquanto ainda estavam bem distantes... a terra tremia sobre as passadas daqueles pés vigorosos que mergulhavam na relva molhada. Uma leve neblina e um doce odor elevavam-se no local onde seus pés esmagaram a grama e espalharam o orvalho... as vestes não escondiam a grandeza maciça dos músculos e a suavidade radiante da carne... nenhum deles chamou a minha atenção como alguém pertencente a uma determinada faixa etária. É possível alguém vislumbrar, até mesmo em nosso país, aquilo que é imutável — o pensamento compenetrado no semblante de uma criança e a infância travessa no de um homem idoso. Aqui, tudo era assim. [4]

    Um reino real em uma Terra real. E nosso salvador, nosso Rei dos reis, liderando o caminho.

    Mas, atenção, espere até que você veja o que faremos fora deste planeta!

Notas

1. Lewis. *The weight of glory* (Peso de glória, Edições Vida Nova) p. 10.
2. C. S. Lewis. *The great divorce*. Nova York: Macmillan, 1973. p. 42-44.
3. E. L. Maskell. *Grace and glory*. Nova York: Morehouse-Barlow, 1961. p. 68-69.
4. C. S. Lewis. *The great divorce*. Nova York: Macmillan, 1973. p. 29-30.

4
Onde fica o céu e como é ele?

As sombras da noite eram densas. O alvorecer mal dava sinais no horizonte. De repente, a quietude da noite foi perturbada quando as janelas de nosso quarto estremeceram com dois golpes ensurdecedores: "Bum! Bum!"

Um sorriso tranqüilo espalhou-se em meu rosto, embora estivesse adormecida. Eu sabia que aquilo significava que um ônibus espacial havia entrado novamente na atmosfera terrestre, e os astronautas logo aterrissariam na Base Aérea Edwards, no deserto de Mojave, na Califórnia.

Olhei através da janela e vi que a noite ainda estava iluminada por milhares de estrelas brilhantes, as mensageiras que acendiam fogos de vitória por toda a abóbada celeste. Ali deitada, senti quase inveja daqueles astronautas que tocaram as margens do espaço naquela semana. Por algum tempo, eles foram amigos das estrelas e da atmosfera terrestre, fizeram cócegas nos artelhos do universo. Bocejei uma oração antes de mergulhar novamente no sono: "Logo, Jesus, estarei lá em cima... tão distante... que até mesmo os astronautas não serão capazes de me alcançar".

O universo me fascina e sempre assisto aos programas do *Discovery Channel* sobre as estrelas ou a exploração no espaço. Sempre que o ônibus espacial está em órbita, fico com os olhos pregados nos vídeos da Nasa que são mostrados na televisão a cabo — deitada na cama, oro pelas nações do mundo, à medida que o pequeno ícone que representa o ônibus espacial movimenta-se vagarosamente pelo mapa do nosso planeta.

Assisti à CNN, quando os astronautas da nave *Endeavor* caminharam no espaço para consertar o telescópio espacial Hubble. Abaixo de suas silhuetas flutuantes estava a Terra, uma gigantesca bola de gude azul. Balancei a cabeça, maravilhada com aquela imagem de tirar o fôlego, ao vivo, do nosso planeta que se movia vagarosamente, em que a África, depois o Oriente Médio e, a seguir, a Índia gradualmente deslizavam pela tela. Mais fascinante ainda eram as conversas, pelo rádio, entre o comandante do ônibus espacial e seus colegas, enquanto consertavam aquele telescópio desengonçado.

"Segure esta chave inglesa aqui e coloque... ei, olhe para cima. Ali está Vênus, atrás de você." Ele deu um longo e vagaroso assobio. "Rapaz, como isso é lindo!"

"É mesmo... e olhe lá, vindo rapidamente, a costa oeste da Flórida."

Como já disse, surpreendente.

Depois, havia as perguntas das pessoas que assistiam ao programa no mundo todo. Elas disparavam questões, uma após a outra, para que os astrônomos e cientistas, sentados à mesa da CNN, respondessem. Diante de seus televisores, as pessoas comuns, como eu, pasmadas, pensavam a mesma coisa: depois dos reparos, o que o telescópio Hubble revelaria?

Uma dessas pessoas perguntou: "Se o Hubble deve, conforme se espera, fotografar os limites do universo, o que encontraremos do outro lado?"

Pensei: *Isso é inacreditável. Aqui estamos nós, milhões de pessoas no mundo todo, vendo a Terra girar diante dos nossos olhos e discutindo o que existe além do universo.*

O astrônomo respondeu: "As pessoas pressupõem que há apenas um espaço vazio além do universo. Mas não é bem assim. Há uma outra dimensão, mas não temos capacidade nem mesmo de imaginá-la".

Falei em altos brados com o televisor: "Isso mesmo. E ele se chama céu".

Uma outra pessoa perguntou: "Ouvi dizer que esse telescópio ajudará os cientistas a determinar a idade do universo. Como eles serão capazes de fazer isso?"

Uma cientista pigarreou e respondeu: "O telescópio Hubble será capaz de fotografar a distância entre as galáxias à medida que elas se expandem e se distanciam uma das outras. Quando determinarmos o grau de expansão, apenas 'passaremos o filme de trás para frente' para demonstrar quando o universo teve início".

Ri com a resposta dessa cientista. Alguns anos atrás, Carl Sagan, o famoso astrônomo, achava que o universo era a única coisa que existia e que sempre existiria. Não teve início. E jamais teria fim. Hoje, isso é passado. Os astrônomos, com um estalar de dedos e com algumas imagens do Hubble, concordam que o universo teve um início. Em um instante, a teoria da relatividade de Einstein foi provada. E se nosso universo, complexo e altamente organizado, teve um início, é bastante racional pensar que Alguém o iniciou. Eles também concordam que o universo terá fim — gostaria de saber se os astronautas pensaram em pegar o livro de Apocalipse para uma dar uma olhada discreta.

Duvido. Essa não é a maneira como a maioria deles atua. Comecei a perder o interesse pelo programa depois que um ou dois telespectadores falharam em sua tentativa de inserir Deus na discussão. Os cientistas os ignoraram. Os especialistas preferem se apoiar em Stephen Hawking ou em outro físico teórico para iluminá-los no exame desses dados obscuros e misteriosos. Preferem voltar-se para o mundo frio e racional do debate científico em busca de respostas. E esquecem que o céu é a resposta para os anseios de seu coração. Preferem o que é categórico e factual, impessoal e racional. E, assim, nos registros cósmicos, as supernovas recém-descobertas recebem números, e as estrelas recebem nomes nada românticos, como M-31. Isso me dá sono.

Deixei a televisão de lado.

O tempo do fim

Alguns dias depois, quando os astronautas da *Endeavor* deram uma entrevista coletiva para a imprensa, fiquei feliz ao ouvi-los contando a experiência romântica que tiveram ao ver Vênus por cima dos ombros e a costa oeste da Flórida passar por eles. Identifiquei-me mais com eles do que com aqueles cientistas sem imaginação.

Identifiquei-me também com o meu pai que, em 1909, viu o primeiro modelo de um carro Ford descendo, aos solavancos, a rua de sua cidade e, meses mais tarde, viu também os irmãos Wright voar sobre a baía de Baltimore. Ele me disse que aquilo era demais para a sua mente. O mundo caminhava rápido demais. Meu pai deveria ter vivido para ver esse dia. Pois, agora, em pouco mais de uma geração, o mundo *caminha* muito rapidamente. Milhões de informações são derramadas em nosso limitado cérebro quando observamos o nosso planeta passar diante de nossos olhos.

Desejaria que o profeta Daniel pudesse viver para ver esse dia também. Talvez ele tenha feito isso. Talvez, ele tenha visto a CNN em alguma visão profética e tenha assistido de olhos arregalados, cheio de perplexidade. Talvez, seu cérebro pudesse absorver toda essa informação, e ele virou-se em tempo de escutar as seguintes palavras de Deus: "Mas você, Daniel, feche com um selo as palavras do livro até o tempo do fim. Muitos irão por todo lado em busca de maior conhecimento" (Dn 12.4).

O conhecimento do nosso universo voa em nossa direção de todos os lugares. Captamos algo novo apenas para descobrir que já ficou obsoleto no momento seguinte em que nos deparamos com os tópicos de alguma conferência científica. Essa proliferação significa que já chegamos no tempo do fim? Pergunto-me se Deus está retirando o selo de algum livro que esteve fechado durante séculos, a fim de revelar, página após página, os fatos sobre o céu que confirmam sua criação.

Os cientistas costumavam acreditar que o universo estava repleto de cometas, vagueando a esmo pelo universo, e de galáxias, movimentando-se vagarosa e sinuosamente, sem pé nem cabeça, pelo espaço. Agora, a maioria dos especialistas começa a reconhecer que existe uma ordem poderosa em todo o universo, como também há um relacionamento bastante delicado, embora exato, entre as forças, os campos e a matéria. Alguns ousam qualificar isso de "belo" ou de "uma evidência da mente divina", mas esses são criticados severamente pela comunidade científica. Todavia, existem os físicos moleculares, como o dr. John Templeton, que são ousados o suficiente para afirmar: "À medida que a ciência coleta mais e mais dados sobre o universo, percebemos que, na verdade, Deus está se revelando mais e mais para as indagações humanas".[1]

Essa simplicidade delicada e ordenada do universo é que toca o coração de especialistas como o dr. Templeton. Ele e alguns outros estão começando a abafar os ruídos dos longos debates científicos para escutar o eco espantoso do firmamento.

É a mesma canção, tão antiga e tão nova, cujas notas ressoam em Salmos 19.1-4: "Os céus declaram a glória de Deus; o firmamento proclama a obra das suas mãos. Um dia fala disso a outro dia; uma noite o revela a outra noite. Sem discurso nem palavras, não se ouve a sua voz. Mas a sua voz ressoa por toda a terra, e as suas palavras, até os confins do mundo". Quando, à noite, miramos o domo estrelado do céu, os cientistas, junto comigo e com você, não estão simplesmente "escutando coisas". Essa é uma melodia espantosa e fascinante. Isso é o céu declarando a glória de Deus.

Quão distante está o céu?

Quando criança, ficava imaginado em que lugar do espaço sideral Deus morava e quanto tempo seria preciso para se chegar até ali. Se tivesse idade suficiente para ler um texto de astronomia, eu teria descoberto algumas estatísticas que teriam destruído minhas ilusões. Nosso sistema solar tem um diâmetro de cerca de setecentos minutos-luz. Isso significa cerca de doze bilhões de quilômetros. No entanto, a galáxia em que nosso sistema solar está inserido tem um diâmetro de cem mil anos-luz. Não minutos, mas *anos*. Nem pense em fazer os cálculos. Nossa galáxia é descomunal. Mas eis aqui a cartada final: nossa pequena galáxia, que tem a largura de cem mil anos-luz, é apenas *uma* dentre os bilhões de outras galáxias existentes no cosmos.[2]

Não posso compreender distâncias tão astronômicas nem a descomunal imensidão do espaço. Bilhões de estrelas e planetas, todos criados por Deus, a maioria dos quais o telescópio espacial Hubble não terá tempo de examinar. No entanto, esse telescópio está lá em cima na extremidade da atmosfera terrena fazendo, de forma obediente e sistemática, exatamente isso — examinando o universo. O Hubble captou imagens próximas da extremidade do nosso cosmos, e acho que ele nos deixaria atordoados se pudesse fotografar o limite real de nosso cosmos!

O que *está* do outro lado?

Essa questão pode ser um obstáculo para as publicações científicas, mas não para a Bíblia. Muito além do espaço intergaláctico, com suas bilhões de nebulosas espiraladas e supernovas, há uma outra dimensão. Alguns especulam que essa seja a quinta dimensão. Você pode chamá-la de infinito, mas onde quer que esteja e por mais distante que esteja, a Bíblia chama esse espaço de o mais alto dos céus. "Ao Senhor, o seu Deus, pertencem os céus e até os mais altos céus", é o que afirma Deuteronômio 10.14. As partes mais afastadas do espaço não são vazias e solitárias como pensamos, pois Deus reside ali, nos mais altos céus. Parece que esse "terceiro céu", conforme as Escrituras o denominam, expande-se até o infinito e engloba o nosso cosmos com todos os seus corpos celestes. Essa é a dimensão que a Bíblia descreve: "Assim diz o Senhor: 'O céu é o meu trono, e a terra, o estrado dos meus pés'" (Is 66.1).

O local em que Deus habita existe no infinito. Ele fica muito, muito longe. Essa é a razão pela qual fico surpresa quando Paulo, em 2Coríntios 12.2-4, escreve de forma tão casual: "Conheço um homem em Cristo que há catorze anos foi arrebatado ao terceiro céu. Se foi no corpo ou fora do corpo, não sei; Deus o sabe. E sei que esse homem [...] arrebatado ao paraíso e ouviu coisas indizíveis, coisas que ao homem não é permitido falar".

Terceiro céu? Os mais altos céus? Qual é, Paulo? Como você chegou lá tão rápido?

Paulo não foi o único a alcançar o céu com um estalar de dedos. Jesus disse ao ladrão que estava morrendo ao seu lado na cruz: "Eu lhe garanto: Hoje você estará comigo no paraíso" (Lc 23.43).

Hoje? Jesus, Paulo e um criminoso morto viajaram a distância de bilhões de anos-luz em um estalar de dedos?

Quão perto está o céu?

Sempre senti que o céu está muito mais próximo do que nos fazem supor. Na escola dominical, como qualquer criança, eu acreditava que o céu ficava lá em "cima". Anos depois, descobri que a Bíblia diz claramente: Paulo foi arrebatado *ao* terceiro céu... Jesus *ascendeu* aos céus... o Senhor nos arrebatará aos céus quando ele voltar... e, de modo inverso, "Deus olha lá dos céus para os filhos dos homens" (Sl 53.2).

Essa é a linguagem que a Bíblia nos convida a usar, como também nos encoraja a usar outras palavras bastante terrenas, como "coroas" ou "mares de vidro". E isso faz sentido. O céu certamente não pode ficar para "baixo", ou cavaríamos um buraco para a China.

No entanto, embora o local que Deus habite possa estar muitíssimo acima, distâncias como "em cima" e "em baixo" perdem seu significado quando você percebe que o céu — até mesmo os mais altos céus — existe além do *continuum* do nosso tempo-espaço. Latitude e longitude, como também direções e distâncias, estão relacionadas ao tempo, e o tempo faz parte da quarta dimensão. E a quarta dimensão é apenas uma pequena parte do infinito. Ali, o tempo será engolido. Dê um passo além da fronteira do espaço sideral e você entra na quinta dimensão, onde as descomunais distâncias de anos-luz ficam a um estalar de dedos, bem... para o ladrão que estava morrendo, assim que ele morreu, ele apareceu instantaneamente no paraíso com Jesus.

Se eu fosse aquele ladrão à beira da morte, ficaria embasbacada ao escutar Jesus dizer: "Hoje você estará comigo no paraíso". Hoje? Naquele instante? Como se Jesus, conforme fez no cenáculo, me pegasse pela mão e caminhasse comigo através de uma parede? Ou aparecer na praia e preparar o café da manhã para seus amigos? Caminhar ao longo da estrada de Emaús por um momento e — num piscar de olhos — chegar imediatamente em Jerusalém? Como ser transformado em um piscar de olhos?

Isso mesmo, e o Senhor nos dá indicações sobre a maneira como ele fará isso em Apocalipse 1.8, quando ri do tempo e da distância: "Eu sou o Alfa e o Ômega", diz o Senhor Deus, "o que é, o que era e o que há de vir, o Todo-poderoso". Observe que Jesus não segue a convenção de nossa lógica em relação ao fluxo de tempo; somos criaturas prisioneiras do tempo e queremos mudar a ordem para ler Jesus *era*, é e virá a ser. Isso soa muito cronológico. É consistente com o nosso sentido de passado presente e futuro. Mas Jesus é o grande "Eu Sou" que sempre vive no presente. Ele é o Deus do *agora*.

Penso nisso toda vez que leio Apocalipse 22, quando Jesus diz três vezes à igreja que o espera: "Eis que venho em breve!" (ao que a igreja responde três vezes: "Vem!"). É interessante notar que ele não diz: "eu virei... daqui a algum tempo, ó, dois mil anos a partir de agora". Jesus expressa essa idéia com o tempo presente, como se ele estivesse a um abrir e fechar de olhos de distância, pronto a romper o véu do tempo e da distância e retornar ao nosso mundo. É como se ele já estivesse em seu caminho de volta.

Portanto, o reino do céu, do qual Jesus *é* e foi e sempre será o Rei, é um local, mas, mais do que isso, é uma dimensão na qual o tempo e a distância não são obstáculos. O ladrão que estava prestes a morrer não foi transportado, quando morreu, em velocidade sobre-humana para o céu. Ao contrário, ele passou de uma dimensão para a seguinte, da mesma forma que Jesus passou de um cômodo para outro, através das paredes ou de qualquer outra forma.

Você não pode ser *transportado* para o céu. Você não pode ir para lá em uma nave espacial. Você não pode nem mesmo ir para lá em uma máquina do tempo, se ela existisse. Essa é a razão pela qual o céu existe, até mesmo, além da aceleração do tempo. Viajar a zilhões de quilômetros por hora pode lançá-lo instantaneamente para o limite de nosso universo, mas é preciso mais para entrar no terceiro céu. É preciso algo diferente, pois nossa carne e o nosso sangue não podem entrar no céu.

Você tem de nascer de novo ou, como Jesus avisou, não poderá "ver o Reino de Deus" (Jo 3.3). Quando o ladrão da cruz nasceu do Espírito, ele recebeu, por assim dizer, o "gene" espiritual de Deus — Cristo que *é*, era e sempre será. E a mesma coisa acontece conosco quando nascemos do Espírito. Nós, como o ladrão, estamos talhados para a eternidade. Obviamente, as letras miúdas do contrato dizem que temos de seguir o ladrão da cruz de uma outra forma e também morrer primeiro.

Onde é o céu?

O céu fica perto. Talvez mais perto do que imaginemos.

É um pouco como dizer ao bebê que ainda está no ventre de sua mãe: "Você percebe que está prestes a nascer em um grande e maravilhoso mundo, cheio de montanhas, rios e com um Sol e uma Lua? Na verdade, você já faz parte desse mundo maravilhoso". O bebê que está para nascer pode dizer: "Espere aí! Sem chance. Meu mundo é aquele que me rodeia; ele é suave aconchegante e escuro. Você jamais me convencerá que em um abrir e fechar de olhos, fora deste útero, eu possa estar nesse lugar de rios, montanhas e com um Sol e uma Lua, o que quer que seja esse lugar".

Querido bebê! Lá está ele, seguro em seu pequeno mundo, sem saber que um mundo mais glorioso engloba e abrange o seu. Um mundo para o qual ele está sendo talhado. Apenas quando nascer neste mundo, ele compreenderá que, o tempo todo, o seu mundo escuro e aconchegante estava inserido neste outro. Este outro lugar de beleza maravilhosa esteve presente o tempo todo. Apenas a alguns centímetros de distância.

Até mesmo esta Terra, em toda a sua agonia do nascimento, está prestes a dar um último grunhido apenas para perceber que nasceu como uma "nova terra" no céu. Na verdade, neste momento, uma distância muito curta separa este mundo material do mundo espiritual que envolve a Terra. E nós, como o bebê que ainda não nasceu, estamos sendo talhados para o mundo maior no qual estamos prestes a nascer (por meio do morrer, dentre todas as possibilidades!). Temos dificuldade em crer que o céu engloba este mundo, e, portanto, a Bíblia continuamente nos incita a fixar nossos olhos não naquilo que "se vê", mas naquilo que é invisível. Essa é uma questão que envolve "a visão". Temos de usar nossos olhos da fé.

A fé nos assegura que o céu é *transcendente*. Ele fica além do limite de nossa experiência; ele existe à parte do nosso universo material. O céu também é *imanente*, pois envolve todos os corpos celestes, todas as galáxias e as multidões de estrelas. Se acreditamos que Deus é onipresente, então, pelo menos, podemos acreditar que os lugares celestiais, conforme a Bíblia os denomina em Efésios 2.6, também são onipresentes. Pois onde Deus está, o reino dos céus também está.

Conforme já disse, o céu está mais próximo do que imaginamos, embora não o possamos ver. Deus ri da propensão das pessoas de fixar os olhos apenas no que pode ser visto, quando, em Jeremias 23.23,24, ele nos lembra: "'Sou eu apenas um Deus de perto', pergunta o Senhor, 'e não também um Deus de longe? Poderá alguém esconder-se sem que eu o veja?', pergunta o Senhor. 'Não sou eu aquele que enche os céus e a terra?', pergunta o Senhor".

Um dia, faremos a mesma viagem do ladrão da cruz. Chegaremos ao paraíso. Enquanto isso, podemos dizer que operamos no reino de nosso onipresente e soberano Deus. E, em alguns aspectos, já existimos no reino dos céus agora.

Já chegamos ao monte Sião.

Chegamos à alegre reunião de miríades de anjos.

Chegamos a Deus, o juiz de todos os homens. Existe uma parte significante de nós, a "nova criatura em Cristo", que vive no tempo presente. De forma muito parecida com o nosso grande "Eu Sou".

Esse fato faz com que o longínquo e distante torne-se perto e próximo. Quando entendemos essa realidade, compreendemos que o ar que respiramos é celestial. O solo no qual pisamos é sagrado. A luz que desfrutamos é divina. Será que o sussurro das árvores poderia ser o murmurar das asas dos anjos? Isso beira ao romantismo, mas conforme a Bíblia diz: "Chegaram aos milhares de milhares de anjos em alegre reunião" (Hb 12.22).

Literalmente.

Anjos, trevas e luz

Este ano, fiz parte de uma campanha de oração que se estendeu por todo o Canadá, e que ligou grupos de cristãos, pela televisão e ao vivo, via satélite. Meu papel era liderar a nação em um momento de arrependimento. Levei muito a sério essa responsabilidade que assumi e pedi aos organizadores para visitar o auditório na noite anterior.

Fui até a cavernosa arena esportiva e parei no beiral, junto às grades de um mezanino. No local, ecoavam o som de trabalhadores martelando e do ensaio dos apresentadores. Todos nós sabíamos que na manhã seguinte milhares de intercessores estariam na arena para abalar os reinos celestes com suas orações. No entanto, era preciso que, naquela noite, um tipo de trabalho diferente fosse realizado.

Quando cheguei para ajustar o som para minha voz, fui até o microfone sobre a plataforma de madeira que ainda estava sendo montada. "Testando, testando", e minha voz espalhou-se pela arena. Apresentadores, técnicos e trabalhadores continuaram sua rotina, enquanto o técnico de som ajustava os botões de volume.

Meus olhos examinaram os assentos vazios. Joguei minha cabeça para trás e olhei, com os olhos semicerrados, para além das vigas escuras. Enquanto o técnico de som continuava o seu trabalho, comecei a orar no microfone: "Senhor, sabemos que esta arena foi a cena de muitos eventos, desde brigas em jogos até a venda de drogas em concertos de rock. Há muitos anjos caídos... muitos demônios que perambulam por aqui... eu consigo sentir isso".

Fiz uma pausa em minha oração e examinei cada plano. Senti uma consciência aguçada pela presença de seres espirituais. Não eram anjos. Continuei a orar, desta vez, um pouco mais alto para que minha voz amplificada pudesse alcançar as vigas. E à medida que continuei orando, alguns dos trabalhadores pararam de usar as ferramentas, e a maioria dos porteiros do evento — responsáveis por ajudar as pessoas a encontrar seus lugares — se sentou e inclinou a cabeça.

"Jesus, o Senhor nos disse em sua Palavra que tudo o que ligássemos na Terra seria ligado no céu, e tudo que desligássemos na Terra seria desligado no céu. Assim, em seu nome, pedimos que o Senhor limpe este lugar dos espíritos malignos e pedimos que o Senhor envie anjos fortes e poderosos, com as espadas desembainhadas e armaduras e com escudos levantados para que guardem este local. Transforme esta arena de esporte em casa de oração."

E, ao terminar, praticamente todos do local disseram: "Amém!"

Alguns céticos dariam de ombros e diriam que essa oração é um belo símbolo, mas que serve apenas para conciliar os ânimos. Eles diriam: "Na verdade, não havia demônios no local como também não havia anjos. Não leve esse assunto de mundo espiritual tão a sério".

Os cristãos conhecem melhor as coisas. Sabemos que não só o céu está perto, mas que uma outra parte do mundo espiritual também não está distante. O "reino dos ares" é habitado por muitos seres espirituais; e, embora tenhamos apenas um vislumbre disso em Efésios 2.2 ou 6.12, que descreve "as forças espirituais do mal nas regiões celestiais", nós sabemos que eles são reais, poderosos e presentes.

No entanto, não tão poderosos quanto aos anjos. Desejaria que nossos olhos fossem abertos para ver os reinos celestiais que nos rodeiam. Talvez, se conseguíssemos descascar essa camada, tão grossa quanto um véu delicado, para dar uma espiada, a realidade do céu ganhasse vida para nós.

Isso, de fato, já aconteceu com alguém. Certa manhã, o servo do profeta Eliseu saiu para um passeio rotineiro ao longo da cidade murada de Dotã. Ao parar para desfrutar o tranqüilo alvorecer, o que viu fez com que seu sangue gelasse nas veias. O sol matutino brilhou e iluminou um sem-número de escudos e pontas de flechas e lanças. Ele ficou petrificado com a visão daquela força síria compacta que cercara a cidade durante a noite. Cheio de assombro, retornou rapidamente aos aposentos de Eliseu e relatou que o exército inimigo estava prestes a lançar um ataque nas primeiras horas da manhã.

A resposta de Eliseu foi bastante calma: "Não tenha medo. Aqueles que estão conosco são mais numerosos do que eles". Depois, Eliseu orou para que os olhos de seu servo pudessem ser abertos para que visse a realidade celestial que o cercava. O Senhor respondeu ao pedido de Eliseu, e o servo viu "as colinas cheias de cavalos e carros de fogo ao redor de Eliseu" (2Rs 6.16-17).

O que foi real para Eliseu é real para qualquer crente. Quando cantamos na igreja: "Abra meus olhos para que eu possa ver os vislumbres da verdade que o Senhor tem para mim", e, se Deus respondesse esse pedido, mal poderíamos crer em nossos olhos. Estes veriam todas as multidões de anjos, carros de fogo, arcanjos e querubins, criaturas vivas e espíritos ministradores. Alguns deles, provavelmente, estejam extremamente próximos de você agora.

Como nos relacionaremos aos anjos?

Quanto mais a minha mente se volta para o céu, mais convencida fico da presença de anjos em minha vida, quer seja percebendo a presença deles em uma quadra de esporte quer seja chamando-os para que rodeiem a cama de um doente. Trazer mensagem, como fizeram para as sete igrejas do livro de Apocalipse, faz parte da tarefa deles.

Eles auxiliam nas respostas de orações, como fizeram com Daniel. Deus recebe todo o crédito e a glória, mas os anjos misteriosamente, auxiliam nesse processo — como quando Pedro miraculosamente saiu da prisão.

Os anjos trazem consigo algo da presença de Deus, como também ajudam o Senhor a conduzir a história. Eles realmente brilham quando se trata de nos proteger ou de nos libertar.

Desnecessário dizer, eles estão sempre muito ocupados.

Toda vez que dirijo meu carro preparado para deficientes, tenho consciência disso. Os comandos de direção e o freio são sensíveis ao movimento de torção que meus músculos fracos dos ombros podem efetuar (o carro não tem direção, mas isso é uma outra história). Quando viajo pela auto-estrada, a cerca de 50 quilômetros por hora, tenho perfeita consciência do grande número de anjos que rodeia meu carro, que se senta no párachoque e se pendura na antena de rádio. Talvez Deus envie alguns anjos a mais, pois sou deficiente e ele sabe que preciso de proteção extra. Quantos acidentes foram evitados graças aos anjos? Quando chegar ao céu, descobrirei. Eu os agradecerei por todas as vezes que "perderam algumas penas" em acidentes que foram evitados por um triz.

Uma das melhores partes do céu talvez seja conhecer e ter comunhão com os anjos. Eles amam a Deus e gostam de nós. Jesus, em uma parábola sobre os pecadores que podem entrar no reino de Deus, disse: "Eu lhes digo que, da mesma forma, há alegria na presença dos anjos de Deus por um pecador que se arrepende" (Lc 15.10). Se os anjos se alegram de modo tão esfuziante com nossa conversão, eles se alegrarão muito mais quando chegarmos aos pés do trono de Deus. Para os anjos, seremos uma fonte de alegria eterna. Eles verão nossa redenção completa, do começo ao fim.

Certa vez, eu realmente vi um anjo. Eram duas da manhã de uma noite escura. Eu estava totalmente acordada, escorada na cama, de orelha em pé, procurando escutar as vozes abafadas de minha família, no quarto acima de onde estava. Eles rodeavam a cama de Kelly, minha sobrinha de 5 anos, que estava morrendo de câncer. Sabíamos que sua passagem para o céu poderia acontecer a qualquer momento, mas eu não podia subir as escadas estreitas para dizer-lhe adeus como os outros familiares. De repente, uma forma dourada radiante brilhou rapidamente na enorme janela para a qual estava voltada — essa forma não se mexeu da esquerda para a direita, mas de baixo para cima. Eu gritei. E depois procurei ver se havia carros na rua. Não havia nada. No instante seguinte, Jay, minha irmã gritou do beiral da escada: "A Kelly partiu!" Alguns de meus familiares desceram para saber por que eu havia gritado. Contei-lhes exatamente o que vira. Minhas irmãs se sentaram na beira de minha cama, perplexas. Sabíamos que eu tinha visto um enorme ser espiritual, que, provavelmente, fora enviado do céu para acompanhar a alma de Kelly para a eternidade.

Também adoraremos com os anjos. Eles têm muita prática na adoração, como também têm acesso ao trono do céu. E já viram tudo. No entanto, quando chegarmos ao céu, o privilégio de adorar conosco será deles. Apenas imagine como nossa adoração soará. Em Apocalipse 5.11-13, os anjos se reúnem diante do trono, "milhares de milhares e milhões de milhões. [...] e cantavam em alta voz: "Digno é o Cordeiro que foi morto de receber poder, riqueza, sabedoria, força, honra, glória e louvor!".

Toda vez que leio esse versículo, recordo-me da maravilhosa experiência que tive na conferência para pastores, no Moody Institute. Disseram-me que o louvor seria de outro mundo. E foi. Quando fui até a plataforma e parei minha cadeira de rodas perto do dr. Joe Stowell e de outros palestrantes, examinei o auditório com cerca de mil e oitocentos homens, e essa visão foi um grande choque em minha vida. Por alguma razão, não havia me ocorrido que estaria em meio a tantos homens.

O líder de louvor pediu que os homens ficassem de pé, se espalhassem pelos corredores e enchessem o palco. Quando ele ergueu os hinários e começou a levantar um corinho, uma rajada de som atingiu minha cabeça. Um pastor segurou um hinário próximo de mim para que eu também pudesse cantar, mas consegui apenas chegar até a metade do primeiro verso. Algo me forçou a parar, fechar os olhos e apenas escutar.

Jamais fui tão rodeada de sons. Eram puros e poderosos, claros e profundos; envolviam-me, ressoavam em meus ossos e balançavam a cadeira na qual me sentava. Aquela era uma cascata ensurdecedora de perfeitos baixos e barítonos, tão apaixonada que partiu meu coração.

Em meio às lagrimas, tentei unir-me a eles no segundo verso, mas minha delicada voz soprano soou frágil e tênue. Sentia-me como uma pequena e desamparada folha carregada pela corrente repentina que derramava alegria e contagiava-me, só alegria e música. Aquele foi um inesperado momento de êxtase, tão ungido por Deus, que tive de sair de mim mesma e ser carregada para o céu. Não podia fazer nada a não ser rir em meio às minhas lágrimas e desfrutar aquele passeio. Se esse coro terrestre emocionou-me tanto, a emoção será muito maior quando nossas vozes se misturarem às dos anjos!

Os anjos também nos servirão nos céus. A descrição das tarefas deles, em Hebreus 1.14, estende-se além da Terra. Na eternidade, os anjos estarão subordinados a nós. Reinaremos com Jesus, e se toda a autoridade sobre as multidões celestiais foi dada a ele, então, nós também reinaremos sobre os anjos. Governaremos algumas legiões ou muitas? O que pediremos que eles façam nas galáxias distantes? Como eles nos ajudarão aqui na Terra para estabelecer as regras do reino? Não sei dizer, mas é emocionante pensar nisso. Como nunca me envolvi com o serviço militar, certamente terei uma mente glorificada para lidar com esses assuntos. Liderança estratégica será *café pequeno* para nós, e seremos capazes de comandar legiões de anjos, como também de liderar o caminho para a realização de Deus no céu e na Terra.

Só mais uma coisa. Quanto aos anjos caídos — os demônios —, nós os julgaremos. Se 1Coríntios 6.2, 3 não tivesse afirmado isso claramente, eu riria muito diante da improbabilidade disso

tudo. Mas esse texto afirma: "Vocês não sabem que os santos hão de julgar o mundo? Se vocês hão de julgar o mundo, acaso não são capazes de julgar as causas de menor importância? Vocês não sabem que haveremos de julgar os anjos? Quanto mais as coisas desta vida!".
Incrível!
Um versículo como esse me faz ter o desejo de resolver, o mais rápido possível, as pequenas diferenças que tenho com meu marido, Ken. Não estou brincando. Esse breve, mas poderoso, trecho das Escrituras é mais uma daquelas afirmações exponenciais que aumentam, de forma quase inacreditável, a nossa capacidade de servir, como também a nossa responsabilidade de governar. Deus, mais uma vez, nos dará todas as fórmulas sobre a relação justa entre as coisas e nos colocará em uma posição em que teremos a responsabilidade de julgar os anjos caídos. Fico lisonjeada com essa idéia, pois na Terra passo por momentos difíceis quando se trata de saber quem está certo numa briguinha de amigos ou sobre quem deve ganhar o último pedaço de bolo ou se um caso foi julgado com justiça ou não no fórum local.

Eu? Julgando anjos? Mais uma vez, suspiro aliviada ao saber que terei toda a sabedoria de Deus a meu dispor; caso contrário, essa tarefa me acovardaria. Esta é apenas mais uma maneira de como governaremos com Cristo no céu.

Francamente, essa idéia me intriga. Há alguns espíritos malignos que mal posso esperar para crucificá-los. Na Terra, tenho sido atormentada pelos demônios perturbadores da tentação ou pelas forças malignas que não param de fazer tentativas para que eu tropece. Não estou dizendo que "o demônio me fez fazer isso" aqui na Terra. Eu assumo total responsabilidade por minhas escolhas e ações. No entanto, os demônios certamente não ajudaram. Eu poderia muito bem jogar o livro neles!

Há também os poderes abomináveis e principados das trevas que incitaram os homens iníquos a destruir. Esses são demônios repulsivos, em posição de chefia, que agem sob o comando de Satanás, os quais, por séculos a fio, empurraram os homens maus adiante em seus atos de rebelião, assassinatos, torturas e massacres horrendos. O holocausto nazista. A inquisição. E, especialmente, as forças malignas que instigaram a traição e a injustiça que levaram à crucificação do Filho de Deus, e os demônios que incitaram os soldados bêbados a cuspir e esbofetear a face da Segunda Pessoa da Trindade.

Quando, nas revistas, vejo fotos de crianças mutiladas em Ruanda, mulheres idosas espancadas na Bósnia, ou corpos retorcidos pela explosão de uma bomba em Oklahoma, eu, naturalmente, fico furiosa com as pessoas que fazem essas coisas. O salmista, em Salmos 139.22, fala sobre os homens maldosos, mas falarei a mesma coisa dos anjos caídos: "Tenho por eles ódio implacável! Considero-os meus inimigos!"

Esses demônios estiveram no apogeu por muito tempo aqui na Terra. Vejo a marca deles em tudo, desde a pornografia vomitada pelas revistas até o humanismo que brota nos livros adotados pelas escolas. Legiões satânicas deixaram uma marca negra nesta Terra, devastando e despojando seus recursos, deixando feias cicatrizes nas montanhas e trilhas de fumaça no ar. Acima de tudo, dói quando vejo homens e mulheres presos nas garras do ocultismo. Satanás cegou os olhos dessas pessoas. E, a não ser que o Senhor soberano abra os olhos dos homens e mulheres iníquos por meio de nossas orações e testemunhos, eles serão esmagados e pisoteados, como as uvas do lagar, sob sua ira.

Isso me torna humilde diante de Deus.

É verdade, eu odeio o demônio.

Apoio totalmente quase todos os sermões que Jonathan Edwards pregou sobre o fogo do inferno e o lago de enxofre, o local que Deus criou para os demônios e seus seguidores. Mal posso esperar por aquele glorioso — isso mesmo, glorioso — dia em que Satanás e suas legiões serão punidos e eternamente atormentados por terem buscado a queda da humanidade. Um dia, teremos o prazer de demonstrar o "ódio implacável", conforme expresso nas Escrituras, em relação aos governantes, poderes e principados das trevas.

Haverá inveja no céu?

Fico sem palavras. Pensar que, além de nos dar a benção da salvação e a vida eterna, Deus nos recompensará com tais oportunidades sublimes para servi-lo, acima de todas as proporções razoáveis. Se achamos que Deus é generoso com a graça que nos reserva aqui, devemos esperar até que possamos vê-lo retirar todos os impedimentos e estender, sem medidas, sua glória no céu!

Essa é a razão pela qual não posso tirar do meu coração e da minha mente esse assunto sobre as coroas. Fico deslumbrada e inspirada pelo fato de que o que faço na Terra terá uma relação direta na forma como servirei a Deus no céu. O apóstolo Pedro ecoa isso em sua segunda carta: "Pois se agirem dessa forma, [...] vocês estarão ricamente providos quando entrarem no Reino eterno de nosso Senhor e Salvador Jesus Cristo" (2Pe 1.10-11). Nossa conduta no presente tem uma relação com nossa entrada no céu e em como nossa recepção será esplêndida.[3]

Algumas vezes, me sinto como se estivesse na terceira divisão de um campeonato, dando duro para garantir um espaço em algum lugar na primeira divisão do céu; pois o que faço aqui afeta tudo lá. Não estou falando sobre ganhar a salvação, mas ganhar a recompensa. Afeta tudo, desde quanto meu coração se envolverá na adoração eterna a Deus até o tipo de tarefa que serei designada a desempenhar na nova terra. Afeta até mesmo a maneira que governarei os anjos, como também minha capacidade para a alegria interna e, possivelmente, a extensão do meu apreço por tudo que Jesus fez por mim e pelos outros aqui na Terra.

Sei o que você está pensando. *Joni, se você sugerir que há graus de responsabilidades ou até mesmo alegria no céu, você não estaria convidando as pessoas a ter um pouco... de inveja? As pessoas não ficarão enciumadas se algumas tiverem mansões maiores e mais aprazíveis?*

Posso fazer um aparte? Eu não sonhei com a idéia de que algumas pessoas se tornarão maiores no reino de Deus, a Bíblia é que nos afirma isso. Uma das últimas coisas que Jesus disse no último capítulo de Apocalipse foi: "Eis que venho em breve! A minha recompensa está comigo, e eu retribuirei a cada um de acordo com o que fez" (v. 12). Se você for fiel no pouco, atenção, haverá dez cidades em seu caminho. Se você investir alguns talentos — atenção! —, o Mestre mais do que dobrará seu investimento. A palavra de Deus está repleta de condições, como: "Feliz é o homem que persevera na provação, porque depois de aprovado receberá a coroa da vida, que Deus prometeu aos que o amam" (Tg 1.12).

E quanto à inveja, não se preocupe. Isso não acontecerá no céu. Lembre-se, seremos totalmente transformados. A inveja será uma impossibilidade. Não babaremos com a mansão espaçosa de três andares de uma outra pessoa para achar que eu moro em um casebre com telhado de zinco. No céu, não há competição nem comparação. Ainda assim, faz sentido que Deus exalte aquele a quem ele escolher honrar. Essa é sua prerrogativa. E tudo, o que quer seja que ele decida ou quem quer que seja que ele escolha para exaltar, será ótimo para mim. Ficarei mais do que feliz pelos homens e mulheres piedosos a quem Cristo elevará como os pilares mais celebrados de seu tempo.

Certa vez, depois de uma palestra, uma mulher veio me dizer o quanto havia gostado da minha mensagem. Em seu entusiasmo, ela exclamou: "Você é maravilhosa. Gostaria de ser como você... você receberá uma grande recompensa no céu!"

Apreciei os elogios dela, mas vejo a situação de forma um pouco distinta. Deus, de forma alguma, fica impressionado com o fato de eu pintar com a boca, escrever livros, viajar o mundo todo ou conhecer Billy Graham. Quando ele vê meu nome na lista dos livros mais vendidos, ele não fica todo entusiasmado a ponto de exclamar: "Uau, me sinto orgulhoso dela. Marque mais um ponto para a moça da cadeira de rodas".

Não estou desprezando minhas pinturas, nem meus livros, nem os lugares maravilhosos em que servi; apenas sinto que já recebi muito dessa minha recompensa aqui na Terra. Já desfrutei da recompensa de ver o Evangelho ser levado adiante graças a essa cadeira de rodas e de observar crentes encorajados e inspirados com a minha vida. É um enorme prazer observar Deus trabalhar por meio de minha vida. Sinto-me humilde e honrada.

Apenas quando se trata do céu é que me sinto convencida de que os mais altos combinam — e deveriam combinar — com as pessoas piedosas que trabalharam fielmente, mas não receberam nenhum reconhecimento. Os grandes e gloriosos propósitos para meu sofrimento são claros para todos, mas alguns santos queridos sofreram sem motivo aparente. Dorothy, uma amiga cristã, vive, há muitos anos, silenciosamente com uma dor excruciante, tão violenta que, em muitas ocasiões, quase desmaia. É uma agonia, mas ela a enfrenta com valentia. Desejo ver o fim de seu sofrimento quando Jesus lhe entregar a coroa da vida com jóias a mais, que são reservadas aos santos que perseverarem "na provação".

Isso mesmo, alguns serão maiores no reino do que outros. Que pensamento maravilhoso! Mal posso esperar para ver o Senhor honrar magnificamente o missionário no interior da floresta Amazônica, que passou quinze anos interpretando a Bíblia e, depois, sem alarde, foi se juntar a uma outra tribo para fazer a mesma coisa.

Quero ver o Senhor recompensar ricamente os pastores de vilarejos que, fielmente, pregaram todos os domingos de manhã, apesar do número escasso de pessoas nos bancos. E mais, pastores na China, que ainda sofrem perseguições e que, das celas da prisão, não vêem a luz do dia há anos.

Espero que o Senhor se agrade das avós idosas que não se esconderam sob o véu de sua situação, mas oraram, sem estardalhaço, pelos outros. Adolescentes piedosos que preservaram a virgindade e disseram não repetidas vezes, à pressão do grupo, à intimidação e aos hormônios. E mães e pais de crianças deficientes que, em nome de Jesus, serviram a família fielmente, apesar da rotina pesada, do isolamento e dos reveses financeiros.

Esses são heróis e heroínas reais, e seria muito bom ouvir o Senhor dizer: "Muito bem, servo bom e fiel!" Quando receberem a recompensa, ficarei de pé nos corredores e, cheia de alegria, darei vivas, assobiarei e aplaudirei freneticamente. Posso ter enfrentado as vicissitudes do sofrimento humano, como a dor e a paralisia, mas a força de espírito dessas pessoas não se equipara à minha, pois elas em muito me suplantaram. E você sabe o que mais me entusiasmará? A obediência dos heróis que não foram cantados em versos aumentará a glória de Deus. Ele brilhará ainda mais graças a eles.

Não ficarei com ciúmes dos outros que receberem vestes mais radiantes do que a minha. Tampouco, eles terão inveja de outras pessoas, como as duas selecionadas para se sentarem à direita e à esquerda de Jesus. Você também não sentirá nada disso. E você sabe por que ficará satisfeito com a recompensa que Jesus lhe der? Primeiro, ficará satisfeito com o que quer que seja que Jesus lhe conferir só porque ele é o Senhor. Segundo, seu grande senso de justiça estará em total acordo com o julgamento do Senhor. Terceiro, sua capacidade de alegrar-se será totalmente suprida, a ponto de transbordar.

Sua recompensa será sua capacidade — a capacidade para a alegria, o serviço e a adoração. Jonathan Edwards descreveu essa capacidade da seguinte maneira: "Os santos são como vasos, de tamanhos distintos, lançados no mar da alegria, e todos esses vasos estão cheios. Mas, acima de tudo, cabe à soberania de Deus esse prazer, pois é prerrogativa dele determinar a grandeza do vaso".[4]

Quando penso em meu vaso, visualizo um balde de cinco litros, no qual o Senhor derramará sua alegria, borbulhante e esfuziante, até que transborde. Rirei e me deleitarei com os outros que tiverem um recipiente cuja capacidade de alegria seja do tamanho de uma banheira, ou de uma caçamba, ou ainda de um celeiro. Como eu, eles estarão cheios até a borda, e seremos todos muito felizes.

Todos nós, quer sejamos um pequeno frasco, quer sejamos um enorme vaso, transbordaremos de júbilo e esbanjaremos a alegria do Senhor; e, mesmo aqueles cuja capacidade seja do tamanho de um dedal não sentirão ciúmes. Seremos vigorosos, bem providos e ficaremos satisfeitos com essa alegria. Constantemente transbordante. A felicidade indescritível em adoração e culto. Cada um de nós sentirá total contentamento pela função que nosso Mestre nos designar na vida eterna.

Portanto, estou focando meus olhos em Jesus e nas coisas que não vejo. Aqui na Terra, estou expandindo a capacidade para Deus em meu coração a fim de garantir que meu balde de alegria seja profundo e amplo. Examino meu coração, de alto a baixo, para escolher os materiais de construção adequados, quer meu culto seja de ouro, de prata, de pedras preciosas, de placas de platina. Estou aqui na Terra para ganhar quantas coroas forem possíveis.

Você pode estar pensando: *Ei, Joni, então você está servindo a você mesma? Será que focar aquilo que você ganhará não é uma atitude um tanto mercenária?*

Não. À luz de 1Coríntios 9.24-26, fico com a consciência limpa. Esse texto encoraja os missionários, prisioneiros, adolescentes, mães e pais, a todos nós, a participar da competição e correr "de tal modo que alcancem o prêmio. Todos os que competem nos jogos se submetem a um treinamento rigoroso, para obter uma coroa que logo perece; mas nós o fazemos para ganhar uma coroa que dura para sempre. Sendo assim, não corro como quem corre sem alvo, e não luto como quem esmurra o ar".

Corro com mais afinco e mais rápido para ganhar a coroa sempre que leio esse encorajamento de Jonathan Edwards: "As pessoas não devem estabelecer limites para seus apetites espirituais e para os dons gratuitos de Deus. Não semeie frugalmente. Busque os cômodos mais amplos no reino celeste".[5]

Seria egoísmo correr com afinco para ganhar o prêmio? Certamente não! As coroas celestiais não são apenas recompensas por um trabalho bem feito; quando seu foco estiver em Jesus, isso será o glorioso cumprimento do trabalho em si. Assim como o casamento é a recompensa e a alegre consumação do amor, uma medalha de honra é a recompensa dada no fim de uma batalha vitoriosa. A mesma coisa também acontecerá em relação às coroas celestiais. A recompensa é a cobertura de cereja e *chantilly* desse prazer de servir a Deus aqui na Terra. É a alegria de apegar-se ao chamado do Senhor, aquele que ele fez bem no início de nossa caminhada com Cristo.

O céu é uma grande recompensa. Dádiva após dádiva após dádiva.

Deus, no segundo e no terceiro capítulo de Apocalipse, revela as recompensas que ele reservou no céu para você e para mim, que conquistamos nele a vitória. Margaret Clarkson, minha amiga, faz uma tentativa de descrever cada recompensa quando sugere:

> Ele nos dará o fruto da árvore da vida, o maná escondido — que alimento para a alma faminta e sedenta de Deus! A pedra branca, com o novo e secreto nome, conhecido apenas por Deus e pela alma que o recebe — que valor infinito ele deve dar à individualidade da personalidade para conhecer, de forma tão pessoal e íntima, cada um dos que conquistaram nele a vitória.
>
> A veste branca, para sempre imaculada — que alegria após esta vida de máculas e derrotas! O pilar do templo de Deus para sempre ereto — que força depois da peregrinação de fragilidade e fracassos! Receber a Estrela da Manhã, doce sinônimo para a pessoa do Salvador; receber o nome santo de Deus, e o nome de sua cidade, e o novo nome do Cordeiro — apenas um Deus como o nosso poderia ter concebido recompensas como essas!
>
> E apenas a cabeça que foi coroada com espinhos poderia criar tal coroa de vida, justiça e glória... o que podemos fazer além de prostrar-nos diante daquele que está sentado no trono e adorá-lo para toda a eternidade?[6]

Tenho certeza que, quando entrar na eternidade, não serei a única que, com o novo corpo ressurrecto, cairá sobre os joelhos glorificados, cheia de gratidão. Milhares e milhares de outras pessoas terão a mesma idéia. Nós nos ajoelharemos sobre o jade e o jaspe. Nossos pés andarão em ouro. Nossas mãos tocarão as safiras e as esmeraldas. Nós nos sentiremos totalmente em casa e à vontade na sala do trono do Rei.

    Mas espere... Em casa? À vontade? Em uma radiante sala do trono? Uma mansão feita de sardônio e crisólito não parece algo muito confortável. Mesmo depois de visualizar essas descrições de como será o céu e perceber a sensação que teremos naquele grande dia no futuro, em que nos levantaremos, um pensamento pode ainda incomodar: eu me adaptarei? O céu realmente será minha morada?

Notas

1. John M. Templeton. *The God who would be known*. São Francisco: Harper & Row Publishers, 1989. p. 25.
2. Robert Jastrow; Malcolm Thompson. *Astronomy: fundamentals and frontiers*. Santa Barbara: John Wiley, 1977. p. 4, 12.
3. Essa idéia me foi sugerida em uma carta de David Parrish.
4. Dr. John H. Gerstner. *The rational biblical theology of Jonathan Edwards*. Orlando: Berea Publications, Ligonier Ministries, 1993. p. 552.
5. Ibid., p. 554.
6. Margaret Clarkson. *Grace grows best in winter*. Grand Rapids: Eerdmans, 1984. p. 187.

Parte 2
O céu será a nossa morada

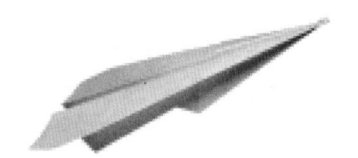

Parte 2
O céu será a nossa morada

5
Por que não nos adaptamos à Terra?

"Ei, senhora, sua mala está ali!", gritou o carregador de malas.
"Ah, faça-me o favor de tirar o carrinho do caminho!"
"Táxi! Táxi! — eu disse. "Táxi!", alguém mais gritou. Uma bagunça. Uma amiga empurrava-me em minha cadeira de rodas no meio de uma grande multidão e das pilhas de malas no terminal de bagagem do aeroporto de Los Angeles. Passageiros enraivecidos protestavam pela bagagem extraviada. Pessoas em uma fila acotovelavam-se na catraca. Lá fora, os táxis buzinavam. Os policias vociferavam. Esse era um final maluco para um dia ainda mais doido, com tempo ruim e atraso na chegada. Encontramos a esteira de malas do nosso vôo, e minha amiga estacionou minha cadeira para pegar nossas coisas.

Enquanto esperava em meio àquele pandemônio, fiz o que sempre faço. Esperei e fiquei ali imóvel. Totalmente imóvel.

Isso é um fato da vida. Como não tenho movimento dos ombros para baixo, uma grande porção de meu corpo nunca se move. Consigo a imobilidade e quietude de forma instantânea. Não corro, mas sento-me. Não me afobo, mas espero. Mesmo quando tenho de me apressar, fico em minha cadeira de rodas. Posso estar correndo devido a uma agenda superlotada, fazendo isso e aquilo, mas uma grande parte de mim — devido à paralisia — está sempre quieta.

Essa é a razão pela qual você, se estivesse naquele aeroporto agitado, teria observado um sorriso de satisfação em meu semblante. Talvez, em um momento anterior, eu tivesse me sentido como se tivesse caído em uma armadilha, inútil e ressentida por não poder pegar minha própria mala, dar uma cotovelada no camarada que furou a fila ou acenar para um táxi. Mas a fé, afiada e amolada por anos em minha cadeira de rodas, mudou isso. E assim, sento-me ali agradecendo a Deus pela quietude e calma firmes que sinto diante dele.

Eu também pensei sobre o céu. Quando com os olhos da fé olhei além da visão daquela fila interminável de carros, o cheiro de suor, cigarros, os gases que saem pelo escapamento e os sons de meus agitados colegas de trabalho, e comecei a cantarolar calmamente...

> Este mundo não é minha morada, estou apenas de passagem,
> Meus tesouros estão depositados acima do céu azul;
> Os anjos me acenam das portas do céu
> e já não me sinto mais em casa neste mundo.[1]

Para mim, esse foi um momento de fé. Uma fé que não passava do tamanho de um grão de feijão. Lembre-se, isso é tudo que é necessário para termos certeza das coisas que esperamos — os cumprimentos divinos futuros — e a certeza das coisas que não vemos, isto é, as realidades divinas invisíveis.

Do que eu tinha tanta certeza e segurança? Vou cantar novamente: "os anjos me acenam das portas do céu / e já não me sinto mais em casa neste mundo".

Cantarolo, com os lábios fechados, essa melodia fantástica em outros lugares, não só no aeroporto de Los Angeles. Algumas vezes, tenho a sensação de que "já não me sinto mais em casa" quando caminho pelos corredores de um supermercado e observo as mulheres sôfregas pelas ofertas do dia. Outras vezes, isso acontece quando me sento ao lado de Ken para assistir aos melhores lances do programa esportivo da segunda-feira. E, enquanto fico ali sentada na auto-estrada que se transforma em estacionamento para mim, definitivamente sinto que "este mundo não é minha morada".

Não fique pensando que sou estranha. Os cristãos sentiram a mesma coisa por séculos a fio. Malcolm Muggeridge, um jornalista britânico que passou a maior parte da vida combatendo o cristianismo, acabou por fim sucumbindo a Cristo quando tinha mais de 70 anos. O mundo intelectual sempre fora sua pátria, mas agora, nos reverenciados saguões da vida universitária, acabou por afirmar:

> Tenho uma sensação, algumas vezes extremamente vívida, de que era um estranho em terra estrangeira, um visitante, não alguém nascido no local... uma pessoa deslocada... Esse sentimento, que fiquei surpreso ao descobrir, deu-me uma grande sensação de satisfação, quase um êxtase... Dias, semanas ou meses podem passar. Será que essa sensação algum dia retornaria — a de não pertencer? Aguço o ouvido para escutar isso, como uma música distante; aguço meus olhos para ver isso, uma luz muito brilhante e muito distante. Ela se foi para sempre? E depois — ah! O alívio! Como se saísse sorrateiramente do abraço sonolento, fechando silenciosamente a porta, andando pé ante pé na luz cinzenta da madrugada — um estranho novamente. O único e supremo desastre, como vim a perceber, que pode nos sobrevir é sentir que estamos em casa e à vontade aqui na Terra. Enquanto nos sentirmos alienígenas, não conseguiremos esquecer nossa verdadeira pátria.[2]

As palavras dele poderiam ser minhas, enquanto ontem deslizava minha cadeira de rodas naquele famoso shopping center. Eu era estrangeira em terra estranha, entre a seção de videogames no segundo andar e a seção de filmes no primeiro andar, onde se exibia o último filme de Arnold Schwartzenegger. Na verdade, senti-me como uma estranha abençoada. Uma pessoa deslocada, mas satisfeita. Todos pareciam absortos pelo desfile de moda que acontecia no pátio interno, mas peguei-me pensando: *Será que alguém aqui percebe que a vida é muito mais do que apenas a nova coleção de outono?*

Isso é o que as alegres pessoas estrangeiras, que foram deslocadas, sentem. Elas vêem que o céu é a *pátria*. É a esse mundo que pertencemos. Peter Kreeft comenta: "Todos nós temos um instinto para encontrar a nossa morada, um 'detector de morada', e este não soa quando pensamos na Terra".[3]

Não me senti em casa naquele shopping center. Não fazia parte dele. Via aquele mundo como trivial e banal. Lembre-se. Não percebi as pessoas como banais e entediantes e, se algo aconteceu ali, foi apenas que meu coração se voltou para as crianças que estavam na seção de videogames e para as senhoras que assistiam ao desfile de modas. A parte problemática era o "mundo" do qual elas se ocupavam: o chamariz dos pôsteres em que crianças com aparência arrogante gritam: "Exija o que você merece!" A atração mórbida dos barulhentos videogames que decapitam cabeças e cortam os braços dos perdedores, como também, em todos os lugares, aquelas ofertas maravilhosas, mas sob condições: se você abrir um crediário e comprar três pares de qualquer coisa. Meu coração, em especial, compadeceu-se daquela adolescente que usava jeans e camisa quadriculada e que olhava cheia de inveja a silhueta esquelética daquela modelo que, através do semblante sem vida, devolvia-lhe o olhar. Isso traduzia tudo o que eu sentia.

Não podia fazer outra coisa a não ser ver algo que estava além deste mundo. Foi semelhante ao momento de fé que experimentei no aeroporto de Los Angeles. Como assim? É que a fé tem dois lados. Não apenas percebi que o céu é real, tornando rapidamente concreto e verdadeiro aquilo que não vemos, mas também faz com que vejamos de forma diferente as coisas visíveis da Terra. O céu, quando olhamos a vida através dos olhos da fé, torna-se a nossa pátria firme como a rocha, e o mundo concreto no qual vivemos esvazia-se de substância e importância. Quando olhamos a vida através dos olhos da fé, as coisas ao nosso redor não mais possuem o glamour da empolgação. Tudo, desde os relógios mais caros até o último episódio de um seriado, ou desde o último desfile de modas até a mais recente obstrução dos trabalhos no congresso.

Como a fé torna real as coisas invisíveis, e irreal as coisas visíveis, a insatisfação terrena torna-se o caminho para a satisfação celeste. Um local, o céu, suplanta o outro, a Terra, como nossa pátria.

Alienígenas, estrangeiros e desajustados

A fé faz uma outra coisa. Quanto o mais o céu se torna parecido com nossa morada, mais você se sente um alienígena e estrangeiro na Terra. Talvez algumas pessoas valorizem o último modelo do carro mais sofisticado, mas isso apenas revela que "só pensam nas coisas terrenas. A nossa cidadania, porém, está nos céus" (Fp 3.19-20). Não estou falando sobre esnobismo espiritual, e não tenho nada contra os últimos modelos de carro nem contra as roupas mais finas. Isso é apenas uma questão de foco: "Pois onde estiver o seu tesouro, aí também estará o seu coração" (Mt 6.21).

Por favor, não pense que dirijo um carro inferior, uso as roupas que a minha irmã não quer mais, odeio shopping centers e quase nunca ligo a televisão. Gosto das coisas boas. Lembre-se, passei o primeiro capítulo descrevendo todos os momentos presentes e as memórias passadas que, para mim, tornam a Terra tão rica. Eu sou uma daquelas pessoas que desfruta das coisas boas da vida, como uma boa carne assada acompanhada de uma boa porção de mandioca frita, uma noite romântica com meu marido, um passeio para visitar cachoeiras, em especial a Bridal Veil Falls, em Yosemite, sentir a suavidade da seda sobre minha face. Não há nada trivial, banal ou entediante com esses prazeres. E tenho certeza de que minha consciência ficaria entusiasmada se me desse ao luxo de uma roupa bonita e com um belo corte, de alguma marca famosa. (Isso provavelmente me subiria à cabeça, e essa é a razão pela qual algumas de minhas amigas cristãs conseguem vestir com graça essas roupas sofisticadas, ao passo que eu não.)

A sensação de ser alienígena e estrangeira na Terra tem mais a ver com a canção da qual falei ainda há pouco. O eco espantoso. O anseio e o desejo que senti naquela tarde quente ao lado do campo de trigo do Kansas, e em muitas outras ocasiões. "Pessoas que dizem coisas desse tipo estão buscando uma pátria para si mesmas. Se estivessem pensando na pátria que abandonaram, teriam a oportunidade de retornar. Ao contrário, ansiavam por um pátria melhor — a celestial."

Sou como uma refugiada que anseia por minha melhor pátria, o céu. Meu coração vive em um quase exílio. Embora 1Reis 11.14-22 seja apenas uma breve história, eu me identifico com ela, pois parece que sou "eu" quem está ali. Parece que Hadade, um adversário de Salomão, em busca de segurança, fugira para o Egito com a família de seu pai. Lá, ele foi bem acolhido por faraó, casou-se com uma moça da família real e educou seu filho no palácio real. Quando, porém, escutou que Davi estava morto, Hadade disse ao faraó: "Deixa-me voltar para minha terra".

"O que lhe falta aqui para que você queira voltar para a sua terra?", perguntou o faraó.

"Nada me falta", respondeu Hadade, "mas deixa-me ir!".

Essa é a parte com a qual me identifico. A Terra pode ser rica de memórias passadas e momentos presentes, como aconteceu com Hadade, mas me sinto como se estivesse na pele dele: "Deixa-me voltar para minha terra". É sempre o exílio que nos faz lembrar de nossa terra. Os israelitas, cativos em terra estrangeira, lembraram de sua verdadeira pátria quando, em Salmos 137.1, lamentaram: "Junto aos rios da Babilônia nós nos sentamos e choramos com saudade de Sião". Como Hadade, como os israelitas, eu carrego em meu coração exilado a sede por minha terra celeste, a verdadeira pátria de minha alma.

Uma pessoa que se sente em casa "sente-se ajustada" ao seu ambiente, como o peixe na água, os pássaros no céu e a minhoca no barro. No entanto, nós não nos ajustamos aqui. Este não é o nosso ambiente. Não há harmonia nem "probidade" em nossos arredores. Lembra-se da minha experiência no aeroporto de Los Angeles e naquele shopping center? Não era como se a grande atividade naqueles mundos me injuriasse, mas o fato é que eu não me harmonizava, pois o ambiente não estava em consonância

com a paz e quietude existentes em meu coração, a paz que ecoava: "Você não pertence a este lugar".[4]
Sentir-se como um exilado é apenas sentir uma realidade.

> Ó Senhor,
> Moro aqui como um peixe em um aquário,
> Tenho apenas o suficiente para manter-me vivo,
> Mas no céu nadarei em um oceano.
> Aqui tenho apenas um pouco de ar que sustenta minha respiração,
> Mas lá eu terei as doces e refrescantes ventanias;
> Aqui eu tenho o raio de sol para iluminar minha escuridão,
> Um raio quente que não me deixa congelar;
> Lá viverei na luz e no calor para sempre.
>
> *Uma oração puritana.*[5]

Por que não nos ajustamos?

Como cristãos, você e eu não fomos feitos para este mundo. Bem, em certo sentido, fomos. Nossas mãos, pés, olhos e ouvidos nos equipam para as experiências físicas deste planeta, feito de água e terra. Nossos ouvidos processam os ruídos, nossos olhos registram as visões, nosso nariz detecta os odores, e nosso estômago digere os alimentos. Mas somos também espíritos. Isso cria uma incrível tensão. Certa vez, alguém disse: "Por meio da fé compreendemos que não somos seres físicos que têm experiências espirituais, mas seres espirituais que tem experiências físicas". Peter Kreeft, um amigo, escreve sobre essa tensão, e peguei emprestado algumas de suas idéias aqui...

Como seres espirituais, você e eu não fomos talhados para este mundo, pois a Terra é temporal. Há algo em nós que definitivamente *não* é temporal. Essa é a razão pela qual nos contorcemos e gememos no confinamento do tempo. O relógio, para nós, é um adversário. Em todos os momentos celestiais — quer seja quando olhamos profundamente os doces olhos e o sorriso gentil daquele que amamos, ou quando apreciamos o êxtase de algum prazer glorioso —, abraçamos todos os momentos como esses para que possamos deixar o tempo de lado. Mas não conseguimos. Gostaríamos de chamar esses momentos de atemporais, mas eles não são. O tempo os arranca de nossas mãos.

É exatamente aí que a tensão *realmente* faz-se sentir. Pois, em certo sentido, conforme Sheldon Vanauken escreve: "O tempo é nosso ambiente natural. Vivemos no tempo como vivemos no ar que respiramos. E nós amamos o ar... como é estranho que não possamos amar o tempo. Ele estraga nossos momentos mais agradáveis... gostaríamos de conhecê-lo, saboreá-lo, mergulhar nele — no cerne de nossa experiência — para possuí-lo totalmente. Mas jamais houve tempo suficiente para isso".[6]

Não posso explicar a tensão melhor do que isso. O tempo é nosso ambiente natural, embora o tempo *não* seja nosso ambiente natural.

Não são apenas os cristãos que lutam contra os traços do tempo. As pessoas que não crêem em Deus consideram o tempo um adversário. Para elas, o tique-taque do ponteiro dos segundos soa como a aproximação de um inimigo. Cada minuto os empurra a direção à morte. E todos, sejam ricos ou pobres, tentam agarrar o ponteiro das horas para movê-lo para trás. "Desacelere e viva", é um *slogan* que encontramos em todos os lugares — nas placas das estradas e até em livros sobre saúde. Mas não podemos desacelerar o tempo. Cremes anti-rugas não farão isso. E congelar seu corpo em um câmara de hidrogênio também não fará com que a marcha do tempo pare. Estimular o cérebro e revigorá-lo com vitaminas E e A também não adiantam. Considero honesta a pessoa que concorda com C. S. Lewis quando ele afirma: "O tempo em si é um outro nome para a morte".[7]

Toda a humanidade sente isso, pois: "Ele fez tudo apropriado ao seu tempo. Também pôs no coração do homem o anseio pela eternidade; mesmo assim ele não consegue compreender inteiramente o que Deus fez" (Ec 3.11). Isso mesmo, as pessoas, de modo geral, não conseguem compreender Deus, muito menos essa eternidade atemporal. Elas não sabem o que fazer com ela, exceto comprar o último *best-seller* escrito pela Shirley Maclaine ou usar mais cremes contra o envelhecimento. O único recurso contra o ataque violento do tempo são as memórias. Peter Kreeft afirma: "A memória é a nossa única proteção contra as ondas do tempo neste mundo".[8]

O anseio por um outro tempo

Sei o que é apegar-se às memórias, como se fossem muralhas de contenção e represas contra o tempo. Quando fiquei paralisada, em 1967 — e ainda era novata nesse assunto da eternidade, pois era apenas uma jovem cristã —, o céu, de forma alguma, era minha pátria. Não tinha tanto interesse em olhar para o corpo glorificado, pois meu maior interesse era fazer com que o relógio andasse para trás, para o tempo em que meu corpo funcionava. O tempo era também meu inimigo, pois colocava mais distância entre o passado em que estava de pé e o presente em minha cadeira de rodas. A única forma que poderia desacelerar as semanas e os meses era mergulhando em minhas memórias.

Não podia fazer muito a não ser escutar o rádio e os discos. Fiquei deitada em uma estrutura de metal na unidade de terapia intensiva e escutava Diana Ross gemendo por um amor perdido, ou Glen Campbell sussurrando sobre a velha chama que vagava nos recônditos de sua memória. Os Beatles também eram bastante populares naquela época. Tinha de lutar contra as lágrimas quando os escutava cantar sobre o passado, *Yesterday*, quando todos os meus problemas pareciam tão distantes.

Depois havia também Joni Mitchell. A música folclórica ainda era muito popular no fim da década de 1960, e eu encontrava refúgio em suas canções inquietantes sobre o passado. Sua música evocava uma nostalgia mais poderosa e fundamental do que aqueles fatos específicos, como um amor perdido ou um passado sem problemas. Escutava-se isso na década de 1960, em que essa cantora escrevia sobre a geração perdida em busca de algo novo. Essa foi a geração que veio, em grupos, encontrar-se nas montanhas ensolaradas e chuvosas em uma fazenda em Nova York. Sinta a dor e o assombroso anseio em sua canção, *Woodstock*:

> Quando posso caminhar ao seu lado?
> Vim aqui para abandonar a poluição
> Mas sinto-me como se fosse uma peça de uma engrenagem
> De algo que gira e gira
>
> Talvez seja essa época do ano
> Ou talvez seja essa época do homem,
> Mas não sei quem eu sou
> Ainda que a vida seja aprendizado.
>
> Somos poeiras, somos dourados,
> Apanhados ou presos na barganha do diabo,
> E temos de conseguir
> Voltar ao jardim.
> *Temos de conseguir voltar a ser imagem de Deus.*[9]

Joni Mitchell e milhares de outros como ela estão buscando algo incalculavelmente precioso que perderam; algo que precisam reaver. Eles podem confundir isso com a nostalgia da década de 1960 ou da de 1950; podem pensar que sejam as memórias da infância, um amor perdido ou um passado em que todos os problemas pareciam distantes, mas é muito mais do que isso. É uma nostalgia não pela inocência da juventude, mas pela inocência da humanidade. "E temos de conseguir voltar ao jardim", um mundo perdido em gemidos, pois foi no Éden que perdemos não apenas nossa juventude, mas nossa identidade.

Podemos não perceber isso, mas toda a humanidade foi exilada da felicidade de estar na presença de Deus e de ter um contato íntimo com ele. Mas a humanidade, morta por suas transgressões, não percebe que é por isso que ela anseia. A maioria das pessoas não compreende que andar com Deus significa sentir-se em casa.

O que é engraçado é que estou convencida de que, mesmo se as pessoas pudessem voltar ao jardim, se Joni Mitchell pudesse voltar ao momento da criação do mundo, isso não seria suficiente. Ela ficaria ali, em meio a um ambiente perfeito, e se sentiria perfeitamente à vontade, sem perceber que a satisfação poderia apenas ser encontrada no momento em que desse um passo além da fronteira do tempo, para chegar à mente de Deus. Pois nossa nostalgia pelo Éden não é apenas por um outro tempo, mas por um outro *tipo* de tempo. Aqueles que não crêem ainda sentem o aperto. Até mesmo aqueles que não esperam por um céu ainda lutam com esse inquietante enigma da "eternidade" que foi posto em nosso coração.

A maioria das pessoas percebe isso na ordem inversa.

Nosso caminho, de forma distinta dos daqueles que não crêem em Deus, não é para trás, para o Jardim do Éden, mas para frente. Ninguém deve olhar por cima dos ombros para a estrada da esperança. Em Gênesis, Deus enviou o serafim com uma espada flamejante para impedir que Adão e Eva retornassem ao Éden depois que caíram. "O caminho para Deus fica à frente, a leste do Éden, através do mundo do tempo e da história, e o alcançamos por meio das lutas e sofrimentos de morte. Fomos lançados para fora da porta oriental do Éden, viajamos através do mundo e ao redor dele, de leste a oeste, sempre buscando o sol nascente (o Filho nascente!) e encontrá-lo à porta ocidental... e ele nos diz: 'Eu sou a porta.'"[10]

Nossa verdadeira identidade

Nossa juventude e identidade perdidas não serão recuperadas na inocência do Éden. Deus nos concebeu antes do Éden, "antes da criação do mundo". Apenas no céu — o nascedouro de nossa identidade — descobriremos quem verdadeiramente somos. Na verdade, não descobriremos, mas receberemos isso. Isso é magnificamente simbolizado em Apocalipse 2.17: "Ao vencedor darei do maná escondido. Também lhe darei uma pedra branca com um novo nome nela inscrito, conhecido apenas por aquele que o recebe".

Você entendeu essa parte sobre nosso novo nome? George MacDonald explica a ligação entre nosso novo nome e nossa verdadeira identidade da seguinte forma: "O nome de Deus para um homem tem de ser a expressão de sua própria idéia de homem, aquele ser que o Senhor tinha em mente, quando começou a tecer a criança no ventre da mãe, e quem ele manteve em seus pensamentos durante todo o processo de criação, necessário para concretizar a idéia. Dizer o nome é selar o sucesso".[11]

Nossa verdadeira identidade revelará o novo nome que Deus nos dará. E o nome é um segredo entre Deus e você. Pense sobre isso, meu amigo! No céu, você não apenas encontrará o que foi irremediavelmente perdido, mas quando receber isso — seu nome e sua nova identidade —, você será mil vezes mais você mesmo do que a soma total de todas aquelas nuanças, gestos e sutilezas que, na vida terrestre, definiram "você". Na Terra, você pode achar que floresceu totalmente, mas o céu lhe revelará que você mal chegou a ser um broto.

E ainda mais, não haverá ninguém como você no céu. O fato de que ninguém mais tem seu nome demonstra o quanto você é realmente único para Deus. Você toca o coração do Senhor de uma forma que ninguém mais pode fazê-lo. Você o agrada de uma forma única. Esse nome é o selo real do amor particular que o Senhor dedica a você.

Isso não deveria nos surpreender. Deus não esculpiu esse gigantesco campo celestial chamado céu, no qual cabe toda sua família. O paraíso não é uma comunidade para um punhado de santos. Deus escolheu salvar alguns indivíduos, e você tem um lugar específico separado para você no céu — no coração de Deus —, no qual só você, e você somente, se encaixa. No céu, você o refletirá como a faceta de um diamante, e as pessoas lhe dirão: "Eu *amo* ver esta parte de Deus em você... na verdade, você mostra esta característica dele melhor do que ninguém!"

Todas as pessoas também receberão sua identidade verdadeira. Cada um de nós refletirá Deus de uma forma única e completa; assim, você provavelmente dirá àquele amigo: "Bem, eu *amo* a maneira como você reflete o Senhor!" E vocês dois juntos, como também todos os outros santos, louvarão a Deus por ele ser tudo e estar em todos com tamanha variedade e beleza.

C. H. Spurgeon sugeriu que é por isso que o povo redimido será mais numeroso que os grãos de areia na praia e as estrelas no céu. É preciso um sem-número de santos para refletir totalmente as infinitas facetas do amor de Deus. Todos nós somos necessários no céu. Será que sem você algumas das maravilhosas nuances do amor de Deus, ouso dizer, podem não se refletir caso não esteja no céu?

Unidos em perfeito louvor e amor, nós descobriremos por fim e totalmente quem somos, a que lugar pertencemos e o que Deus destinou que fizéssemos — e teremos toda a eternidade para ser e fazer exatamente isso. Durante séculos, os teólogos tentaram descobrir essa cena; acho que Jonathan Edwards fez um belo trabalho quando escreveu: "Portanto, eles deverão comer e beber abundantemente, e nadar no oceano do amor, e ficar eternamente imersos no brilho infinito e nos raios, infinitamente suaves e doces, do amor divino; recebendo eternamente essa luz, enchendo-se eternamente dela, movendo-se eternamente com ela e refletindo-a novamente, para todo o sempre, a sua fonte".[12]

Você *reconhecerá* aqueles que ama. Na Terra, você apenas os reconheceu parcialmente. Mas, no céu, você descobrirá coisas ricas e maravilhosas sobre a identidade de seu marido, sua esposa, sua filha, seu filho, seu irmão, sua irmã ou seus amigos especiais, coisas que você apenas vislumbrou aqui na Terra. E, mais importante, você os *conhecerá* de uma forma que nunca os conheceu aqui na Terra. Afinal, não seremos menos espertos no céu, mas mais espertos. Ken, meu marido, será mil vezes mais "Ken" do que foi em carne e sangue. Você exclamará ao seu amado: "Uau! Então, era *isso* que eu amei em você por tanto tempo!" Pois você o verá ou a verá como Deus sempre quis que ele ou ela fosse.

Até que lá cheguemos, fazendo o que Deus planejara para nós desde o início, seremos como a lagarta que se contorce para se livrar do casulo a fim de respirar o ar celestial. Iremos nos sentir como Moisés, isolado no deserto, quando clamou: "Sou imigrante em terra estrangeira" (Êx 2.22). E, como Moisés, no deserto, estava se tornando o líder que ele viria a ser, somos peregrinos tornando-nos, no aqui e agora, quem viremos a ser daqui por diante. Assim, sempre para frente, pois não andamos para trás, nós peregrinos caminhamos por este mundo de tempo e morte buscando para sempre o Filho, mas, esquecendo-nos "das coisas que ficaram para trás e avançando para as que estão adiante, [prosseguimos] para o alvo, a fim de ganhar o prêmio do chamado celestial de Deus em Cristo Jesus" (Fp 3.13).

A humanidade, de modo geral, recusa-se a seguir essa direção. As pessoas, em uma busca ansiosa para ajustar-se, pegam o sextante e, utilizando as coordenadas erradas, tentam localizar sua posição: memórias da infância, um velho romance, os dias alegres, as canções, o poder, a religião, a riqueza ou Woodstock. No entanto, a humanidade falha ao não reconhecer que foi feita à imagem de Deus. Apenas os crentes que compreendem que as coordenadas convergem para a eternidade podem cantar: "Este mundo não é minha morada".

Nosso lugar no tempo

Joni Mitchell não conseguirá voltar ao jardim. Ela, em sua busca não apenas por identidade, mas por um outro tempo, faria melhor se cantasse sobre o Filho de Deus. Jesus é o único que sempre se sentiu confortável com sua identidade, como também se sentiu confortável tanto no tempo quanto fora dele.

Em um segundo, Jesus poderia estar conversando com seus amigos na estrada de Emaús e, no momento seguinte, poderia ignorar as horas exigidas para viajar a Jerusalém e aparecer lá em um estalar de dedos. Ele, em uma manhã, poderia aparecer na praia e, a seguir, fazer o fogo e reunir os amigos para o café da manhã. Em um momento, ele poderia estar comendo peixe e, no seguinte, passar através da parede. Muralhas de pedras e portas fechadas no cenáculo não seriam empecilhos. Tempo, espaço e, portanto, a distância, para Jesus, eram café pequeno. Isso é muito interessante, pois sua habilidade para mover-se para dentro e fora de várias dimensões dá-nos uma dica de como o tempo se encaixa no céu. Não acredito que o céu destruirá o tempo, mas o engolirá.

Deixe-me explicar a utilização desse princípio que aprendi nas aulas de geometria na escola. Se você mover um ponto através do tempo e do espaço, ele forma uma linha — a primeira dimensão. Pegue essa linha, mova-a lateralmente através do tempo e do espaço, e ela se torna um plano — a segunda dimensão. Mova o plano através do tempo e do espaço, e você obterá um cubo ou outro poliedro — um cubo é a terceira dimensão que se compõe de vários planos.

E você e eu, que somos figuras tridimensionais, movemo-nos através do tempo e do espaço — e podemos considerar esta como a quarta dimensão. Cada nova dimensão envolve a anterior, além de acrescentar algo. Isso significa eternidade — podemos pensar nela como a quinta dimensão — que abrangerá todos os outros elementos das outras dimensões, inclusive o tempo.

Se você compreendeu essa explicação, merece dez em geometria. E também compreendeu que o tempo não será interrompido no céu, mas será engolido. O tempo será misturado à eternidade e perderá suas características, como a clara quando é misturada ao creme. Ou, para ser mais específica, seria como misturar a clara de um ovo em um oceano de creme. A eternidade que envolve tudo é assim.

Por que esse assunto sobre o tempo é tão importante? Peter Kreeft explica: "Deus se apaixonou por nós, criaturas do tempo, nós, pequenas lufadas de vento, e convidou-nos a entrar, para todo o sempre, no santuário interno do Mestre da Casa — todos nós, presos, estocados e embarrilados no tempo. Como ousamos negar-lhe o desejo de seu coração? Esse é o desejo de nosso coração também".[13] Ele está certo. Há algo em meu interior que o tempo ajuda a definir, e não tenho muita certeza se quero negar isso, como também descobrir seu tesouro escondido.

Jesus, por ter tanto a natureza divina como a humana, apresentou um tipo de fórmula para nossa natureza e destino. A forma como nosso Senhor ressurrecto era capaz de mover-se através do tempo e do espaço serve de receita para nossa experiência celestial futura. Jesus, de forma perfeita, incorpora as coisas físicas contidas no tempo e também as coisas espirituais que existem fora do tempo. Nós, lufadas de vento, quando chegar o momento de viver com uma natureza física e espiritual, nos sentiremos tão confortáveis quanto Jesus.

Acompanhe-me em mais um item referente ao tempo, a geometria e a dimensão e nós dois poderemos tirar dez com louvor. Tudo isso sobre terceira, quarta e quinta dimensão prova o quanto o céu será *interessante*.

Deixe-me exemplificar isso por meio de uma questão: quanto tempo a atividade de olhar um ponto em um pedaço de papel consegue reter sua atenção? Se você disser cinco segundos, ficarei impressionada. E se você puser uma caneta nesse ponto e desenhar uma criatura, como um boneco de traços simples, em duas dimensões? Isso já fica um pouco mais interessante, mas certamente não tão instigante quanto observar uma escultura em três dimensões dessa mesma figura, certo? Se a escultura for boa, ela pode prender sua atenção por um longo tempo.

Agora, dê um passo a mais. Essa escultura nem de perto é tão fascinante quanto um ser humano real que se move no tempo e no espaço, na quarta dimensão. Na verdade, você pode gastar a vida toda para conhecer essa pessoa cativante. O fato é que cada dimensão é mais interessante do que a anterior.

Agora, leve essa fórmula adiante até a quinta dimensão, o céu. Todas as coisas maravilhosas das dimensões anteriores estarão no céu, mas com muitas outras coisas. Isso significa que o céu será extremamente interessante. Será irresistível, fascinante, intrigante e, pelo menos, dez outras mais colunas de adjetivos. Achamos a Terra fascinante, com todas as suas cores, a sua glória e a sua majestade! O exótico pavão, as colméias hexagonais perfeitas, a cor água-marinha das lagoas tropicais, o orangotango que nos faz rir e os inspiradores picos dos Alpes, cobertos de neve, tudo isso faz parte da quarta dimensão. E — surpresa! — a quinta dimensão está prestes a ser revelada! Nossa pequena lição sobre dimensões prova que o céu é muito superior a toda beleza da Terra junta. Consegue perceber por que Paulo afirma: "Olho nenhum viu, ouvido nenhum ouviu, mente nenhuma imaginou o que Deus preparou para aqueles que o amam" (1Co 2.9)?

Que maravilhas a quinta dimensão e, provavelmente, muitas outras dimensões nos reservam! Na eternidade, tudo é apenas um início. Sem fronteiras. Sem limites. A. W. Tozer afirmou: "De fato, é totalmente satisfatório em nossas limitações buscar um Deus que não tem nenhum limite. Os anos eternos estão no coração do Senhor. Para ele, o tempo não passa, mas permanece; e aqueles que estão em Cristo compartilham com ele todas as riquezas do tempo sem limites e dos anos intermináveis".[14]

Nossa peregrinação ao céu não é uma jornada em direção ao fim do tempo, mas para um outro tipo de tempo. E seremos viajantes no tempo até que cheguemos... ao início.

Descobrindo as realidades invisíveis

Este pequeno planeta coberto de pó continua girando no tempo e no profundo espaço negro, sem se dar conta que durante todo o tempo está imerso no oceano da eternidade e rodeado por uma infinidade de realidades divinas e invisíveis e cumprimentos divinos. Mas nós percebemos isso porque, como peregrinos "vivemos por fé, e não pelo que vemos" (2Co 5.7). Pela fé, vivemos em um plano distinto, em uma outra dimensão, em um nível mais elevado do que o terrestre. Pela fé, o mundo concreto esvazia-se de substância e importância, e percebemos o significado celestial que há por trás de *tudo*.

As pessoas que não têm fé olham a cadeia das Montanhas Rochosas e pressupõem, de uma forma mecanicista, que uma placa tectônica deslocou-se de um lado para outro, provocando um terremoto e movimentando a crosta terrestre, e — eis aí! —

ali aparece o pico Pikes. Mas os peregrinos, que estão caminhando em direção ao céu, percebem que "nele foram criadas todas as coisas nos céus e na terra, as visíveis e as invisíveis, sejam tronos ou soberanias, poderes ou autoridades; todas as coisas foram criadas por ele e para ele" (Cl 1.16). Ele criou coisas invisíveis que são tão reais quanto as Montanhas Rochosas — na verdade, *mais* reais do que elas. Não é de admirar que louvemos nosso Criador.

As pessoas que não têm fé olham uma bela cerejeira, encolhem os ombros e supõem que uma semente caiu no solo, a chuva a regou, as raízes brotaram, um pezinho nasceu e, em breve, ela será madeira para a lareira de alguém. Deus, conforme eles assim o concebem, apenas deu corda na natureza, como se ela fosse um relógio, e deixou-a funcionando sozinha. As pessoas cuja fé inspira-se no céu, olham para a mesma árvore e maravilham-se, pois sabem que literalmente "nele tudo subsiste" (Cl 1.17). Isso significa *todas* as coisas. Agora. Neste instante. Até mesmo os brotos, o tronco e os ramos. Elizabeth Barrett Browning, certa vez, escreveu:

> A terra está abarrotada de céu,
> E todo arbusto comum inflama-se em Deus;
> Mas apenas aquele que vir tira os sapatos,
> O resto senta-se ao redor e arranca as amoras-pretas.

Aqueles que têm uma perspectiva terrena pressupõem que as ondas do mar são compostas apenas de H_2O, mas aqueles que têm um ponto de vista celeste crêem que todo próton da tabela periódica dos elementos é sustentado por Deus, pois ele está "sustentando todas as coisas por sua palavra poderosa" (Hb 1.3). Deixe que esse fato penetre seu ser. Se Deus fosse retirar seu comando, os oceanos, as montanhas e as árvores não entrariam em colapso no caos, mas — puf! — desapareceriam! A criação de Deus não é estática e inerte, mas é dinâmica e realmente está no processo de ser sustentada neste instante por sua poderosa palavra.

E quando se trata de se maravilhar com o corpo humano, aqueles que não têm fé afirmam que surgimos de uma substância viscosa e alcançamos a posição de *Homo erectus*, pressupondo que os seres humanos respiram por sua própria força. Mas os peregrinos cujo coração está voltado para o céu, de forma distinta deles, sabem que "nele vivemos, nos movemos e existimos" (At 17.28). No céu, serremos mais seres humanos do que a nossa espécie poderia conceber aqui na Terra. Aqui, o homem e a mulher que somos não passam de um sussurro do que seremos.

A fé da qual falo designa um propósito celeste para tudo — absolutamente tudo — ao nosso redor. Isso acontece comigo todas as terças-feiras, quartas-feiras e quintas-feiras de manhã quando Patti, uma amiga artista, ajuda-me a sair da cama. Antes de entrar no carro e ir para o trabalho, paramos diante da porta da garagem aberta e nos reservamos alguns momentos para observarmos o dia. Olhamos para os pinheiros brancos do sr. Aquilevech, do outro lado da rua, em cujos galhos habitualmente um corvo esquisito pousa. Gostamos da maneira como as pontas afiadas dos cedros, que margeiam os muros laterais de minha casa, apontam para cima, cada uma delas bem vertical. Admiramos os arbustos da sra. Hollander que estão começando a mudar de cor, do verde prateado para o dourado.

Outro dia, Patti fez um comentário sobre um hibisco em flor, lembrando-nos de que: "Deus sonhou com essa cor! Talvez apenas pelo prazer de assim fazer". Peregrinos vêem o prazer que Deus tem de nos dar tamanha alegria. Cada hóspede celeste vê Deus em todas as coisas; esses hóspedes celestes vêem que todos os arbustos pelo qual passam neste deserto terreno é uma sarça ardente, que se inflama em Deus. E, com esse tipo de fé, é realmente possível agradá-lo (Hb 11.6).

> O céu e acima dele, o mais suave azul,
> A terra ao nosso redor, o mais doce verde!
> Algo habita em cada tonalidade,
> Que os olhos sem Cristo jamais viram:
> Pássaros sobrevoam com cações mais alegres,
> Flores brilham com belezas mais profundas,
> Desde que eu saiba, como agora sei,
> Que sou dele, e ele é meu.[15]

Madame Guyon, uma cristã pertencente à nobreza, que viveu no século XVII, escreveu as seguintes palavras de uma prisão francesa, sem hibiscos, cedros, doce terra verde, nem suave céu azul para alegrá-la:

> [O cristão cuja mente está voltada para o céu] caminha pela fé simples e pura (...) e quando esse hóspede olha através de seus próprios olhos, ele vê como se estivesse olhando através dos olhos de Deus. Ele vê sua própria vida, as circunstâncias que o rodeiam, os outros crentes, os amigos e inimigos, ele vê principados e poderes, ele vê todo o curso pomposo da história através dos olhos de Deus (...) e fica contente.[16]

Muito orientado para o céu?

Não pense que ter a mente orientada para o céu nos torna peregrinos sem nada terreno de bom. Não desconsidere as coisas terrenas ao olhar para o mundo com óculos cor-de-rosa e vazios de desejos. Hóspedes que pensam que o mundo seguinte é o melhor geralmente são aqueles que estão fazendo todo o bem neste aqui. A pessoa cuja mente está voltada apenas para as coisas terrestres, no que diz respeito à Terra, não pratica muito o bem aqui. C. S. Lewis amplia isso, quando diz: "Almeje o céu e você e ganhará a Terra de presente. Almeje a Terra e não ganhará nenhum dos dois".[17]

Quando um cristão percebe que sua cidadania está no céu, começa a agir como um cidadão responsável aqui na Terra. Ele investe sabiamente em relacionamentos, pois sabe que eles são eternos, suas conversas, seus objetivos e seus motivos tornam-se puros e honestos, pois ele percebe que eles exercerão influência nas recompensas eternas. Ele oferece generosamente seu tempo, dinheiro e talento, porque está armazenando tesouros para a eternidade. Espalha as boas novas de Cristo, pois anseia aumentar as fileiras celestes com seus amigos e vizinhos. Tudo isso é útil ao peregrino não apenas no céu, mas também na Terra, pois essas coisas são úteis para todos ao seu redor.

Há algum tempo, fui ao cabeleireiro para cortar o cabelo. Francie, minha secretária, encontrou-me no salão para ajudar-me a sair do carro e ajeitar-me na cadeira em frente do espelho. Enquanto a cabeleireira colocava a capa de proteção em volta dos meus ombros, dei uma olhada ao redor para ver as outras mulheres. Senhoras sentadas no secador absortas na leitura de revistas. Algumas mulheres tagarelavam com as manicuras sobre as novidades, o lançamento de esmaltes em tons de vermelho. Os secadores de mão gemiam mais que Neil Diamond no rádio. Olhei para os lados: uma ruiva de jeans mascava chiclete enquanto cortava os cachos da senhora à minha direita, enquanto uma mulher asiática bem baixa e com cabelos negros e longos trabalhava à esquerda.

O que um peregrino faz em um lugar tão comum quanto esse? (Comum, pelo menos, para os padrões do sul da Califórnia.) Os hóspedes buscam as realidades divinas que estão ao seu redor. Tentei pôr-me no lugar daquelas mulheres, em busca de suas "realidades" — divórcio, dietas, educação de filhos, candidata para o conselho da escola, alcoolismo e planejamento da festa seguinte. Algumas eram do tipo profissional, em seus terninhos e *tailleurs* poderosos, e estavam ali apenas para um retoque rápido do esmalte. Essas lidavam com "realidades" distintas — promoções, salários e estresse executivo.

Como a fé ajudou-me a ver cada uma dessas mulheres como preciosas para Deus; e eu sabia que Deus tinha suas próprias realidades divinas em mente para cada uma delas. Poderia orar: "Venha o teu reino; seja feita a tua vontade neste salão de beleza como no céu".

Assim, ali sentada, com meu cabelo todo molhado, intercedia aqui e ali por cada uma daquelas pessoas, pondo em movimento todas as obras poderosas de Deus na vida delas. Tudo graças à fé. Essa é a maneira como os peregrinos comuns tornam-se um bem terreno.

E não apenas por meio da oração. Quando saí da cadeira em frente ao espelho para esperar que meu cabelo assentasse, percebi uma garota sentada duas cadeiras além de onde eu estava, balançado as pernas e folheando uma revista velha. Perguntei-lhe o que estava lendo e fiquei sabendo que ela era a filha de 10 anos da mulher asiática. Em poucos minutos, estávamos conversando. Eu lhe contei uma história da Bíblia, e ela explicou os jogos que gostava de jogar com sua melhor amiga. Disse-lhe que gostava de seu sorriso, de seu modo amigável e da forma como ela transpôs a barreira da cadeira de rodas e olhou-me nos olhos. Falei também sobre Jesus. Naqueles vinte minutos, sabia que era uma pessoa com a mente orientada para o céu e que estava fazendo para aquela criança um bem terreno real e duradouro.

Ken, meu marido, vive dessa forma. Ele tem alimentado um relacionamento com dois jovens frentistas iranianos que trabalham em um posto de gasolina em nossa rua. A maioria das pessoas entra e sai do posto para abastecer, mas Ken fica com os olhos abertos para perceber as realidades divinas invisíveis na vida desses dois rapazes. Estamos convencidos de que o tempo, a oração, a amizade e a Bíblia em persa farão a diferença. Ele é uma pessoa com a mente orientada para o céu e que busca formas de fazer algum bem para a Terra.

Além disso, os peregrinos batalham. A guerra espiritual intensificou-se, árdua e opressiva, no início deste ano, quando Ken e eu ajudamos a ciceronear o baile de formatura da escola pública em que ele é professor. As primeiras horas do baile foram uma grande oportunidade para entrar em contato com os alunos, admirar os *smokings* e desejar-lhe um bom início na universidade. Depois do jantar, porém, as luzes se apagaram, o volume da música subiu, e o salão transformou-se em uma frenética discoteca. Ken tinha de supervisionar os banheiros. Eu tentei conversar com meu parceiro de jantar, mas ficamos cansados de berrar um para o outro. Vi, na escuridão e em meio aquele barulho ensurdecedor, uma menina mais velha, usando um vestido branco de lantejoula, sentada no joelho de seu namorado. Decidi orar por ela. Enquanto fixava meu olhar nela, orando silenciosamente, fiquei surpresa ao perceber que minha oração, embora o salão estivesse tremendo devido aos alto-falantes, era mais poderosa do que o som da música. Uma simples intercessão fazia tremer e repercutia no céu, assim como espalhava alguns demônios.

Essa é a forma como cidadãos do céu vivem enquanto residem temporariamente na terra. O céu nos diz que toda pessoa, local e coisa tem um propósito para Deus. "Por isso não desanimamos. [...] Assim, fixamos os olhos, não naquilo que se vê, mas no que não se vê, pois o que se vê é transitório, mas o que não se vê é eterno" (2Co 4.16-18).

Saudades do céu

Nós, os peregrinos, andamos na corda bamba, entre a Terra e o céu, e nos sentimos aprisionados no tempo, pois a eternidade pulsa em nosso coração. Nossa insatisfação devido ao senso de exílio não é para ser solucionada nem consertada enquanto estivermos aqui na Terra. Nossa dor e nossos anseios fazem com que tenhamos certeza de que jamais ficaremos contentes, mas isso é bom: o não se conformar com o mundo destinado à decadência é um benefício para nós.

E, assim, contorcemo-nos e debatemo-nos, sabendo que não nos ajustamos; "gememos, pois temos o anseio de ser revestidos com nossa morada celeste". Mas, ó, que bênçãos são esses gemidos! Que doce sentir saudades do céu! Que glorioso anseio enche meu coração até que ele transborde!

Talvez você esteja pensando: *Espere aí, Joni. Eu não tenho saudades do céu. Eu raramente gemo e anseio por está lá... eu quero, mas não sei por onde começar. Não é como se eu estivesse absorvida pelas coisas da Terra, mas apenas que não sinto que o céu já é minha pátria. Além disso, eu não tenho um encargo real para orar pelas mulheres em salões de cabeleireiro ou por rapazes em postos de gasolina.*

Se você for assim, não entre em pânico. Se, para você, o céu é ainda uma estufa em alguma rua dourada em vez de uma pátria calorosa, continue aí. Se você acha difícil ter anseios pelas mansões celestes, se não pertence a essa vida de peregrino, então talvez precisemos tirar o foco do céu como um local.

Ele é mais do que isso... muito, muito mais.

Notas

1. A. E. Brumley. "This world is not my home". Glendale, Ca.: Praise Book Publications, 1951. p. 111. Usado com autorização.
2. Malcolm Muggeridge. *Jesus rediscovered*. Nova York: Doubleday, 1979. p. 47-48.
3. Peter Kreeft. *Heaven*. São Francisco: Ignatius Press, 1989. p. 66.
4. Essa idéia me foi sugerida pelo livro de Peter Kreeft, *Heaven*, p. 69.
5. Arthur Bennet. *The valley of vision*. Carlisle, Pa.: The Banner of Truth Trust, 1975. p. 203.
6. Sheldon Vanauken. *A severe mercy*. São Francisco: Harper & Row, 1977. p. 200, 202.
7. C. S. Lewis. *A grief observed*. Nova York: Bantam Books, 1976. p. 16.
8. Kreeft. *Heaven*. p. 71.
9. "Woodstock" por Joni Mitchell. Direitos autorais 1969, Siquomb Publishing Corp. Usado com permissão. Todos os direitos reservados.
10. Kreeft. *Heaven*. p. 83.
11. C. S. Lewis. *George McDonald: an anthology*. Nova York: Macmillan, 1978. p. 8.
12. John H. Gerstner. *The rational biblical theology of Jonathan Edwards*. vol. 3. Orlando: Berea Publications, Ligonier Ministries, 1993. p. 543.
13. Kreeft. *Heaven*. p. 84.
14. A. W. Tozer. Citado em Edythe Draper. *Draper's book of quotations for the christian world*. Wheaton, Ill.: Tyndale House, 1992. p. 180.
15. George W. Robinson. "I am His, and He is mine", (domínio público).
16. Madame Jeanne Guyon. *Spiritual torrents*. Auburn, Me.: The Seed Sowers Christian Books Publishing House, 1980. p. 99.
17. Edythe Draper. *Edythe Draper's book of quotations*. Wheaton, Ill.: Tyndale House, 1992. p. 305.

6
O céu é o desejo de nosso coração

Dê asas à sua imaginação por um momento. Jesus foi preparar um lugar para nós, e cada um de nós terá uma grande mansão — sem sinal nem empréstimos com que se preocupar, graças a Deus — em uma avenida dourada com vista para alqueires de campos e flores. Uau!

Ou, para você, nada de "Uau!"

Talvez: "Bem, isso é interessante".

Quando se tratar da casa de vidro na rua de ouro, talvez fique tentada a jogar uma pedra no vidro — só por curiosidade para ver se os vidros celestiais trincam. Ou talvez você simplesmente se sinta estranha e desconfortável na sala do trono dourado e radiante de Deus. Se esse for o caso, você ainda está apegada àquela confusão de imagens terrenas sempre que imagina o céu. Você se vê sentada na festa das Bodas do Cordeiro em que, presumivelmente, não há necessidade de ar-condicionado nem aquecimento no salão de banquetes. Mas onde você traça a linha para descartar as parafernálias da Terra quando retrata o céu? Se for para comer o banquete de forma decente, certamente precisaremos de garfos e facas. Potes e panelas para cozinhar. As batedeiras devem estar em algum lugar do cenário. E quem prepara os pratos? As pessoas que estão no inferno?[1]

Posso compreender se disser que essas imagens não fazem com você anseie por sua pátria celeste. Não é que você esteja absorta pelas coisas terrenas; é apenas que você não *sente* o céu como sua morada. No entanto, as imagens retratadas na Bíblia representam algo planejado para tocar seu coração, possuir sua alma e levá-la a ter uma tremenda saudade que fará com que você queira apressar-se e destrancar a porta da frente daquela mansão que é sua.

Não seria bom sentir nostalgia do céu dessa forma?

Reserve um minuto para examinar o momento em que você realmente esteve saudosa. Não do céu, mas de sua casa terrena. Lembra-se da dor? Da sensação de se sentir como estrangeira em seus arredores?

Eu me lembro disso. Sentia como se minhas entranhas estivessem sendo rasgadas. Quando criança, reclamei muito quando tive de ficar na casa da tia Dorothy, enquanto minha mãe fazia uma cirurgia na vesícula. Depois, teve o acampamento da igreja. Senti-me infeliz. E aquele Dia de Ação de Graças logo que me mudei para a Califórnia.

Minha mais recente luta com a saudade foi em Bucareste, na Romênia. Cheguei no meio da noite e, assim que entrei no saguão do hotel, sabia que era uma alienígena. Uma única lâmpada dependurada lançava longas sombras sobre os sofás empoeirados e restos de abajures da década de 1950. Prostitutas se ocultavam nos cantos escuros, fumando cigarros. De algum lugar detrás do balcão, um rádio fazia soar um choroso Elvis Presley, cantando *I wanna be your teddy bear* [Eu quero ser seu ursinho de pelúcia]. Havia buracos de balas nas paredes de concreto. Traças e gás de escapamentos entravam através da porta aberta, e alguém gritava com um vizinho na rua.

Estava cansada, faminta e suja. Não havia rampas para minha cadeira de rodas. Eu não consegui me adaptar à banheira. Não me senti em casa no restaurante onde me serviram uma carne dura, boiando em óleo. Tudo sobre o local — a língua, a cultura e especialmente o travesseiro — fez com que eu sentisse saudades de Calabasas, Califórnia. Foi horrível. Sei que você já sentiu a mesma coisa.

Por que Calabasas ganhou meu coração? Será que foram as rampas nas calçadas e as sarjetas rebaixadas? Estações de rádio tocando músicas melhores do que os sucessos de Elvis? Restaurantes superiores? Por que eu me ajusto à Califórnia e não à Romênia?

Porque nossa morada está onde o nosso coração está. Essa poderosa verdade precisa ser elevada acima das plaquinhas nas quais, normalmente, a lemos. Pois se a "morada é onde seu coração está", então deve ser mais do que apenas o endereço de onde você mora. Quando você sente saudades, seu coração pode apertar-se de saudades de seu próprio colchão e travesseiro, mas isso não explica aquela dor das entranhas que se contorcem. A morada não é um local, mas quem nela habita. Você se sente em casa quando seu coração se aninha perto daquele que você ama.

Mas, algumas vezes, quando menos se espera, até mesmo as pessoas que constituem a morada não são suficientes. Algumas vezes, quando você está na cama, com o seu travesseiro e o seu cobertor, e a voz daquele que ama está próxima, um outro tipo de saudade — de um tipo mais profundo — invade você sorrateiramente.

Ainda não satisfeito

A fragrância dos ramos do pinheiro e a suavidade da neve que cai. Chá de canela e velas de baunilha. Essa era a minha morada, naquele melhor momento de 1957. Em especial, à véspera do Natal, as visitas do tio George e da tia Kitty que, quando se inclinava para dar um grande abraço, permitia que meu nariz mergulhasse em sua estola de pele de raposa, com o odor do seu perfume. Todos nós, a família toda, na sala de estar à luz de velas, sentávamos no sofá e escutávamos no rádio a música de Natal de Bing Crosby. Era um período bastante calmo. Aquela era a minha morada.

Repentinamente, como vindo do nada, fui acometida por um violento ataque de saudades. Que dor! Lá estava eu em uma das casas mais aconchegantes, apertadinha no sofá entre as pessoas que amava, mas mesmo assim cheia de saudade — uma nostalgia por um tipo maior de morada. Logo de início, não compreendi, mas estava em meio a um daqueles anseios pelo céu. Era inverno e estava muito distante daquele campo de trigo no Kansas que visitamos no verão anterior, mas era a mesma sensação.

Na manhã seguinte, aquele anseio delicado havia desaparecido diante das coisas mundanas, e voltei a ser a garota comum de sempre. Era dia de Natal. Arquivei minha fascinação junto com aquele estranho anseio e corri para a pilha de presentes. Rasguei o embrulho de presentes e perguntei: "Tem mais?" E, a seguir, um outro presente, seguido da mesma pergunta. E, depois do último presente, choraminguei: "Não tem mais?" O que eu estava buscando? Por que não estava satisfeita?

Ao longo do dia, sabia que teria liberdade para brincar com meus brinquedos, mas, às vezes, deixava-os de lado, subia para o meu quarto e apoiava-me no parapeito da janela para olhar demoradamente para fora. O que eu esperava encontrar? O que eu queria?

O que queremos?

Quando se trata do céu, somos todos crianças abrindo milhares de belos presentes de Natal que perguntam: "Isso é tudo?"

Na verdade, quando se trata do céu, por que não fazemos uma lista de Natal — com todas as melhores alegrias, dádivas e presentes que você imagina que o céu oferecerá? Faça ao seu coração essa pergunta: o que você quer? Não há restrições para essa lista. O céu é o limite. Desejaria beleza ou riqueza? Fama? Dirigir uma Ferrari?

Imagine conseguir tudo isso. Quanto tempo demoraria para você ficar inquieto? Quanto tempo antes que você dissesse: "Isso é tudo?"

Experimente uma outra lista, muito mais profunda. Conversas com Beethoven sobre compor música ou longos bate-papos com Mary Cassatt sobre o impressionismo. Criar jogadas estratégicas de futebol com um craque. Que tal um corpo saudável e bem em forma para todos vocês que são deficientes físicos? Correr? Dançar? Cozinhar com um *chef* famoso? Tocar guitarra com Eric Clapton? Uma boa consciência, liberdade e paz de espírito? Talvez demore alguns milhares de anos antes que todas essas coisas deixem você entediado, mas, por fim, elas se tornam desinteressantes.

Peggy Lee, nos idos da década de 1970, buscava algo quando perguntava em suas serenatas: "Isso é tudo, meu amigo? Então devemos dançar, beber e festejar, se isso for tudo o que houver".[2]

Essa canção me amedrontava, e ainda me amedronta. Não há *nada* que finalmente satisfará nosso coração? Peter Kreeft sugere:

> Você consegue imaginar um céu que não seja entediante? Se não, isso significa que todas as coisas boas, até mesmo o céu, têm de ter um fim? Depois de oitenta ou noventa anos de vida, a maioria das pessoas está pronta para morrer; não sentiremos o mesmo depois de oitenta ou noventa séculos de céu? [...] Se não queremos o tédio no céu, o que queremos? Se o céu é real, que desejo real ele satisfaz? Queremos um céu sem morte e sem tédio. Mas não conseguimos imaginar esse céu. Como podemos desejar algo que não conseguimos imaginar?[3]

Não podemos conceber o céu em nossa mente, pois nossos desejos são mais profundos do que nossa mente pode imaginar.

Graças a Deus, nosso coração está sempre uma batida à frente de nossa mente e nosso corpo. Provérbios 4.23 não é desprovido de fundamento quando afirma que o coração se aprofunda mais do que a mente. "Acima de tudo, guarde o seu coração, pois dele depende toda a sua vida." Verdade, mas também diz que o coração é tremendamente iníquo, embora isso demonstre que ele é a fonte das paixões profundas. As coisas importantes acontecem no coração. Dele procedem "todos os assuntos referentes à vida". Podemos ter um pé aqui e o outro ali, mas nosso coração é, quase sempre, aquela parte de nós que reboca e empurra aquele pé atolado na lama da terra, dizendo: "Faça o favor de sair das imagens terrenas. Olhe, aqui está o seu outro pé. Você anseia pelo que está aqui em cima".

É verdade? O nosso coração tem a resposta?

O nosso coração tem algo a dizer em resposta a esse eco espantoso?

Podemos acreditar que o nosso coração *realmente* sabe o que quer? Quando as pessoas se aproximavam de Jesus com uma necessidade, o curioso era que ele, em geral, respondia com uma pergunta: "O que você quer?" Sempre achei isso estranho, uma vez que, primeiro, ele conseguia ler a mente dessas pessoas e, segundo, a necessidade delas era quase sempre bastante óbvia — como, por exemplo, Bartimeu, o cego pedinte. Mas Jesus tinha suas razões para fazer essa pergunta. Ele, desse modo, incita-nos a explorar a lista de desejos do nosso coração, pois ele sabe que desejamos algo mais profundo do que apenas satisfazer algumas necessidades superficiais.

E ele, quando se trata do céu, sabe que desejamos algo mais fundamental do que o prazer, a prosperidade ou o poder. O nosso coração está desesperado para voltar ao jardim, ou, então, para algum lugar no qual a nossa identidade e inocência foram aprisionadas. C. S. Lewis afirma:

> Nossa perpétua nostalgia, nosso desejo de nos reunirmos a algo do universo do qual sentimos que fomos cortados, o estar do lado de dentro de alguma porta que sempre vimos do lado de fora, não são meras fantasias neuróticas, mas o mais verdadeiro indicador de nossa situação real (...) por fim, ser convocado a participar do âmago seria uma glória e uma honra, mas também a cura de nossa antiga dor.[4]

A cura de nossa antiga dor

O coração humano, quando se trata de curar aquela antiga dor, tem muita experiência. Ele fica inquieto e enfurecido, fazendo tentativas, esperando encontrar a realização, possuir algo que nos dará inocência, identidade e... o céu. Nosso pobre e dilacerado coração, porém, não quer realmente possuir o céu tanto quanto deseja ser possuído por ele. Deseja não tanto o prazer, pois esse prazer pode extinguir-se. Depois que o experimentamos, ele acaba. Nosso coração quer algo glorioso que perdure. Para sempre? Sim, se isso fosse possível.

O que o coração deseja é o êxtase.

Êxtase é aquela maravilhosa euforia na qual nos esquecemos totalmente de nós mesmos e ainda assim nos encontramos. O dicionário descreve essa sensação como o estado "de quem se encontra como que transportado para fora de si e do mundo sensível, por efeito de exaltação mística ou de sentimentos muito intensos de alegria, prazer, admiração, temor reverente"; e há ainda uma explicação sobre a etimologia dizendo que a palavra grega significa "deslocamento, movimento para fora". Mas uma experiência tão poderosa como essa não pode ser definida por um dicionário. Para que seu significado possa ser compreendido é preciso ter essa experiência de êxtase.

É um deleite arrebatador. Alegria intensa. Paixão genuína. Quando se trata do céu, queremos ser subjugados e envolvidos em algo grande e maravilhoso que esteja fora de nós mesmos. Queremos ser levados e envolvidos por uma alegria que se entrelaça em cada nervo e fibra do nosso ser. Uma alegria que faça com que o tempo pare. Queremos perder a noção do tempo e, portanto, de desapontamento. Queremos, como Elias em seu carro de fogo, ser arrebatados e levados embora.

Isso é o que o nosso coração deseja. Isso seria o céu sem o tédio. Estou convencida de que o êxtase do céu não será encontrado nos saguões de um habitat consagrado, escondido atrás de uma galáxia, onde os pássaros chilreiam, e os órgãos tocam com muita vibração, e os anjos pulam de nuvem para nuvem. Uma imagem terrena como essa cai no vazio. Não é nem mesmo um símbolo bíblico. É uma imagem melosa e superficial.

Quando eu permito que meu coração inspirado pelo Espírito assuma o comando, tenho um quadro diferente. Na noite passada, senti o sabor de céu quando sai para o jardim para observar a lua cheia. Ela, perfeitamente redonda e de um branco pálido, brilhava através de uma cortina transparente de nuvens altas e rarefeitas. Um punhado de estrelas azuis espreitavam através da neblina, e alguém em minha rua tocava uma melodia de Chopin ao piano. Uma brisa cálida envolveu-me. Um poema quase esquecido me veio à mente enquanto me esforçava para ver as estrelas: "Elas eram pequenos orifícios em uma grande muralha negra através dos quais as festivas luzes do céu fluíam".

Por uma fração de segundo, senti o êxtase. Meu coração chorou de alegria e depois... acabou. Sempre que tropeçamos no êxtase, nosso coração sabe, sem a menor sombra de dúvida, que aquela sensação é êxtase mesmo. É a gloriosa cura de toda aquela antiga dor, mesmo que seja apenas por um breve momento. Os amantes que falam que estão "apaixonados" sentem isso com maior freqüência. Eles tropeçam no amor, perdem-se a si mesmos e, depois, encontram-se subjugados por algo gloriosamente maior que os possui. E isso é êxtase.

Você sabe como é isso. Conhece a sensação. Seu coração desmaia, e sua respiração fica acelerada apenas com a visualização dos doces olhos e do suave sorriso da pessoa a quem ama. Só de estar junto no mesmo ambiente é uma grande emoção. Você lhe faz inúmeras perguntas apenas para ouvir a sua voz. E ao pensar sobre o beijo? Um abraço? Você se derrete.

Esse tipo de amor, o amor romântico, é o mais próximo que as pessoas chegam da cura daquela dor. O problema é que a maioria das pessoas esquece que o amor romântico, como todos os outros amores — *agape, filo* ou *eros* — existe apenas para indicar uma alegria maior e mais realizadora que nos arrebata. As pessoas apreciam a glória que vêem na pessoa amada e se esquecem de que essa glória não está tanto *na* pessoa que amam, mas apenas brilha *por intermédio* dela. A maioria das pessoas é cega quando se trata desse assunto. Elas não percebem que toda glória vem de algum lugar superior e não do ser amado, como uma luz que se reflete em um espelho, elas cometem o engano de idolatrar aquele por quem estão enamorados, em vez de ler as sugestões que esse amor sussurra: "Não sou eu... não está em meus olhos... sou apenas um lembrete de algo, uma outra pessoa. Responda rápido, de quem eu faço você se lembrar? Eis uma dica: fui feito à imagem de Deus".

A maioria das pessoas jamais entende essa sugestão mais abrangente e gloriosa. Elas se esquecem que a alma humana foi feita para desfrutar de algum objeto que jamais foi dado, mas sobre o qual apenas foi feita uma alusão. Elas esquecem e, desse modo, põem nas mãos daqueles que amam o incrível fardo de manter a taça da alegria transbordando; lançam sobre os ombros do ser amado o grande peso de sustentar o êxtase que apenas Deus pode carregar. O resultado? Ficam amargamente oprimidas quando o romance se apaga e a pessoa a quem amam falha em ser Deus, pois são incapazes de mantê-los enlevados e, assim, passam para o amante seguinte. E o deus seguinte. E assim por diante.[5]

Com os cristãos, isso é diferente. Em 1Pedro 1.22 e 4.8, como também em outros textos, somos influenciados corretamente: "Amem sinceramente uns aos outros e de todo o coração". E isso por bons motivos. Em primeiro lugar, os cristãos aceitam o palpite, reconhecem a sugestão e compreendem que a pessoa que amamos é feita à imagem de Deus. Temos o "detector de morada", os instrumentos que nos auxiliam a ver que os pontos que convergem para a eternidade *não* se encontram na face daquele que amamos, mas passam através dele para se encontrar na face de Deus. Pois amar uns aos outros de todo o coração é reconhecer que a glória divina que vemos nos olhos do outro *é* reflexo de algo superior. Isso torna o amor cristão ainda mais doce, e cada amigo é um convite para ver Jesus espelhado nele. Conforme diz a canção:

> Vejo Jesus em seus olhos e isso me leva a amá-lo mais,
> Sinto Jesus em seu toque e sei que ele se importa comigo,
> Escuto Jesus em sua voz e isso me faz ouvir.[6]

Além disso, o amor que os cristãos compartilham dura muito mais do que qualquer antigo romance. Dura mais do que a nossa vida.

Em segundo lugar, temos um sistema de alerta interno que faz soar um alarme se começamos a idolatrar aquele que amamos. Ele soa o clarim: "Coordenadas erradas! Os pontos não convergem nessa face, mas na de Deus! Retorne ao caminho!" Deus quer que aprendamos que o amor humano é um indicador que aponta para o amor divino. Temos de aprender onde o foco do amor deve estar, e não podemos ser como o cãozinho que, quando você tenta apontar para a sua comida, balança o rabo, e cheira seu dedo. Os cristãos podem e devem ler os sinais apropriadamente. A pessoa que amamos é uma dádiva de Deus e, como qualquer dádiva, aponta para o doador, aquele e apenas aquele que pode nos oferecer uma taça de alegria transbordante e ocasionalmente levar-nos ao êxtase. Esse sistema de alerta faz com que o amor que sentimos pelo marido, pela esposa ou pelo amigo seja corretamente focado e constantemente renovado.

Em terceiro lugar, e mais importante, quando nós cristãos amamos uns aos outros profundamente, captamos um vislumbre daquela faceta particular do amor de Deus que está sendo recortado, afiado e moldado na vida daquele que amamos profundamente. Saboreamos com antecipação a verdadeira identidade que está reservada a ele no céu, e inalamos a fragrância da pessoa celestial em que estamos nos tornando. Vemos um aspecto particular do céu naqueles que amamos, alegramo-nos com isso, e Deus recebe a glória — o espelho reflete a imagem do Senhor de volta para si mesmo, e, mais uma vez, somos lembrados que um dia na eternidade ele realmente é "tudo e está em todos".

C. S. Lewis mostra muita familiaridade com o fato de que os seres humanos espelham uma glória maior e mais celestial quando escreveu: "Lembre-se de que a pessoa mais entediante e desinteressante com quem você conversa pode, um dia, ser uma criatura que, se você a pudesse ver agora, seria extremamente tentada a adorar..."[7]

Para mim, essa é uma daquelas realidades divinas invisíveis. Quando olho nos olhos de um irmão em Cristo que amo ou de um irmão a quem aprecio, posso quase ver os seres espirituais que eles são por detrás de suas pupilas. Também não posso deixar de ver a realização divina futura deles: "Cristo em vocês, a esperança da glória" (Cl 1.27). Sabe o que eu faço? Em minha mente, tiro meu pincel, misturo alguns tons da cor da pele e pinto a face deles. Escolho uma determinada cor para os olhos, ou inclino meu pincel para marcar as maçãs do rosto. Fico tão monopolizada pela face, que me esqueço do que está sendo dito. É interessante notar que não escolho as mãos nem o corpo. A face é onde a matéria é subjugada pela mente; é onde os olhos mostram a lâmpada que é acesa pela alma. E — meu Deus! — aquela pessoa é bonita! E tenho de pintá-la! Escuto o eco celeste de sua voz, vejo a persistência do olhar e tenho de retratar isso. Conforme disse no primeiro capítulo, são os pintores que, com maior freqüência, tentam captar o eco da música celestial. E quando vejo o ar da atemporalidade nos olhos de alguém, em minha imaginação, dirijo-me para o cavalete.

Encontramos, em nosso coração, uma sombra do céu especialmente quando amamos "sinceramente uns aos outros e de todo o coração", pois o amor é um desejo inconsciente pelo céu. Sabemos agora o que queremos. Conhecemos a resposta para o anseio do nosso coração.

No coração do senhor

O que você vê em seu coração e o que você vê refletido naqueles que ama é Deus. E apenas ele fornece a cura para aquela antiga dor. Essa é a razão pela qual o céu tem de ser mais do que apenas um lugar.

Mais, muito mais.

Tem de ser uma pessoa.

Se você precisa de um pouco mais de convicção, então aceite este teste que santo Agostinho, séculos atrás, deu a seus alunos. Imagine que Deus aparecesse para você e dissesse: "Você quer o céu? Farei um acordo com você. Eu lhe darei toda e qualquer coisa que me pedir. Nada será pecado; nada será proibido; e nada será impossível para você. Você jamais ficará entediado e nunca morrerá. Mas você jamais verá a minha face.[8]

Brrr! Você sentiu um calafrio percorrer a sua alma? O seu coração e a sua mente recuaram diante dessa idéia. O seu desejo primordial é que você quer Deus mais do que qualquer outra coisa no mundo. Conforme disse santo Agostinho: "O Senhor nos fez para si, e, portanto, nosso coração fica inquieto até que descanse nele".[9]

Isso mesmo, a morada de seu coração é o coração de Deus. Ele pôs em seu interior um desejo por ele, um desejo para conhecê-lo. Toda alma sente o vácuo e o vazio até que se conecte com o seu criador.

> Como a maré na praia arredondada,
> Quando a lua é quase nova e esguia,
> Em nosso coração altos anseios
> Vêm e jorram e se lançam —
> Vindos do oceano místico
> Cuja borda nenhum pé pisou —
> Alguns de nós chamam isso de anseio,
> E outros, de Deus.[10]

Prazeres e tesouros na Terra podem ser procurados sem que os encontremos, mas apenas Deus vem com a garantia de que *será* encontrado. "Vocês me procurarão e me acharão quando me procurarem de todo o coração. Eu me deixarei ser encontrado por vocês', declara o Senhor, 'e os trarei de volta do cativeiro" (Jr 29.13,14). Oba, sem exílios! Sem estrangeiros em terra estrangeira! Deus nos garante que "Eu me deixarei ser encontrado por vocês".

Mais especificamente, ele será encontrado em Jesus Cristo. Deus ilumina nosso coração e nossa mente, quando sinceramente buscamos a verdade, e revela Jesus, a foto da imagem de Deus que habita na luz inacessível. Jesus é a fonte do eco espantoso e da canção celestial. Jesus é Deus com a face humana. Ele é real, não abstrato. Ele nos convida a fazer o que não podemos fazer com o incompreensível — ele nos convida a beber e comer dele, como também a provar, e ver "como o Senhor é bom" (Sl 34.8).

> Toda minha vida suspirei
> Por beber do riacho claro.
> E esperava que saciasse o ardor
> Da sede em meu interior.
> Aleluia! Eu o encontrei
> Aquele por quem minha alma tanto anelou!
> Jesus satisfaz meus anseios —
> Por seu sangue fui salva.[11]

"Que Deus possa ser conhecido pela alma na experiência sensível, enquanto permanece infinitamente indiferente aos olhos curiosos da razão, constitui o maior paradoxo que pode ser descrito como 'trevas para o intelecto, mas luz para o coração.'"[12] Jesus é luz para o nosso coração. Não apenas para a nossa lógica, mas também para o nosso coração. Louvado seja Deus, pois *conhecemos* a resposta para os anseios de nosso coração: Jesus!

Os discípulos de Jesus, de início, não tinham tanta certeza de que aquele homem que estava no meio deles preencheria seus mais profundos anseios, portanto Filipe disse: "Senhor, mostra-nos o Pai, e isso nos basta". Jesus respondeu: "Você não me conhece, Filipe, mesmo depois de eu ter estado com vocês durante tanto tempo? Quem me vê, vê o Pai. Como você pode dizer: 'Mostra-nos o Pai'?" (Jo 14.8-9).

Nossos anseios são satisfeitos nele, pois o "Filho é o resplendor da glória de Deus e a expressão exata do seu ser" (Hb 1.3). Podemos conhecer Deus — nosso pai que está no céu — se conhecermos Jesus. E o êxtase é conhecê-lo, como desejaríamos conhecer um ser amado. Seu convite é para que participemos da alegria do Senhor, e isso é como subir em uma jangada e ser levado, sem auxílio, pela corrente, derramando e transbordando alegria. Por favor, observe que a alegria do Senhor não entra em nós, mas nós entramos na alegria dele, somos envolvidos por algo maior, algo mais abrangente do que nós, um "estar apaixonado" celestial em que não podemos fazer nada a não ser rir e desfrutar da aventura. Jesus sorri, estica seus braços e nos dá as boas-vindas para que entremos em sua jangada com as seguintes palavras: "E quem perde a sua vida por minha causa a encontrará" (Mt 30.39). Quando você participa da alegria do Senhor, o êxtase manifesta-se não apenas com o riso, mas com canções. A música, como também a poesia, é a linguagem mais do coração do que a prosa. Essa é a razão pela qual os compositores de hinos antigos que experimentavam o êxtase em relação a Deus *sempre* cantavam sobre o céu. Certamente, Charles Wesley estava enlevado quando escreveu a quarta estrofe de "Amor divino: o mais excelente de todos":

Termine a tua nova criação,
Para que sejamos puros e imaculados.
Deixa nos ver tua grande salvação,
Perfeitamente restaurados em ti:
Transformados de glória em glória
Até que no céu ocupemos o nosso lugar
Até que lancemos as nossas coroas diante de ti,
Imerso nas maravilhas, amor e louvor!

Meu rosto fica banhado em lágrimas na igreja quando canto essa última linha: o céu é um lugar e também uma pessoa em quem me perderei em maravilhas, amor e louvor. Meu coração insiste que eu cante quando o céu corre em minhas veias.

Face a face

Lembra-se quando disse que os amantes sempre se concentram na face daqueles que amam? Nessa face encontram o êxtase, ainda que passageiro? Eis aqui um teste popular para todos os românticos: na face de quem encontramos o êxtase duradouro? Talvez, uma boa sugestão abrangente e gloriosa esteja em Salmos 27.4, 8 "Uma coisa pedi ao Senhor; é o que procuro: que eu possa viver na casa do Senhor todos os dias da minha vida, para contemplar a bondade do Senhor e buscar sua orientação no seu templo. [...] A teu respeito diz o meu coração: Busque a minha face! A tua face, Senhor, buscarei". E se você precisar de um outro lembrete, veja Salmos 105.4: "Recorram ao Senhor e ao seu poder; busquem sempre a sua presença". Os pontos da eternidade convergem para a face do nosso Salvador. Não me surpreende que não apenas queira pintar em minha mente as faces dos amigos que amo, mas também a face de Jesus.

Como você já conseguiu a resposta para essa questão, esta próxima é fácil: quais são as coordenadas corretas para focar sua fé? A fé da qual falei até agora são apenas as lentes, os óculos através dos quais "os olhos do coração de vocês sejam iluminados" (Ef 1.18). A fé sobre a qual falei até aqui é apenas uma forma de ver e, portanto, de crer em algo. Mas essa não é a história toda.

As coordenadas corretas, nas quais temos de focar os olhos do coração, estão em Hebreus 12.2: "Tendo os olhos fitos em Jesus, autor e consumador da nossa fé". Jesus é a realidade divina que não vemos. Tudo encontrará seu futuro cumprimento divino nele. "Pois quantas forem as promessas feitas por Deus, tantas têm em Cristo o 'sim'", diz 2Coríntios 1.20. Isso significa *toda* promessa. O autor e consumador concebeu todo propósito divino invisível e planejou seu cumprimento para ser parte das maravilhas do céu "para que em tudo tenha a supremacia" (Cl 1.18).

Tudo, desde o pico Pikes até o meu quintal banhado pela luz da lua cheia — toda beleza que temos aqui não passa de sombra de algo muito bonito lá, pois sabemos "que toda a natureza criada geme até agora, como em dores de parto" (Rm 8.22). A natureza geme e anseia ser revestida com a beleza que o Criador tinha a intenção de originariamente lhe dar.

Não apenas este pequeno planeta coberto de pó encontrará cumprimento, mas, se Deus assim desejar, também aquela adolescente com seu vestido branco. Os iranianos do posto de gasolina. E a pequena garota asiática do cabeleireiro, pois "nós mesmos, que temos os primeiros frutos do Espírito, gememos interiormente, esperando ansiosamente nossa adoção como filhos, a redenção do nosso corpo" (Rm 8.23). Ele nos dará muito mais do que a inocência que tateávamos lá no jardim; ele nos atribui sua justiça. Há uma alusão ao nosso futuro cumprimento divino em 1João, pois um dia "seremos semelhantes a ele, pois o veremos como ele é" (3.2). Totalmente.

Buscar o céu é buscar a ele. Buscar a ele é encontrar o céu.

É simples assim. Se você buscar Jesus de todo o seu coração, você acabará por ter a mente voltada para o céu e poderá suspirar junto com o salmista, em Salmos 73.25: "A quem tenho nos céus senão a ti? E na terra, nada mais desejo além de estar junto a ti".

Entretanto, alguns dirão: "Um momento, há muitas outras coisas na Terra que eu desejo. Além disso, eu já conheço Jesus, sou salvo — há quinze anos —, mas ainda não fui seduzido pelas glórias celestiais lá do alto. Ainda não sinto saudades dos céus".

Mantenha o seu coração voltado para as coisas do alto

Há uma solução. Ela exige esforço e requer compromisso, mas pode ser a solução: "Portanto, já que vocês ressuscitaram com Cristo, procurem as coisas que são do alto, onde Cristo está assentado à direita de Deus" (Cl 3.1).

Esse versículo é uma ordem. Talvez achemos que essa ordem não seja tão necessária quanto outras da Bíblia, mas ela é. Quando consideramos que o primeiro e o maior mandamento é amar o Senhor de todo o coração e entendimento, isso significa que devemos voltar *todo o nosso ser* (isso é o que quer dizer "coração e entendimento") para as coisas do alto.

Meu coração é o berço de todo o tipo de apetite e afeição. O seu também, não é mesmo? Nosso coração tem fome, não de alimento, mas de todo o escopo das coordenadas erradas. Algumas vezes, a fome do nosso coração nos coloca em situações difíceis, e desejamos que pudéssemos refrear esses apetites. Você, porém, se surpreenderá ao saber quem nos dá esse desejo: "Lembrem-se de como o Senhor, o seu Deus, os conduziu por todo o caminho no deserto, durante estes quarenta anos, para humilhá-los e pô-los à prova, a fim de conhecer suas intenções, se iriam obedecer aos seus mandamentos ou não. Assim, ele os humilhou e os deixou passar fome. Mas depois os sustentou com maná, que nem vocês nem os seus antepassados conheciam, para mostrar-lhes que nem só de pão viverá o homem, mas de toda palavra que procede da boca do Senhor" (Dt 8.2-3).

O Senhor é aquele que nos faz ter fome. Ele é quem pôs esses anseios em nosso coração. De início, isso parece estranho. Será que Deus não sabe que essas "fomes", com freqüência, levam-nos a situações problemáticas?

Deus tem boas razões para colocar em nós um coração em que esses apetites cresçam rapidamente. No entanto, ele faz isso para nos testar e nos humilhar, para ver o que existe no âmago do nosso ser e ver se os seguiríamos ou não. De acordo com Deuteronômio, ele coloca diante da nossa vida todo um escopo de coisas que *poderiam* nos desviar, mas seu propósito é jamais nos tentar, mas apenas testar-nos para saber se acertaremos as coordenadas corretas. Sucumbiremos ao belo semblante do marido de nossa melhor amiga ou escolheremos o céu? Cobiçaremos aquele aparelho de uma loja caríssima ou desejaremos o céu? Vamos estourar o limite de quatro cartões de crédito para trocar o papel de parede, o carpete e as mobílias ou escolheremos investir no céu?

Ter fome é humano, mas saciar-se em Deus é fazer com que o seu coração caminhe para a frente, para o céu. Alimente-se dele em seu coração e você estará tirando aquele pé da lama terrestre e dará mais um passo que irá aproximá-lo da eternidade.

Admito que há uma luta constante para voltar o nosso coração para as coisas de cima. Sempre e sempre queremos mais. E onde pomos nossa cidadania, se no céu ou na Terra, é algo que será revelado pelas coisas que desejamos ardentemente. Se desejamos as coisas sensuais e insípidas da Terra, nossa alma reflete essa insipidez. Se desejamos elevar para encontrar cumprimento naquilo que é exaltado, nobre, puro e digno de louvor, apenas assim e só assim encontramos satisfação, riqueza e prazer.

No reino do céu, os grandes serão aqueles que voltarem o seu coração para Cristo e o amarem mais. Os grandes são aqueles que, assim que receberem o sinal de alerta do 'detector de morada' do coração — "Você se desviou!" — simplesmente voltam ao caminho.

Essa é a forma como quero viver. Quando leio: "Deleite-se no Senhor, e ele atenderá aos desejos do seu coração" (Sl 37.4), quero focar minha visão em Jesus, não na lista do meu coração. Percebo que o refrear os apetites do meu coração acentua minha solidão na Terra, mas tenho certeza de que estou destinada a ter prazer ilimitado nas esferas mais profundas do céu. Também sei que nada agora supre o padrão dos anseios do meu coração, e essa dor quieta, mais palpitante, leva-me a antecipar as glórias celestes do alto.

Para mim, o contentamento verdadeiro na Terra significa pedir menos nesta vida, pois mais está por vir na próxima.

A alegria piedosa é um grande ganho. Um ganho celeste. Pois Deus criou os apetites em seu coração e, logicamente, ele tem de ser a consumação dessa fome. Sim, o céu inflamará seu coração, se o foco da sua fé não for um local de mansões radiantes, mas uma pessoa, Jesus, pois é somente ele quem torna Jesus uma pátria.

Mantenha a sua mente voltada para as coisas do alto

Colossenses 3.1 é realmente um comando duplo. Não devemos apenas colocar nosso coração nas coisas do alto onde Jesus está assentado, mas também manter "o pensamento nas coisas do alto".

Isso é difícil. Nosso coração tem uma sombra de céu, mas não a nossa mente. E posso provar isso.

Vou dar um exemplo que ocorreu numa dessas semanas. Depois do estudo bíblico, algumas garotas ficaram por ali e começamos a conversar, enquanto tomávamos café. Talvez você pense que ficamos discutindo o encorajamento do apóstolo para manter nosso coração e mente nas coisas do alto, certo? Errado. Ao contrário, discutimos as vantagens do novo tubo de pasta de dente, simples e fácil de usar, com aquela tampa que tanto abre quanto desenrosca para facilitar o uso e a limpeza. Conversamos sobre a liquidação das lojas ou se a estratégia de propaganda de um remédio tinha a intenção de fazer com que mais pessoas consumissem calmantes ou não, e as últimas notícias sobre o que a primeira-dama andava fazendo.

Não há nada de errado nem imoral com esses pensamentos, mas não é de surpreender que Deus dissesse a Isaías: "'Pois os meus pensamentos não são os pensamentos de vocês, nem os seus caminhos são os meus caminhos', declara o Senhor. 'Assim como os céus são mais altos do que a terra, também os meus caminhos são mais altos do que os seus caminhos, e os meus pensamentos, mais altos do que os seus pensamentos'" (55.8-9). De qualquer maneira, não acho que Deus fique acordado a noite toda imaginando por que não há uma padronização dos plugues do mundo todo.

Os pensamentos de Deus são mais altos do que os nossos. E esse abismo precisa ser transposto. Meus pensamentos precisam se elevar aos lugares celestes em que Cristo está assentado. Isso significa muito mais do que, como uma menina bandeirante, ter pensamentos bons que são puros e reverentes. "Mantenham o pensamento nas coisas do alto" significa apenas pensar sobre as coisas do alto.

Isso me tocou não muito tempo atrás quando, durante uma visita à Itália, fomos à basílica de Roma. Na frente daquela catedral, que resplandecia devido ao mármore italiano, aos mosaicos e às estátuas, o altar não era o que esperava ver. Em vez dele, havia um grande trono. Ele foi confeccionado com madeira de um tom dourado escuro e era rodeado por nuvens e raios dourados. O sol penetrava pelas janelas do alto, inundando toda a área com tons acolhedores e belos. Isso soa cafona, mas, na verdade, era bastante inspirador. Foi uma agradável surpresa, apesar de ser uma esmaecida representação do verdadeiro trono da glória do céu.

Depois que voltei para casa, certa noite, pensei sobre o trono da basílica enquanto estava deitada na cama. Ele não se parecia em nada com o trono retratado em Daniel 7.9: "E um ancião se assentou. [...] Seu trono era envolto em fogo, e as rodas do trono estavam em chamas". Tentei retratar a coisa real, e isso tornou-se um maravilhoso exercício para manter minha mente nas coisas do alto. A imagem terrena do trono foi engolida pelas chamas e, para minha mente, parecia um pouco com o filme *Guerra nas estrelas*. Então, voltei a minha atenção para o versículo que diz: "Entronizado entre os louvores" (Sl 22.3; ARA).

Decidi *pensar* apenas sobre isto: entronizado entre os louvores das pessoas. Em que cada junta e perna estão representadas: "Digno é o Senhor", ou: "O Senhor é santo", ou: "Seu nome é maravilhoso", e muitos outros. Imaginei a alegria de Deus enquanto ele reclinava nesses louvores. Não o deleite da variedade de seu jardim, mas o riso cheio de alegria, o riso daquele que "habita nos céus" (Sl 2.4). Não demorou muito, e eu estava rindo despreocupada. Elevei-me com Cristo às alturas celestes; depois, caí prostrada e o louvei por dar-me acesso ao santuário interno, como também a honra de poder erguer-lhe um trono de louvor.

Essa é uma mente muito orientada para o céu? De forma alguma. Quando a minha mente considera as escrituras, como também os seus símbolos do céu, a fé cresce. Aquele período de contemplação ajudou-me a tirar um pouco mais o pé da lama da Terra, tornando meu coração um pouco mais leve, e minha mente, mais pura.

Manter a mente em Cristo significa não apenas a contemplação do divino no céu, mas do divino na Terra. Pense sobre Jesus e apenas nele, medite sobre Filipenses 4.8 e pense sobre "tudo o que for verdadeiro, tudo o que for nobre, tudo o que for correto, tudo o que for puro, tudo o que for amável, tudo o que for de boa fama, se houver algo de excelente ou digno de louvor" em relação a Cristo. Retrate Jesus abençoando as crianças e mostre a ele em oração o quanto você o acha gracioso e gentil, como ele foi gentil ao tomar o bebê dos braços da mãe, embalá-lo e beijar suas bochechas. Pense nele fazendo carinho no cabelo de um menino ou estendendo as mãos para uma criança para abençoá-la. Como Jesus é nobre e sensível. Pense nele buscando alcançar os outros para curar a hemorragia de uma mulher. Como Jesus é suave e compassivo. Pense nele virando a face de aço na direção dos impostores religiosos e posicionando-se contra o pecado. Como Jesus é majestoso e santo. E como você muda depois desses pensamentos.

É exatamente aí que o amor entre você e Deus realmente se estrutura. Pois, lembre-se, ele também está pensando em você. Salmo 139.17-18 diz: "Como são preciosos para mim os teus pensamentos, ó Deus! Como é grande a soma deles! Se eu os contasse, seriam mais do que os grãos de areia". O Filho, quando se humilhou para se tornar mais compreensível ao nosso cérebro do tamanho de um grão de ervilha, tornou disponível os pensamentos do Pai. Na Bíblia, Jesus nos deu seus pensamentos, e, quando nos apegamos a ele e às suas idéias, temos "a mente de Cristo". Depois, e apenas depois, podemos ser levados ao céu.

O céu e Deus... Deus e o céu

Pensar sobre o céu é pensar sobre Jesus. Buscar o céu com o seu coração é buscar Jesus.

Não estou utilizando uma licença poética. Não estou sendo preguiçosa na interpretação da Bíblia. O céu e Deus estão intimamente entrelaçados, e a busca de um é a busca do outro. Mateus 23.22 diz: "E aquele que jurar pelos céus, jura pelo trono de Deus e por aquele que nele se assenta". Se você jurar pelo céu, estará jurando por Deus. O céu é o local em que Deus *está*, e você pode se referir a um ou ao outro e estar fazendo referência a ambos.

Sempre que as escrituras se referem ao reino do céu, o significado é o reino de Deus. John MacArthur explica:

Essa é uma outra maneira para expressar Deus. No período entre o Antigo e Novo Testamentos, os judeus nunca utilizaram o nome de Deus [...], pois pensavam que ele era muito santo para estar em nossos lábios. O céu era uma das palavras utilizadas para substituir o nome de Deus. Em vez de dizer: "Eu adoro a Deus", eles diziam: "Eu adoro o céu". Em vez de dizer: "Rogo em nome de Deus", diziam: "Rogo em nome do céu". Entrar no reino do céu é entrar no reino de Deus.[13]

O Rei do céu quer que percebamos essa íntima ligação que existe entre o lugar e a pessoa. Quando o nosso coração se derrama diante de Deus e quando a nossa mente pensa nele, o lugar e a pessoa não mais parecem estar separados. "Deus nos ressuscitou com Cristo e com ele nos fez assentar nos lugares celestiais em Cristo Jesus" (Ef 2.6). Fantástico! Quando compreendemos nossa posição em Cristo, começamos a captar nossa posição nas regiões celestiais. Nós *já* estamos *sentados* com Cristo nas regiões celestiais. Não estou falando sobre projeção astral nem sobre nada assombroso. Não estamos realmente ainda no céu, o lugar. Mas *estamos* nas regiões celestiais, pois essa é a esfera em que vivemos sob o governo de Deus e a benção de seu Espírito. Estamos sob o domínio do Rei do céu. Esse Rei está em nosso meio, e o seu reino está dentro de nós. Todas as placas de sinalização apontam para lá *e* para cá. Todas as placas de sinalizações levam a ele, pois todas elas provêm dele.

Utilize seus olhos da fé aqui. Essa é uma outra daquelas realidades divinas invisíveis. "Mas vocês chegaram ao monte Sião, à Jerusalém celestial, à cidade do Deus vivo. Chegaram aos milhares de milhares de anjos em alegre reunião, à igreja dos primogênitos, cujos nomes estão escritos nos céus" (Hb 12.22-23). Por que o autor fala como se todos já tivessem chegado no céu? Bem, como disse em um capítulo anterior, *talvez* tenha algo a ver com o tipo de tempo no qual o céu existe, ou com a próxima e nova dimensão de mansões e ruas de ouro. Deus, muito provavelmente, que quer sua mente fique instigada e seu coração bata com empolgação por algo já conquistado, uma antecipação muito próxima do céu. Não é dessa maneira que os forasteiros em solo estrangeiro se sentem em relação a sua pátria?

Viva como se o céu fosse uma realidade e você sentirá o odor da fragrância celestial da pessoa na qual se tornará. Sua vida terá intensidade e profundidade. Você se sentará para se do auto-examinar e compreenderá que, por meio de sua palavras e ações, está fazendo da Terra um mundo melhor. A sua fé inspirada no céu lhe dará alegria e paz sem ostentação nem tumulto. Acima de tudo, você começará a se sentir em casa. Você começará a ver o nosso Pai que está no céu não como alguém incompreensível, mas como Jesus o vê: Aba Pai. Papai.

A morada é onde o papai está.

Vamos para casa

Gosto da Terra. Mas o meu coração bate pelo céu.

Calabasas, Califórnia, é muito agradável, mas fica ofuscada à luz das regiões celestes. Minha casa é muito boa, mas meus instintos caseiros, com freqüência, fazem com que eu leve uma cadeira até a varanda da frente para cobrir meus olhos e examinar "a terra que se estende a perder de vista. Ah, eu tenho uma gloriosa saudade do céu, penetrante e aguda. Sou estrangeira em terra estrangeira, uma pessoa deslocada com uma dor fervente e apaixonada que é, ó, tão satisfatória. Os gemidos são uma benção. Que doçura sentir saudade do céu, pois o "anseio satisfeito agrada a alma" (Pv 13.19).

Isso jamais foi tão bem simbolizado quanto em um retiro recente, para as famílias de crianças deficientes, que ajudei a liderar. Depois de uma semana de trilhas com cadeiras de rodas, estudos bíblicos, artes e artesanatos, escutei enquanto o microfone passava de uma família a outra. Cada um dos testemunhos emocionados relatava como aquele período fora tão magnífico para eles. Alguns falaram sobre encontrar novos amigos. Outros sobre os jogos, as músicas e as trilhas. Outros disseram que gostariam que aquela semana se prolongasse indefinidamente.

Depois, o pequeno garoto ruivo e sardento, Jeff, levantou a mão. Ele tinha síndrome de Down e conquistara o coração de muitos adultos naquele retiro. As pessoas ficaram cativadas por seu sorriso contagiante e seu espírito alegre. Todos se inclinaram para frente a fim de escutar suas palavras. Jeff pegou o microfone e foi breve e doce quando vociferou: "Vamos para casa!" Ele sorriu, inclinou a cabeça e devolveu o microfone. Todas as famílias riram.

A mãe do garoto me disse mais tarde que Jeff, embora estivesse totalmente envolvido com as festividades daquela semana, sentia muita falta de seu papai que ficara em casa.

Eu me identifico com Jeff. As coisas deste mundo são bastante agradáveis, mas será que *realmente* desejaríamos que ele continuasse indefinidamente como está no momento? Acho que não. As coisas agradáveis desta vida são meramente presságios das coisas maiores e mais gloriosas que ainda estão por vir. Deus não gostaria que confundíssemos este mundo com nossa morada permanente. Foi C. S. Lewis que disse algo sobre, em nossa jornada para o céu, não confundir as hospedarias agradáveis com a nossa casa.

Sinto saudades da minha casa.

Sinto saudades de Deus.

Notas

1. Essa idéia é de Harry Blamires. *Knowing the truth about heaven and hell.* Ann Arbor, Mich.: Servant Books, 1988. p. 111.
2. Jerry Leiber; Mike Stoller. "Is that all there is?" © 1966. Jerry Leiber e Mike Stoller Music. Direitos reservados. Usado com permissão.
3. Kreeft. *Heaven.* p. 44.
4. Lewis. *Weight of glory.* p. 12.
5. As idéias desses três parágrafos foram tiradas de C. S. Lewis, *The four loves.*
6. Sharalee Lucas. "I see Jesus in you". Nasville: Rambo-McGuire Music, 1986. Usado com permissão.
7. Lewis. *Weight of glory.* p. 15 (Peso de Glória, Edições Vida Nova).
8. Idéia de Santo Agostinho. *Ennarationes em Psalmos 127.9.*
9. Santo Agostinho. *Confessions* I.I.
10. William Herbert Carruth. "Each in his own tongue" (domínio público).
11. Clara T. Williams. "Satisfied" (domínio público).
12. A. W. Tozer. *The knowledge of the holy.* São Francisco: HarperCollins, 1992. p. 15.
13. John MacArthur. *Heaven.* Panorama City, Ca.: Grace to You, 1987.

7
O céu: a pátria do amor

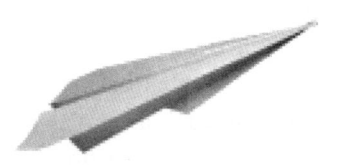

Quando se está apaixonada, a espera é difícil.
Isso é tão verdade hoje quanto há dois mil anos. Podemos perguntar a Judith, uma jovem servente judia, que morava nas montanhas para lá de Jerusalém, e a Nathaniel, que cresceu naquela cidade.

Para Judith, o romance começou muito antes de seu contrato de casamento com Nathaniel. Quando eles se encontraram, ela era apenas uma garotinha que retirava água de um poço fora dos muros da cidade de Jerusalém, e os sorrisos que trocaram chamou a atenção de seus pais. Os anos passaram, a amizade deles cresceu, e não demorou muito até que a família de Judith e Nathaniel celebrassem alegremente aquele casamento. Os pais tomaram a decisão, e Judith e Nathaniel concordaram com ela. Aquele era o costume. Aquela era a maneira judia.

Os sinos que anunciavam o casamento começaram a tocar para os dois assim que Nathaniel deu o primeiro passo. Ele, certa manhã, saiu de sua casa em Jerusalém e viajou até o vilarejo em que Judith morava, para falar com o pai dela sobre o contrato de casamento. À medida que se aproximava da casa dela, as palmas de suas mãos começaram a ficar molhadas de suor — a tradição judia via o contrato de casamento com mais importância do que o próprio casamento!

Ele sabia que havia duas coisas a discutir em relação ao estabelecimento da aliança do contrato de casamento. Primeiro, pediria ao pai a mão de Judith em casamento. Depois, negociaria o valor para assegurar à sua noiva um dote que mostrasse à família de Judith, que ele, Nathaniel, tinha os meios para cuidar apropriadamente dela. Ele amava Judith tanto que estava pronto e disposto a empenhar uma grande soma — ele e seu próprio pai já haviam conversado sobre o assunto e ambos concordaram que Judith valia qualquer que fosse o valor pedido.

Naquela manhã, Nathaniel não ficou desapontado. O pai de Judith estava feliz em dar a mão de sua filha em casamento e houve um acordo sobre o dote. Nathaniel comprou alegremente sua nova noiva e o contrato de casamento foi selado. Naquela tarde, em uma cerimônia formal, a noiva e o noivo confirmaram sua aliança ao beber juntos uma taça de vinho. Esse era um belo símbolo da aliança de casamento, e a família de Judith distribuiu abraços, beijos e lágrimas por todo o recinto. Nathaniel e Judith, naquele momento, estavam oficialmente casados, uma união que não poderia ser dissolvida exceto pelo divórcio. Entretanto, haveria um longo período antes que eles realmente morassem juntos.

Nathaniel, cheio de alegria pela antecipação, desculpou-se depois e voltou para a casa do pai. Quando Judith viu seu noivo partir, percebeu que ambos tinham muito trabalho a realizar antes que estivessem prontos. Nathaniel retornava à casa do pai para preparar um local para que eles morassem. Ela sabia que ele construiria um anexo agradável e amplo na casa onde viveriam, debaixo do mesmo teto que a família de Nathaniel. Muito provavelmente, demoraria um ano todo antes que o noivo retornasse e a levasse para sua casa. Ela mal podia esperar!

Semanas e meses se arrastavam naquele período de espera da noiva, mas Judith sabia que ele seria fiel à sua promessa. Ela se ocupou, reunindo itens para a sua nova casa, aprendendo tudo o que poderia aprender para ser uma boa esposa e sonhando de olhos abertos sobre como a vida de casada seria. Em momentos de privacidade, porém, quando estava sozinha em seu quarto, ansiava por Nathaniel. A separação entre eles parecia interminável.

Certa manhã, Judith acordou e percebeu que quase um ano havia se passado. Sabia que Nathaniel voltaria para ela a qualquer momento. Sabia que ele e seus padrinhos viriam buscá-la à noite. Aquele era um outro costume. Que noite? Ela não tinha a menor idéia, e aquilo fazia com que tudo ficasse ainda mais divertido. Judith espalhou a notícia para suas damas de honra, a fim de que estas estivessem prontas para qualquer eventualidade.

Certa noite, depois do jantar, apoiada no parapeito da janela, Judith ouviu uma voz leve a distância: "O noivo está vindo! Ele está vindo!" O momento havia chegado! Ela correu para reunir as coisas que havia empacotado e, o tempo todo, tinha a esperança de que suas amigas no vilarejo também tivessem escutado os gritos. Enquanto isso, Nathaniel estava marchando em direção ao vilarejo com seus amigos, em uma procissão iluminada por tochas. À medida que mais espectadores reconheceram que a festa de casamento estava prestes a ser iniciada, eles assumiram o chamado da celebração e espalharam as boas novas, passando a novidade de quarteirão em quarteirão. O noivo estava a caminho!

As damas de honra escutaram o alerta e apressaram-se para a casa de Judith para ajudá-la a vestir o vestido de noiva. Alguns momentos depois, a procissão à luz das tochas parou do lado de fora da casa dela. Judith, pela janela, olhou para fora. As lâmpadas de óleo lançavam jatos de luz à medida que as mechas balançavam na extremidade das estacas, seguradas no alto. As damas de honra escutaram as risadas e cantigas na rua debaixo e começaram a cantar uma canção de autoria delas. Ela deu mais uma olhada de relance no espelho de metal polido antes que ela e sua família saíssem para encontrar Nathaniel e seus padrinhos.

Assim que Judith pôs o vestido de noiva, ela saiu para a rua, e a festa de casamento encheu-se de alegria. Nathaniel, em meio aos cantos e risos, pegou a mão dela, e, juntos, com todos os outros que estavam ali na festa, caminharam à luz das tochas de volta para a casa do pai de Nathaniel, onde os convidados já os esperavam. Quando chegaram, Judith e Nathaniel saudaram os convidados e deram as boas-vindas a todos que participavam do banquete de casamento. Finalmente, chegara o momento de consumar o casamento. Assim, após se desculparem, foram para o quarto nupcial. Enquanto os padrinhos e as damas de honra esperavam lá fora, Nathaniel pegou a mão de sua amada, e eles entraram sozinhos no quarto nupcial. Na privacidade daquele cômodo, ele a pegou em seus braços, beijou-a e, depois de algum tempo, deitou-se com ela na cama, cumprindo a aliança que haviam feito no ano anterior. Para os dois, esse era o momento de êxtase, e o longo período de espera apenas fez com que as intimidades fossem mais doces e mais agradáveis.

Nathaniel, depois de algum tempo, saiu do quarto nupcial e anunciou a consumação do casamento a todos que estavam presentes àquela celebração. A notícia se espalhou como um rastrilho de pólvora para todos os outros convidados que estavam à mesa do banquete, e os verdadeiros festejos e celebrações tiveram início — em toda a rua em que Nathaniel morava, para cá e para lá, houve dança, música e riso. Durante todo esse tempo, entretanto, Judith permaneceu no quarto nupcial. Esse também era um costume judeu, conhecido como os "dias de esconder". Mas no fim do sétimo dia da festa de casamento, o noivo foi buscar a noiva, que saiu do quarto nupcial sem o véu. "Por favor, saúdem a esposa do noivo", anunciaram os amigos de Nathaniel, e todos aplaudiram freneticamente o novo casal.

Os dois ansiaram por aquele momento toda a vida e, daquele dia em diante, Nathaniel e Judith viveram felizes para sempre.[1]

Olhe o noivo!

Contei essa história que descreve o antigo costume judeu de contrato de casamento não para dar uma lição de história, mas uma lição espiritual. O romance entre Judith e Nathaniel está repleto de símbolos gloriosos para você e para mim que esperamos pelo céu. Símbolos que explicam por que eu anseio pelo meu Salvador e realmente sinto *saudades* dele. João 3.29 nos diz que a "noiva pertence ao noivo" e, de forma distinta do que acontece nos casamentos modernos, eu sou posse dele. Minha vida está "escondida com Cristo em Deus" (Cl 3.3), e quem eu sou não aparecerá até que ele apareça. Minha vida está envolvida por aquele que me redimiu. Redimiu-me em *amor*, portanto, naturalmente lamentarei por ele e sentirei saudades de estar com ele, especialmente quando sei onde ele está e o que está fazendo: "Na casa de meu Pai há muitos aposentos; se não fosse assim, eu lhes teria dito. Vou preparar-lhes lugar. E se eu for e lhes preparar lugar, voltarei e os levarei para mim, para que vocês estejam onde eu estiver" (Jo 14.2-3).

Essas palavras são de um ser amado. O amante de minha alma. Talvez, em algum momento, o significado desse versículo tenha me escapado, mas quando o percebi no contexto de Jesus como o noivo, e eu como a noiva, comecei a arrumar o meu enxoval e a preparar-me para partir.

Meu amor pelo céu fica inflamado, pois sei como ele se sente a meu respeito: "O Senhor terá prazer em você [...]; assim como o noivo se regozija por sua noiva, assim o seu Deus se regozija por você" (Is 62.4-5). Pondere sobre isso um momento. Ele se *regozija* por você, e não profira essa palavra como um santo de gesso e em tom de voz que não denota surpresa alguma. Ela transmite uma alegria que dá vontade de pular de punhos cerrados, jogando a cabeça para trás e erguendo os braços, e gritar em voz alta: "Regozije!" Jesus transborda de amor sincero por você quando diz em Cântico dos Cânticos 2.14: "Mostre-me seu rosto, deixe-me ouvir sua voz; pois a sua voz é suave e o seu rosto é lindo". Esse é um Deus apaixonado.

Não é uma questão de palavras doces. Não. Ele deu sua vida como dote, e a cruz demonstra-me que ele e seu pai concordaram com esse preço exorbitante. Toda vez que bebo o vinho da ceia, lembro-me da aliança entre mim e o noivo. E prometi a ele que beberia daquele cálice em sua lembrança até que ele volte.

Até que ele volte. Essa é a parte difícil.

Esperar é muito difícil. É ainda mais difícil quando você ama alguém.

Algumas vezes, eu, como a Judith da história, encontro-me apoiada no parapeito da minha janela do tempo pensando: Quando? Ó, quando ele retornará? Isso me faz refletir sobre todos os outros símbolos do casamento entre Judith e Nathaniel. Será que os gritos na cidade representam o grito do arcanjo anunciando a vinda de Cristo, o noivo (1Ts 4.16)? Será que a chegada repentina da festa de casamento significa que ele nos surpreenderá como um ladrão à noite (Mt 24.42-44 e 1Ts 5.2)? Jesus nos dá um vislumbre disso em Apocalipse 16.15 quando ele diz: "Eis que venho como ladrão! Feliz aquele que permanece vigilante".

E quanto à noiva e aos padrinhos que esperam na rua? Será que esse é o símbolo do Senhor nos arrebatando de nossos lares para nos encontrar nas nuvens? Pois "os mortos em Cristo ressuscitarão primeiro. Depois nós, os que estivermos vivos seremos arrebatados com eles nas nuvens, para o encontro com o Senhor nos ares" (1Ts 4.16-17). Há algumas pessoas que dizem que a festa das bodas do Cordeiro será celebrada durante os sete anos de tribulação. E, assim como o noivo trouxe a sua noiva após os sete "dias de esconder", também, depois dos sete anos de tribulação, Cristo voltará com a sua noiva e derrotará seus inimigos e estabelecerá a sua morada na terra. Será que esse é o significado que há por trás desses símbolos?

Não sei. E não preciso saber. A minha responsabilidade como aquela que fez um contrato de casamento é estar preparada e esperar.

Esteja preparada... a noiva pura e imaculada

Quero ver a face de meu Salvador. Você pode não perceber isso, mas isso é o também quer. Nós queremos ver. Achamos difícil descansar confortavelmente em um relacionamento — com Deus, com qualquer pessoa —, quando não podemos ver a face daquele que adoramos. Essa é a razão pela qual eu retrato em minha mente a face dos amigos com os quais de fato me preocupo, especialmente quando estou longe deles. A essência de quem eles são está nos olhos, na boca e no sorriso. A face é o ponto focal da personalidade quando se trata de um casal de noivos, a intimidade total entre um homem e uma mulher acontece face a face. Quando a Bíblia fala dos anseios por Deus, ela fala em termos de querer ver sua face. O salmista pede a Deus: "Faça resplandecer o seu rosto sobre nós" (Sl 67.1); e: "Não escondas de mim o teu rosto" (Sl 102.2). Por fim: "Feita a justiça, verei a tua face; quando despertar, ficarei satisfeito ao ver a tua semelhança" (Sl 17.15).

Sustentar o olhar de Deus é encontrar amor, aceitação e satisfação.

Bem, sim e não.

Há ainda um espesso escudo entre Deus e nós. Não podemos ver o que o nosso coração anseia, pois Deus, conforme 1Timóteo 6.16 afirma, "habita em luz inacessível, a quem ninguém viu nem pode ver". Quando Moisés pressionou Deus para ver sua face, ele certamente teria ficado satisfeito se usasse óculos espessos, com filtro solar, e desse uma rápida espiada em Deus pelo vão dos dedos. Mas não, Moisés teve permissão apenas para vislumbrar as costas da glória, pois Deus alertou: "Minha face ninguém poderá ver" (Êx 33.23). Deus não disse isso por que não havia nada para Moisés ver; disse porque sabia que sua luz o mataria. Nenhum homem pode ver Deus e viver. A glória radiante de Deus teria extinguido Moisés numa fração de segundo.

Mesmo quando Isaías "viu" o Senhor exaltado em um trono, ele não olhou a face Deus. Apenas teve um vislumbre da extremidade do esplendor de Deus. A visão fez com que Isaías ficasse tão desesperado com seu pecado, que gritou: "Ai de mim! Estou perdido! Pois sou um homem de lábios impuros" (Is 6.5).

O pecado é o problema. O pecado é mais do que um espesso escudo que existe entre Deus e nós, e o reconhecimento de nossas iniqüidades não faz com que ele se afaste. Por mais que confessemos nossa imensidão de pecados, isso não nos possibilitará ver a Deus. Isso está de trás para frente. Não temos a menor noção da natureza hedionda de nosso pecado até que possamos ter um vislumbre do esplendor de Deus, e, a seguir, as palavras saem de nossa boca: "Ai de mim!" Quanto mais próximo o apóstolo Paulo chegava de Deus, mas ele clamava: "Eu sou o pior dos pecadores". Costumava pensar que isso que Paulo dizia era algo pomposo, uma ostentação, mas já não acho a mesma coisa. Esse é o clamor dos santos sensibilizados pelo pecado.

Nosso anseio para ver Deus é um anseio, quer saibamos disso quer não, para ver nossos pecados expostos e limpos por Deus. Assim como a culpa faz com que uma criança evite a face do pai e se esconda de vergonha, nosso mais profundo desejo é sermos limpos, livres e transparentes diante do Pai. E isso não acontecerá até que vejamos sua face.[2]

Este é um paradoxo estimulante. Desejamos ver a face de Deus, mas encolhemo-nos quando vemos a face dele. Somos limpos de nosso pecado, mas ainda continuamos maculados. Somos justificados diante de Deus, mas ainda temos quilômetros de santificação à nossa frente antes de dormirmos no Senhor. Nós estamos na casa de Deus, mas não chegamos ainda à morada. Nossos olhos foram abertos, mas apenas podemos ver através de um vidro esfumaçado. Isso é frustrante!

Essa é a razão pela qual é muito difícil alimentar sentimentos fortes sobre o céu. Você e eu vamos para o céu para participar de um casamento? Do nosso casamento? "E a sua noiva já se aprontou. Para vestir-se, foi-lhe dado linho fino, brilhante e puro" (Ap 19.7-8; "O linho fino são os atos justos dos santos"). Atos justos! Olhamos para baixo e vemos manchas e sujeiras no nosso vestido de noiva, as costuras estão rasgando, e também faltam algumas pérolas e colchetes. Não é de admirar que nos acovardemos com a idéia de ver o nosso noivo.

É possível ter sentimentos engraçados sobre o casamento celeste, mas eu realmente senti dessa forma em meu casamento terreno.

Na manhã do grande dia, minhas amigas deitaram-me no sofá do salão da noiva da igreja para me vestir. Elas me puxavam e gemiam para virar meu corpo paralisado deste lado e daquele, e ajustaram em meu corpo aquele enorme e desengonçado vestido de casamento. Quando voltei para minha cadeira, um dos encarregados de receber as pessoas trouxe a notícia de que os convidados já estavam sentados e era hora de entrar. Fomos para as portas de vidro da igreja, que se abriram, e a explosão do órgão nos deixou arrepiadas.

Eu, um pouco antes da marcha nupcial tocar, dei uma olhada em meu vestido de noiva. Acidentalmente, passara com a roda por cima da barra, havia ali uma marca das rodas. Meu buquê de margaridas não estava exatamente no meio do meu colo, pois minhas mãos paralisadas não podiam segurá-lo. Nem todos os espartilhos e ligas poderiam fazer com que meu corpo tivesse uma forma perfeita. O vestido não me caía muito bem. Era um vestido drapejado sobre uma estrutura de metal, cobrindo a roda, mas mesmo assim a caída era desigual, e ele se avolumava. Minha cadeira foi ornamentada para ficar o mais elegante possível, mas continuava sendo aquela coisa grande, cinzenta e desajeitada, com tiras, barras e aros com esferas de metal, como sempre fora. Eu não era a noiva perfeita como as que aparecem nas revistas.

A última dama de honra começou a entrar no corredor da igreja, e eu aproximei minha cadeira do último banco para ver Ken lá na frente. Eu o vi esperando, ereto, e, em seu traje, parecia alto e majestoso. Ele esticava o pescoço para olhar o corredor. Estava me procurando. Fiquei ruborizada, e meu coração começou a bater acelerado. Repentinamente, tudo era bem diferente. Eu vi o meu amado. A forma como eu me apresentava já não tinha a menor importância. Tudo o que importava era chegar à frente da igreja para estar com ele. Eu *poderia* sentir-me feia e indigna, mas o amor que vi na face de Ken fez com que tudo isso desaparecesse. Eu era a noiva pura e perfeita. Era isso que ele via, e foi isso o que me transformou.

Tempos depois, quando já éramos casados há dez anos, perguntei-lhe: "O que você estava pensando no dia de nosso casamento?"

Sua resposta alegrou-me: "Acordei muito cedo naquela manhã, empolgado com o fato de que a veria vestida de noiva. E embora eu soubesse que haveria centenas de pessoas na igreja, saberia que meus olhos estariam voltados apenas para você. Na verdade, jamais esquecerei aquela maravilhosa sensação de quando a vi em sua cadeira no corredor. Você estava tão linda".

"Quer dizer que você não pensou muito sobre minha cadeira de rodas? Minha paralisia?"

Ele pensou por um minuto, e a seguir balançou a cabeça. "Não. Eu apenas pensei que você estava maravilhosa".

Nossa entrada no céu pode ser algo parecido com isso. Um olhar de Deus nos transformará. E a Terra é apenas o momento da prova do vestido.

Realmente, no momento em que vemos manchas e sujeira em todo o nosso ser, acovardamo-nos com o pensamento: *Ele jamais verá nada de agradável em mim*. Mas, mesmo assim, sofremos com a vontade de vê-lo. E, portanto, como a Judith da história, vivemos em esperança. Deus nos *encontrará* e ele não mais ficará para sempre fora do alcance de nossa vista. Nosso noivo deseja que ansiemos e busquemos por ele "enquanto aguardamos a bendita esperança" (Tt 2.13). E "todo aquele que nele tem esta esperança purifica-se a si mesmo, assim como ele é puro" (1Jo 3.3).

Denomina-se a isso de "estar preparado", todos vocês, os santos, em seu vestido rasgado de noiva, pois a graça do Senhor "nos ensina a renunciar à impiedade e às paixões mundanas e a viver de maneira sensata, justa e piedosa nesta era presente, enquanto guardamos a bendita esperança: a gloriosa manifestação de nosso grande Deus e Salvador, Jesus Cristo. Ele se entregou por nós a fim de nos remir de toda a maldade e purificar para si mesmo um povo particularmente seu, dedicado à prática de boas obras" (Tt 2.12-14).

Um dia, ele virá nos buscar e nos olhará nos olhos. Nós sustentaremos seu olhar. E todas as manchas e sujeiras do pecado serão purificadas e retiradas de nós apenas com um exame daqueles olhos. Isso é mais do que sonhávamos, mais do que ansiávamos.

> Aqui, ó meu Senhor, vejo-o face a face.
> Aqui, eu tocaria e manipularia coisas invisíveis;
> Aqui, agarre com a mão mais firme a graça eterna,
> E toda minha fadiga sobre o Senhor recostará.³

À espera do noivo

Podemos estar separados de nosso Salvador, mas isso não é razão para sentar-nos e matar o tempo até que ele venha. Jesus explica o que as noivas devem fazer enquanto esperam pelo noivo:

> O Reino dos céus será, pois, semelhante a dez virgens que pegaram suas candeias e saíram para encontrar-se com o noivo. Cinco delas eram insensatas, e cinco eram prudentes. As insensatas pegaram suas candeias, mas não levaram óleo. As prudentes, porém, levaram óleo em vasilhas, junto com suas candeias. O noivo demorou a chegar, e todas ficaram com sono e adormeceram.
>
> À meia-noite, ouviu-se um grito: "O noivo se aproxima! Saiam para encontrá-lo!"
> Então todas as virgens acordaram e prepararam suas candeias. As insensatas disseram às prudentes: "Dêem-nos um pouco do seu óleo, pois as nossas candeias estão se apagando".
> Elas responderam: "Não, pois pode ser que não haja o suficiente para nós e para vocês. Vão comprar óleo para vocês".
> E saindo elas para comprar o óleo, chegou o noivo. As virgens que estavam preparadas entraram com ele para o banquete nupcial. E a porta foi fechada.
> Mais tarde vieram também as outras e disseram: "Senhor! Senhor! Abra a porta para nós!"
> Mas ele respondeu: "A verdade é que não as conheço!"
> Portanto, vigiem, porque vocês não sabem o dia nem a hora!
> (Mt 25.1-13)

As virgens insensatas são aquelas que acham que o contrato de casamento é apenas uma grande apólice de seguro que lhes garante acesso ao casamento, sem que levantem um dedo para isso. As virgens prudentes compreendem que o contrato de casamento acarreta grandes responsabilidades. Elas reconhecem que são casadas, embora estejam separadas do noivo e, portanto, agem como se fossem casadas. Elas vigiam. Trabalham. Ficam alertas. Vêem o reino do céu como "uma pérola de grande valor", como o tesouro no campo que — rapidamente — tem de ser comprado e arado. Elas derramam seu coração nessa aliança de casamento. Em suma, agem como mulheres que são amadas e que estão amando. Antes que você se apresse para pressupor que isso significa *fazer* algo, lembre-se que significa *ser* alguém. Esperar é uma ocupação do coração. Esperar pelo Senhor é amá-lo com afeição vivaz e com apaixonado deleite. Esperar por ele é fixar os olhos nos pontos que convergem para a eternidade: Jesus.

O noivo nos convida a conhecê-lo intimamente. Jesus apresenta esse ponto sobre a intimidade de forma mais dramática em João 6.53-57: "Eu lhes digo a verdade: Se vocês não comerem a carne do Filho do homem e não beberem o seu sangue, não terão vida em si mesmos. Todo aquele que come a minha carne e bebe o meu sangue tem a vida eterna, e eu o ressuscitarei no último dia. Pois a minha carne é verdadeira comida e o meu sangue é verdadeira bebida. Todo aquele que come a minha carne e bebe o meu sangue permanece em mim e eu nele. Da mesma forma como o Pai que vive me enviou e eu vivo por causa do Pai, assim aquele que se alimenta de mim viverá por minha causa".

Não surpreende que essa linguagem tenha dispersado os seus discípulos. Mas lembre-se, ele, na verdade, está falando sobre a intimidade espiritual.

Bem, eu não começarei a me gabar e dizer que sou uma virgem prudente, mas, graças a Deus, tive alguma ajuda com esse assunto referente à intimidade espiritual. Minha cadeira de rodas. Fico cansada depois de um longo dia sentada nela e, portanto, na maioria das noites, tenho de me deitar por volta das sete e meia. Paralisada e deitada na cama, tenho todo o tempo do mundo para esperar por Jesus, focar os olhos do meu coração nas coordenadas celestes. Meu quarto é um local quieto e levemente iluminado. Sem música, sem televisão. O relógio faz seu tique-taque. Se há uma brisa lá fora, o vento repica e tilinta. Nosso cachorro, Scrappy, algumas vezes se enrola na beira da cama e ronca suavemente. Esse é um local onde não posso *fazer* nada... posso apenas *ser*. E escolho ser a virgem prudente que derrama o seu amor no contrato de casamento.

Pressiono meu coração para a direção do céu, talvez cantando ao Senhor uma canção apenas para que ele tenha o prazer de escutar. Talvez esta aqui...

> Amado com amor eterno,
> Levado pela graça para conhecer esse amor;
> Gracioso espírito do alto
> O Senhor me ensinou que é assim!
>
> Ó esta paz total e perfeita!
> Ó este êxtase todo divino!
> Em um amor que não pode cessar,
> Eu sou dele, e ele é meu.
>
> Coisas que já foram alarmantes
> Não podem agora perturbar meu repouso;
> Envolvido pelos braços eternos
> Apoiado no amoroso colo.
>
> Ó para sempre ali repousar
> Renunciar à dúvida e aos cuidados e ao eu
> Enquanto ele sussurra em meu ouvido,
> Eu sou dele, e ele é meu.[4]

Ken, depois de mais ou menos uma hora, deixará a sala para ver como estou. Algumas vezes, fica preocupado por eu estar só, ou quem sabe eu deveria dizer, por ter escolhido ficar só. Mas ele não precisa se preocupar. Ele descobre que me "vanglorio alegremente de minhas fraquezas" e me glorifico em minha enfermidade, grata, pois a paralisia permite que desfrute desse luxo: a maioria das mulheres que conheço, às sete e meia, ainda estão lavando roupa ou colocando um dos filhos na cama. Seu corpo saudável está trabalhando, enquanto o meu, paralisado, é forçado a repousar. O que mais há para eu fazer exceto... esperar?

Deitada ali, olhando para o teto, aperto meus olhos da fé para focar as realidades divinas invisíveis e o cumprimento futuro delas. Foco meu coração e mente nas glórias celestes do alto. E, na intimidade face a face, desfruto de meu contrato de casamento, aceito a palavra que ele me deu e "como a carne do Filho do Homem e bebo o seu sangue".

Alimentar-me dele? Eu provo e vejo "como o Senhor é bom", à medida que devoro as minhas escrituras favoritas (Sl 34.8).

Beber seu sangue? "As suas carícias são mais agradáveis que o vinho" em oração e em louvores (Ct 1.2).

Em pouco tempo, estou nas regiões celestiais, vendo-me de joelhos na sala do trono em que Jesus está sentado. Talvez, numa dessas noites, eu imagine que sou uma de suas servas aos pés de seu trono para servi-lo. Quem sabe, numa outra noite, eu me veja como uma companheira de intercessão dele, ajoelhada ao lado de meu Senhor, apoiada na rocha do jardim do Getsêmani. Outras noites ainda, sua irmã. Algumas vezes, sua filha. Se estou sendo atacada espiritualmente, vou até ele buscando-o como capitão das hostes celestiais.

Quando me relaciono com ele como amante de minha alma, cito alguns versículos em voz alta, de Cântico dos Cânticos, para o meu Senhor. Eu lhe digo que ele é "a flor de Sarom", "o lírio dos vales", "o mais belo entre dez mil". Esse é o meu amante, esse é o meu amigo, ó, mulheres de Jerusalém... "ele me levou ao salão de banquetes, e o seu estandarte sobre mim é o amor. [...] O seu braço esquerdo esteja debaixo da minha cabeça e o seu braço direito me abrace. [...] sustentem-me [...] revigorem-me [...] que estou doente de amor" (Ct 2.4-5;5.8), e depois talvez eu cante um outro hino de amor...

Ó, amor que não me deixa ir,
Repouso minha alma cansada em ti;
Devolvo a ti a vida que possuo,
Para que nas profundezas de seu oceano,
Ela possa fluir mais rica e mais plena.

Ó luz que segue todo o meu caminho,
Entrego minha tocha tremeluzente a ti
Meu coração restitui o raio emprestado
Pois em tua luz flamejante é dia
Mais brilhante e mais claro.[5]

Essa união espiritual íntima é uma via de dupla mão. Ocasionalmente, retrato Jesus sussurrando algo para mim, algo que o Pai lhe disse em Isaías 42.1: "Eis o meu servo, a quem sustento, o meu escolhido, em quem tenho prazer". A Terra é uma grande sessão pré-marital para o céu e Jesus, embora queira que o amemos apaixonada e sinceramente, faz muito mais do que isso, pois nos ama com um amor puro e fervoroso.

Em algumas noites, ele é o Pai que desce a trilha para me abraçar, a pródiga, antes que possa falar qualquer palavra de arrependimento. Em outros momentos, ele é aquele fazendeiro louco que me paga um dia inteiro de trabalho quando praticamente nem trabalhei. Em outras noites, ele é o Mestre que perdoa a mim, a mulher pecadora, antes que eu perceba que fiz algo errado. Ele é o Rei que me oferece um banquete abundante quando nem mesmo tenho consciência que estou mal nutrida. Esse é o Deus que nos ama de forma tão ativa e intensa que a maioria das pessoas diria que ele é louco.[6]

Enquanto o noivo está ausente

Conhecer Jesus dessa forma é maravilhoso, é como estar no céu, e quero dizer isso literalmente. Pois esta "é a vida eterna: que te conheçam, o único Deus verdadeiro, e a Jesus Cristo, a quem enviaste" (Jo 17.3). Vida eterna *é* conhecer Deus. Quando aprofundamos nosso relacionamento com Jesus, temos uma cabeça de vantagem em nossa vida eterna aqui na Terra. O céu já está acontecendo para nós.

Entretanto, há dois tipos de conhecimento. Pergunte às virgens prudentes e às insensatas. Se você perguntasse à virgem imprudente: "Você conhece Jesus?" Ela provavelmente diria: "Sim, eu dei meu coração a ele em um retiro em 1962, portanto estou salva e vou para o céu". Ela está lendo uma cláusula de sua apólice de seguro.

O que a virgem prudente responderia? "Sim, eu conheço Jesus. Dei minha vida a ele, como também desfruto de uma maravilhosa intimidade com ele na oração e por meio do estudo de sua Palavra. Deixe-me contar algumas das experiências que compartilhamos juntos... que tipo de pessoas ele é. Honestamente, passar algum tempo com ele é o ponto alto de meu dia."

O apóstolo Paulo conhecia Jesus e *sabia* quem Jesus era. Ele escreveu em Filipenses 3.8-9: "A suprema grandeza do conhecimento de Cristo Jesus, meu Senhor, por quem perdi todas as coisas. Eu as considero como esterco para poder ganhar Cristo e ser encontrado nele, não tendo a minha própria justiça que procede da Lei, mas a que vem mediante a fé em Cristo" — a justiça que vem de Deus e pela fé. Aqui, Paulo está falando a respeito de sua posição em Deus. Está falando que Deus está fazendo algo por ele em seu registro, quando pronunciou: "Você está perdoado". É maravilhoso ter esse tipo de posição correta (esse é o significado de justiça), mas há mais do que isso no conhecer Cristo.

Existe o fato da noiva/noivo. Esse é um tipo diferente de conhecimento. Paulo toca em um conhecimento mais profundo nos versículos seguintes: "Quero conhecer Cristo, o poder da sua ressurreição e a participação em seus sofrimentos, tornando-me como ele em sua Morte para, de alguma forma, alcançar a ressurreição dentre os mortos" (Fp 3.10-11).

Amo a palavra "conhecer". Estudiosos explicam que, nessa passagem, "conhecer" implica aprender sobre alguém por meio da profunda experiência pessoal. Esse é o mesmo tipo de intimidade a que o livro de Gênesis alude quando diz que Adão "conheceu" sua esposa, Eva. A experiência deles foi pessoal e profunda. Esse é um estágio do relacionamento que vai além do conhecimento mental. É também uma ilustração física do nível de intimidade espiritual que Deus deseja ter conosco, algo ainda mais profundo e pessoal.

Deus, quando ele nos posiciona em Cristo, cobre o fim de seu relacionamento conosco. Esse posicionamento é sua responsabilidade para que nos torne aptos para o céu. Na Terra, à medida que experimentamos as profundezas do conhecer a Deus, cobrimos o fim de nosso relacionamento. Essa experiência é nossa responsabilidade para que nos ajustemos ao céu. Isso foi o que as virgens prudentes fizeram enquanto esperavam.

Exatamente nesse momento, o noivo está ausente. Mas, ó, mal posso esperar pelo dia quando romper as barreiras e vir a face de Jesus e, de uma vez por todas, *conhecê*-lo. Passar através dele, unir-me com ele e recebê-lo para compartilhar de sua natureza divina. Ser subjugada, arrebatada e apanhada em alguém grande e glorioso que esteja além de mim mesma. Ser contaminada e envolvida por sua alegria. E não mais estar escondida com Cristo em Deus, mais ser virada do avesso e, com ele, aparecer com a face descoberta. Por um tempo, ficar parada em êxtase celestial no qual esqueço de mim mesma, mas, ainda assim, encontro a mim mesma. Como o carro de fogo de Elias, ser arrebatada para o banquete de casamento!

"Como a corça anseia por águas correntes, a minha alma anseia por ti, ó Deus. A minha alma tem sede de Deus, do Deus vivo. Quando poderei entrar para apresentar-me a Deus?" (Sl 42.1-2).

O presente de casamento

É comum que os recém-casados troquem presentes. E eu imagino que, quando por fim vir meu Salvador, meu presente para ele serão todas as pequenas obediências terrenas que lhe ofereci como evidência do meu amor. Ele disse: "Se alguém me ama, obedecerá à minha palavra" (Jo 14.23), e tenho certeza de que essas miudezas brilharão e lançarão raios de luz como os diamantes.

Mas o que ele nos dará?

Ele nos dará a alegria do céu. Isaías 35.10 é um vislumbre desse presente: "Entrarão em Sião com cantos de alegria; duradoura alegria coroará sua cabeça. Júbilo e alegria se apoderarão deles, e a tristeza e o suspiro fugirão". Ter minha cabeça coroada com a alegria duradoura é uma dessas imagens terrenas que parece distorcida, mas eu não me importo. As pessoas que são arrebatadas em êxtase não se preocupam com essas coisas. Basta dizer, é um presente. Um presente que coroa.

Examine o presente comigo por um momento. A alegria é um fruto do espírito, e isso significa que tem em si a essência da eternidade. Quando a alegria nos arrebata, ela sempre parece nova, como uma surpresa. E, ao mesmo tempo, parece antiga, como se sempre tivesse estado ali. A alegria tem em si um elemento atemporal, eterno. Prazer e contentamento podem ir e vir, mas a alegria parece permanecer. As sensações de contentamento não têm nada daquele ar de eternidade que a alegria tem. E isso porque a alegria, em sua essência, é de Deus. Ele é o Senhor da alegria.

A alegria, quer seja experimentada nas sombras aqui, quer na luz ali, é dinâmica. Ela não pode ficar estagnada nem ser refreada. A alegria flui. Na verdade, ela transborda. Transborda de volta para Deus em gratidão, para os outros como uma fonte e corre em nosso coração como uma torrente. Essa é a razão pela qual as pessoas choram de alegria. Nós, seres humanos, todos finitos e compactos, não podemos conter o transbordamento. Somos muito pequenos para a grandeza da alegria e, portanto, temos de chorar. Isso também explica por que a alegria parte nosso coração. A alegria, como o amor, não pode ser contida. Lembra-se de quando disse que amantes "apaixonados" encontram-se envolvidos por algo glorioso e maior que eles mesmos? Com a alegria acontece a mesma coisa. Ela nos *surpreende*, conforme diz Isaías 35.10. Esse é o êxtase celestial.[7]

Eu, como artista, vejo algo mais em relação à alegria. Isso acontece sempre que olho uma determinada pintura, pendurada na parede do escritório em frente a minha escrivaninha. É uma representação de Maria, a mãe de Jesus, e de Gabriel, o anjo. Sempre que minha mente está em repouso, e não tenho trabalhos a fazer, sinto-me atraída por essa pintura. Perco-me nela. Isso pode acontecer com você, e se não for com uma pintura, talvez seja com uma sinfonia. Em uma sala de concerto, de olhos fechados, a música invade o ambiente e rodeia você, e, antes que se dê conta, perdeu-se nela. Você partiu. Você tornou-se um com os sons da orquestra. Houve momentos, enquanto escutava *Romanze* de Schumann, em que diria que "tornei-me uma" com a música. Uma amiga, certa vez, percebeu que estava chorando em meu estúdio enquanto escutava *Romanze*. Olhei-a com os olhos marejados e disse: "Essa música sou eu!" Você já experimentou isso? Uma melodia de Brahms que parte seu coração? Uma valsa de Mendelssohn que deixa os seus olhos banhados de lágrimas?

Ou, se você é alguém que utiliza o hemisfério esquerdo do cérebro, e não está muito afinado com as artes e a música, que tal aquele momento esfuziante quando, numa olimpíada viu seu time de basquete ou de vôlei vencer o time adversário? Todos nós, estivéssemos na frente da televisão ou nas arquibancadas do estádio, tornamo-nos "um" com a euforia da vitória. Meu pai, forte e viril, contou-me, certa vez, sobre o tempo em que ficou na beirada de um precipício das cataratas de Yellowstone — com lágrimas nos olhos. Ele descobriu como se tornou um com o rugido ensurdecedor da água.

Se você já experimentou algo semelhante, isso é uma amostra da alegria que nos arrebatará quando apenas dermos uma espiada no Senhor da alegria. Nós nos perderemos nele. Nós nos tornaremos um com ele. Estaremos "em Cristo", estaremos "revestidos de Cristo" da forma mais profunda, inescrutável e hilariante.

Essa é a razão pela qual o céu é mais do que um lugar de prazer e de contentamento. Se não fosse assim, o céu seria entediante. O prazer sempre busca a satisfação. O contentamento é encontrar satisfação. Mas quer alcancemos a satisfação por meio do prazer quer por meio do contentamento, há algo inerte nessa satisfação. Ela é um pouco "parada", razão pela qual a alegria é a satisfação que está sempre em movimento. Irrompe além do prazer e do contentamento. Ela pede pelo regozijo por mera generosidade. É a energia real do louvor. Se tivermos de louvar a Deus por toda a eternidade — o que certamente deveremos fazer —, então a alegria será o meio pelo qual podemos fazer isso.

Peter Kreeft escreve:

> Esse estado de mente é como a luz, viaja mais rápido do que a matéria, sem produzir qualquer som ou perturbação. O prazer é a mente incansável que se move ao longo de uma linha sem jamais alcançar o fim. Contentamento é a mente repousando no fim. Alegria é a mente se movendo eternamente no fim, o movimento em um ponto: a dança cósmica. O prazer é movimento; o contentamento é parado; a alegria é movimento enquanto parada. O prazer é como trabalhar; o contentamento é como dormir; a alegria é como brincar. O prazer é como uma ação; o contentamento é como o repouso; a alegria é como a contemplação. O prazer é um rio correndo para o mar; o contentamento é o mar calmo e pleno; a alegria é a grande gloriosa tempestade no mar.[8]

Eu gosto do comentário de Peter Kreeft que diz que "a alegria é como brincar". Isso aconteceu comigo no início de um ano, em um de nossos retiros familiares do JAF Ministries.

Certa noite, durante o evento do sorvete, fiquei perto da cadeira de rodas da ruivinha, Nicole, e Tiffany, sua amiga, e Rachel, que usa aparelho nas pernas. Depois de alguns comentários sobre o sorvete, começamos a brincar de pega-pega. Pega-pega em cadeira de rodas. Não demorou muito, um garoto com andador e sua irmã se juntaram a nós. E, depois, uma criança com síndrome de Down com o irmão. Cortando para cá e para lá entre as pernas dos adultos, ríamos e gritávamos enquanto os pedais de nosso pé batiam um no outro, dando pulos e saltos como os carros *envenenados*.

Depois que o sorvete começou a derreter, John, nosso diretor de retiro, olhou para o relógio e tentou levar as famílias de volta para seus chalés. Mas nós continuamos brincando. Estávamos tão envolvidos no jogo que perdemos a noção do tempo. Só depois que demos boa-noite uns para os outros, exaustos, foi que percebi que aquilo era como o céu. Era como o céu graças à brincadeira e à alegria e à sensação de atemporalidade. Antes de entrar no meu chalé, olhei para as estrelas e agradeci a Jesus por essa rápida preliminar da alegria celeste. Tive de rir com sua resposta, em Mateus 19.14: "Deixem vir a mim as crianças [...]; pois o Reino dos céus pertence aos que são semelhantes a elas".

Naquela noite, quando me deitei, toda a experiência de brincar alegremente continuou ecoando. *O reino do céu pertence às crianças risonhas, alegres e felizes.* Continuei pensando e aguçando o ouvido — ou estava tentando abrir os olhos de meu coração — para ouvir ou ver mais. *Sabia* que havia muito mais do que apenas brincadeiras naquela experiência. Havia tido um momento de grande alegria e sabedoria. Não percebi isso naquele momento, mas tocara a eternidade no tempo. Meses mais tarde, deparei-me com uma outra citação de Peter Kreeft:

> Quando tocamos a eternidade no tempo, isso soa como um eco. Sentimos o cheiro de maresia, embora estejamos aqui, muito distantes, na corrente do rio do tempo. Sempre que tocamos a sabedoria e o amor, nadamos em águas salgadas. A Terra é a praia de Deus e, quando somos sábios e amorosos, somos como crianças que se esbaldam alegremente nas ondas pequenas "daquele mar imortal". Mas, quando estivermos totalmente crescidos espiritualmente, atravessaremos alegremente as ondas de arrebentação da sabedoria e seremos sustentados pelas profundezas sem fim do amor. Quando estivermos imersos na alegria, o tédio, como também a dor, serão lembrados como algo banal.[9]

O noivo vem!

E agora, esperamos. Esperamos pelo nosso noivo. "Espero pelo Senhor mais do que as sentinelas pela manhã; sim, mais do que as sentinelas esperam pela manhã!" Apoiamo-nos no parapeito da eternidade, observamos o céu azul e suspiramos: "Venha em breve, Senhor Jesus, venha em breve".

Ó, *quando* ele virá? E, algumas vezes, quando nosso coração se cansar de esperar, o Senhor nos reavivará com fragmentos de alegria, como aquela que experimentei naquele retiro. É uma preliminar da alegria que nos surpreenderá quando, por fim, o próprio Senhor "descerá dos céus, e os mortos em Cristo ressuscitarão primeiro. Depois nós, os que estivermos vivos seremos arrebatados com eles nas nuvens, para o encontro com o Senhor nos ares. E assim estaremos com o Senhor para sempre" (1Ts 4.16-17).

E tudo isso acontecerá num abrir e fechar de olhos.

Antes que percebamos, se formos abençoados e estivermos vivos no momento de seu retorno, nos encontraremos no abraço de nosso Salvador nas bodas do Cordeiro. O céu terá chegado. A conquista do mundo pelo Senhor será como levantar as cortinas de nossos cinco sentidos e veremos todo o universo manifesto. A vida e a imortalidade não mais serão pensamentos sombrios, mas vívidos e surpreendentemente reais. De início, o choque da alegria pode queimar todo o brilho da novidade do ser glorificado, mas, no instante seguinte, ficaremos em paz e nos sentiremos em casa, como se sempre tivesse sido dessa maneira e se tivéssemos nascido para esse lugar. Nesse momento, a Terra parecerá um sonho meio esquecido, bastante agradável, mas apenas um sonho. [10]

Imagino uma grande multidão de pessoas saindo correndo de florestas de rosas, de rampas de violetas, pulsando com a luz e com as canções dos pássaros e as vozes dos anjos.

"Estão todos aí?", alguém gritará.

E ali ecoará: "Sim, estamos todos aqui!"

Agora, desfrute de uma realidade divina invisível. Harmonize seu coração e pense em você sentado nas bodas do Cordeiro.

Abra os olhos do seu coração e maravilhe-se com a glória cristalina, o esplendor da luz que apenas é. A cidade santa, a Nova Jerusalém, faiscante como um prisma. E um salão de banquete resplandecente com flâmulas, cores, repleto de jóias e banhado em música leve e alegre. A celebração se iniciará com um estrondoso e vibrante: "Aleluia!, pois reina o Senhor, o nosso Deus, o Todo-poderoso. Regozijemo-nos! Vamos alegrar-nos e dar-lhe glória! Pois chegou a hora do casamento do Cordeiro, e a sua noiva já se aprontou" (Ap 19.6,7).

À medida que você puxa a cadeira para sentar-se à mesa do banquete, dê uma olhada no cardápio, conforme Isaías 25.6-8, relata: "Neste monte o Senhor dos Exércitos preparará um farto banquete para todos os povos, um banquete de vinho envelhecido, com carnes suculentas e o melhor vinho. Neste monte ele destruirá o véu que envolve todos os povos, a cortina que cobre todas as nações; destruirá a morte para sempre. O Soberano, o Senhor, enxugará as lágrimas de todo rosto e retirará de toda a terra a zombaria do seu povo. Foi o Senhor quem o disse!"

Não há como se enganar. Esse é um banquete verdadeiro. E bastante específico também. Eles não servirão lingüiça nem presunto. A carne não terá de receber o selo de aprovação do governo; ela terá de ser "a melhor de todas as carnes". A seleção de bebidas não será de cidras nem de vinhos baratos, mas de "vinhos envelhecidos... os mais finos de todos eles".

Só de pensar nisso, fico empolgada! Imagino quem se sentará ao meu lado ou à minha frente. Dou uma olhada na mesa e ali está minha amiga, Verna Estes, mãe de sete, trocando histórias com Suzanna Wesley, mãe de dezessete. Ali está Steves, o marido dela, e também pastor, recebendo, diretamente de Paulo, informações confidenciais sobre Romanos 6.

Ali está Moisés brindando com Martinho Lutero. Billy Graham solfejando com um professor de adolescentes da escola dominical. Meu marido, Ken (cuja maior ambição na vida era voar num avião de combate F-14), conversando, num canto, com o astronauta James Irwin. Santo Agostinho dando um abraço apertado naquele missionário da floresta que trabalhou longa e arduamente, sem jamais ficar conhecido nem ser notado. Do outro lado da mesa, Fanny Crosby está fazendo a harmonia de um de seus hinos com a viúva que tocou fielmente aquele piano de equilíbrio instável, todos os domingos, no asilo. Quanto a mim, assim que vir minhas amigas que passaram anos tirando-me da cama pelas manhãs — Carolyn, Francie, Jay, Bev e Irene —, vou pegar correndo um prato de carne. Mal posso esperar para servi-lhes.

Depois, eu me virarei e verei meu pai caminhando na minha direção. E minha mãe. Ele me fará um sinal de positivo com as mãos e dará uma piscadela, e minha mãe começará a rir e, antes que você se dê conta, começaremos a gargalhar incontrolavelmente. Riremos e choraremos com um tipo de lágrima que jamais foi derramada na Terra. Enxugaremos os olhos e tentaremos parar; depois cairemos riremos novamente, chorando e rindo e apontando para todos. "Olhe para isto aqui! Você acredita nisto? Nós estamos aqui! Eles estão aqui! Sabia que isso era verdade, mas não assim tão verdade!"

Na Terra, como sempre cantamos juntos, em família, tenho certeza de que começaremos a cantar ali em volta da mesa, fazendo harmonias em meio às nossas lágrimas...

> Quando tivermos de dizer adeus à Terra
> Vamos nos reunir em volta do trono, com nossa família,
> Explodiremos de alegria com as boas-vindas do Pai:
> "Que bom que estão em casa!"
>
> Louvaremos o Pai, louvaremos o Filho,
> Louvaremos o Espírito três em um,
> E celebraremos, pois nessa data
> O *"eterno" começa!*[11]

Agora, pare a música. Pare o filme e retomemos uma pergunta anterior. Haverá pratos, garfos e facas nas bodas do Cordeiro? Alguém estará na cozinha lidando com potes e panelas para preparar os alimentos? Haverá batedeiras e latas de lixo? E quanto à carne? Certamente, não haverá matadouros no céu! Os árabes comerão com a mão? Os asiáticos comerão com *hashi*? Será que as pessoas do inferno farão as tarefas de limpeza?

Essas perguntas parecem ridículas agora. À luz da gloriosa celebração, quem se importa? Tenho certeza de que tudo será esclarecido. O que importa é que a celebração é real.

Uma celebração real, com rios de confete, pois a morte morreu.

Um desfile real com muita serpentina anunciando a vitória sobre o pecado.

Toda a Terra se juntará à festa, e vocês "sairão em júbilo e serão conduzidos em paz; os montes e colinas irromperão em canto diante de vocês, e todas as árvores do campo baterão palmas" (Is 55.12). Cristo abrirá nossos olhos para a grande fonte de amor existente em seu coração, algo que não tem comparação com tudo o que já vimos antes. Ficaremos abismados com a realidade de que nós, a igreja, somos sua noiva. Não apenas individualmente, mas juntos. Unidos uns com os outros, e cada um de nós com ele. De repente, nossa alegria multiplica-se milhões de vezes.

O mais pungente, quando finalmente formos capazes de parar de rir e chorar, é que o Senhor Jesus realmente enxugará todas as nossas lágrimas. E depois daremos as mãos à mesa do banquete e naquele dia diremos: "Este é o nosso Deus; nós confiamos nele, e ele nos salvou. Este é o Senhor, nós confiamos nele; exultemos e alegremo-nos, pois ele nos salvou" (Is 25.9).

A festa está apenas começando.

Notas

1. A idéia original para essa abertura do capítulo 7 é do reverendo Louis Lapides, Beth Ariel Fellowship, Sherman Oaks, Ca. Sources: Maurice Lamm. "The Jewish marriage ceremony", em *The Jewish way in love and marriage*. São Francisco: Harper & Row, 1980. p. 145-168; e Alfred Edersheim, *Sketches of Jewish social life in the days of Christ*. Grand Rapids: Eerdmans, 1974. p. 148.
2. Idéia de Tim Stafford. *Knowing the face of God*. Grand Rapids: Zondervan, 1989. p. 182.
3. Horatius Bonar. "Here, o my Lord, I see Thee face to face" (domínio público).
4. George W. Robinson. "I am His, and He is mine" (domínio público).
5. George Matheson. "O love That will not let me go" (domínio público).
6. Idéia sugerida pelos escritos de Andrew Greeley.
7. Idéia oriunda de Kreeft. *Heaven*. p. 124-161.
8. Kreeft. *Heaven*. p. 143.
9. Ibid., p. 96.
10. Essas idéias foram tomadas emprestadas do livro de C. S. Lewis, *Till we have faces*.
11. Lynn Hodges e Joy MacKenzie. "Heavenly praise". (SpiritQuest Music, 1994). Usado com permissão.

8
À vontade com o nosso Rei?

Santo, Santo, Santo! Todos os santos adoram a ti,
Lançando suas coroas de ouro em volta do mar de vidro;
Querubins e serafins prostram-se diante de ti,
Que eras, és e sempre serás.[1]

Acima de tudo, esse será o dia da coroação de Cristo.

Fico emocionada em pensar que desfrutaremos do banquete das bodas do Cordeiro com seus ricos alimentos e os mais preciosos vinhos, como também nos deleitaremos em nossas reuniões com nossos amados queridos, e, é verdade, será divertido reinar sobre os anjos e governar a Terra com novos corpos. Mas tenho de me lembrar sempre que essa não será a *nossa* celebração. Será a celebração *dele*.

Não poderia ousar em querer essas coroas para mim. E você?

Devemos nos espremer na maravilhosa procissão dos redimidos que passarão diante do trono, uma parada infinita de nações e impérios, época após época, Europa, Ásia, América do Sul e do Norte, todos lado a lado, os povos das ilhas, dos mares, em um alegre desfile, gerações de redimidos diante da cruz, e, depois, todos portando seus diademas diante do Deus todo-poderoso.

Depois, quando Jesus se levantar de seu trono diante dessa grande multidão, todas as coroas se erguerão, todos começarão a cantar e dar aleluias até que o vocabulário do louvor celestial se esgote. Apertaremos nossa coroa contra nosso colo, olharemos uns para os outros e diremos: "Agora?"

"Agora!", todos gritarão. Juntos, elevaremos a nossa voz, não em quatro vozes, mas talvez em doze, com os vinte e quatro anciões à medida que eles "lançam as suas coroas diante do trono" (Ap 4.10-11) e cantam:

> Coroe-o com muitas coroas, o Cordeiro em seu trono:
> Ouça! Como o hino celestial suplanta todas as músicas, menos a do céu!
> Acorde, minha alma, e cante sobre ele que morreu por ti,
> E *louve-o* como seu Rei incomparável por toda eternidade.²

Se, na verdade, literalmente recebermos coroas, não se engane — os diademas são dele. O tribunal de Cristo pode ter sido o estágio central em que Jesus derramou louvores para os crentes, mas todos os holofotes do céu estarão voltados para o Senhor, para lhe devolver toda a glória. O universo se ajoelhará e saudará Jesus como Rei dos reis e Senhor dos senhores, quando ele levantar sua espada em vitória sobre a morte, o diabo, a doença e a destruição.

Em um momento de tirar o fôlego — um momento infinito —, compreenderemos que todo plano de redenção foi apenas a forma de o Pai garantir ao seu Filho...

Uma noiva.

Uma família.

Um exército.

Uma herança.

Mas o propósito da coroação de seu plano será o de garantir ao Filho um grande coro de adoradores eternos.

É disso que sou formada. Essa é a resposta para todas as vezes que indaguei na Terra: "Por que Deus me escolheu? Por que não uma outra pessoa?" A resposta é simples: *Eu sou o presente do Pai para o Filho*. Efésios 1.11-12 fará perfeito sentido: "Nele fomos também escolhidos [...], a fim de que nós, os que primeiro esperamos em Cristo, sejamos para o louvor da sua glória". Eu serei o presente radiante e iridescente para o Filho, a quem

Zacarias admirou: "[O] rebanho do seu povo, e como jóias de uma coroa brilharão em sua terra. Ah! Como serão belos! Como serão formosos!" (Zc 9.16-17).

Isso explica por que me sinto tão bela quando canto aquela velha canção da escola bíblica dominical. Eu *gosto* da idéia de ser um presente de jóias para Jesus:

> Quando ele vier, quando ele vier para fazer suas jóias,
> Todas as suas jóias, jóias preciosas, seus amados e ele também:
> Como as estrelas da manhã
> Adornando sua coroa brilhante,
> Eles deverão brilhar em sua beleza — gemas brilhantes para a sua coroa.[3]

A Terra era um dos meus grandes diamantes no qual eu fui cinzelada para retirar a sujeira, ser limpa, polida e apropriada para a coroa de um rei. Você pode entender agora por que eu quero ganhar o maior número de coroas possíveis enquanto estiver na Terra? Recompensas maiores intensificarão o meu serviço no céu, mas elas também engrandecerão a glória que Jesus receberá. Quanto mais coroas, mais alegre o louvor a Deus. Meu motivo para reunir uma caçamba de diademas não é acumulá-las, mas ter mais para lançar aos pés de Jesus.

Você e eu fomos escolhidos para louvá-lo. É muito simples. Que vergonha que aqui na Terra tenhamos complicado tanto.

Assim que fiquei paralítica, quando, pela primeira vez, soube algo sobre o céu, foquei minha atenção nele, pois era um lugar onde receberia mãos e pés. O céu é um lugar onde ficaria longe da dor, e, portanto, ele tornou-se um escape da realidade. Uma muleta psicológica. Algumas vezes, o céu era tão centrado em mim, que sentia como se tudo que lhe dizia respeito referia-se ao eu receber de volta tudo o que eu possuía e tudo o que perdera. E, portanto, o céu tornou-se um desejo de morte.

O tempo passou e com ele ganhei um pouco mais de maturidade espiritual. Aos poucos, ficou claro para mim que o dia de Cristo seria apenas isto... o dia de Cristo, não o dia de Joni. Mãos e pés glorificados, como também reuniões com os amados, começaram a soar mais como benefícios adicionais à honra de simplesmente estar na lista de convidados para a festa de coroação. Você, com certeza, concordará comigo. O privilégio de lançar suas coroas aos pés de Jesus será uma grande honra. Governar a Terra e reinar sobre os anjos, tornando-se pilar do templo de Deus e co-herdeiro do céu e da Terra, são episódios quase secundários. Quem nos tornamos, o que recebemos ou fazemos no céu não serão o destaque lá. Basta apenas estar lá e *ser o louvor de sua glória*.

Esse será o dia de Jesus.

O dia da coroação de Jesus

O tempo todo, deveríamos ter conhecimento desse fato, mas parece que ele nunca penetra em nosso ser. Ó, nós o compreendemos no papel, mas, com que freqüência, vivemos — realmente vivemos — com a objetiva desfocada em nós e voltada para Cristo, o Rei dos reis? É necessário o céu para forçar-nos a compreender totalmente o que deveria ficar bem claro, o tempo todo, na Terra. Se apenas tivesse parado e lido — realmente lido — que o "Deus que fez o mundo e tudo o que nele há é o Senhor dos céus e da terra, e não habita em santuários feitos por mãos humanas" (At 17.24).

Jesus é o Senhor do céu e da Terra.

Dizemos isso em nossas orações, cantamos isso em nossos hinos, e, juraríamos que cremos nisso com C maiúsculo. Mas a ficha realmente nunca caiu. Isso por que "nós" nos intrometíamos no caminho. Todos estes anos, em que as tribulações terrenas nos assolam, nosso cérebro passa rapidamente de um pensamento a outro para tentar conceber o que isso significa para nós. Como, para nós, os problemas se ajustam aos planos de Deus. Como Jesus pode se amoldar a nós. Tudo sempre foi "para nós". Até mesmo o foco da adoração do culto de domingo é como nos sentimos, o que aprendemos e se os hinos foram do nosso agrado.

Por que, ó, por que, não aceitamos a sugestão de Atos 17.24 e transferimos a atenção de nós para ele? Por que não apreciamos o fato de que Deus deu toda a tribulação, dor e alegria para nos revelar algo sobre si mesmo?

Para que possamos apreciar sua graça?

Para que possamos ser lapidados para o louvor de sua glória?

Para que possamos ver que tudo se ajusta a fim de que possamos conhecê-lo?

Nós sempre nos maravilhamos com o fato de que Deus demonstra interesse por nós, mas, no céu, ficará claro que todas as coisas terrenas aconteceram para que demonstrássemos interesse por ele. Deus, em toda tribulação, alegria e tristeza, queria que pensássemos sobre ele. Ficaremos finalmente convencidos de que aquele que louvamos com os nossos lábios como Rei realmente tem supremacia sobre todas as coisas.

Seu reino veio.

Sua vontade foi feita assim na Terra como no céu.

Sua palavra propagou-se e seus propósitos foram realizados.

Ele é o Senhor soberano sobre tudo.

Enquanto estamos aqui na Terra, jamais nos convencemos realmente disso. Agimos mais como se seu reino tivesse vindo mais ou menos, mas não realmente. Comportamo-nos como se a sua vontade tivesse sido feita assim na Terra como no céu principalmente para beneficiar o nosso trabalho e os nossos relacionamentos. E, sempre que falamos sobre o céu, isso se parece mais com um parque de diversões eterno onde receberíamos muitos presentes, enquanto Deus, como um bondoso vovô, acena com a cabeça e sorri ao ver que estamos nos divertindo. Que vergonha perceber que aqui na Terra agimos como se fizéssemos um grande favor a Deus ao aceitar Jesus como Salvador. Nós nos compadecemos de Jesus, pois sua reputação jamais pôde ser defendida. Lamentamos por Deus, pois parece que sua justiça nunca foi totalmente suficiente; na verdade, em alguns momentos, ficamos envergonhados por nosso "Rei", à medida que brigamos para defendê-lo por causa dos holocaustos e horrores terrenos. Parece que Jesus jamais flexionou seus músculos reais e, portanto, jamais recebeu o crédito e, muito menos, a glória.

Não somos os únicos que têm visão curta. Até mesmo os discípulos tinham uma visão estreita de Deus. Eles também falhavam em reconhecer o Rei em seu meio. Às vezes, a neblina se dissipava em seu pensamento e, em uma ocasião, próximo do fim do ministério de Jesus, eles se elevaram até a perspectiva celeste de seu Rei e disseram: "Agora podemos perceber que sabes todas as coisas". Por um breve momento, o foco deles desviou-se do reino na Terra e fixou-se no reino do céu. Esse foi um raro lampejo de revelação, e Jesus ficou tão emocionado a ponto de perguntar: "Agora vocês crêem?" (Jo 16.30-31).

Essas palavras de Cristo cortam o meu coração. Tudo o que Jesus esperava de nós é que finalmente crêssemos. Assim, por que os nossos momentos de obediência e absoluta confiança foram apenas lampejos, breves momentos de iluminação? Por que sempre é difícil para nós agir como se Jesus fosse Rei?

O Rei que venceu apesar de toda improbabilidade

Talvez por que ele jamais agiu como um Rei aqui na Terra.

Ou, pelo menos, não como as pessoas acham que um rei agiria. Jesus, no entanto, tinha uma boa razão para revestir sua majestade com o roupão da fraqueza, humildade e simplicidade. Isso tem a ver com sua glória no céu. Quando o Pai desenvolveu o plano da salvação, ele iniciou um esquema que, por fim, traria a mais alta e radiante glória a seu filho, o Rei do cosmos. Essa era uma trama que quase se assemelha a uma história de aventura.

O plano foi posto em prática quando o vilão maléfico, Lúcifer, escravizou os cidadãos do reino da Terra utilizando-se de traição e enganos. Ele usurpou a autoridade do governante justo e estabeleceu seu sistema de governo rival. O bom governante enviou seus servos mais habilidosos para tentar recapturar o território ocupado, mas, com algumas exceções, o vilão os seduziu e os derrotou. Por fim, o governante enviou seu único Filho, o príncipe justo, para invadir o território de Lúcifer, libertar os cidadãos cativos e recuperar o reino para si.

Mas as táticas de batalha do Filho, no mínimo, eram estranhas. Na verdade, a forma como ele lutou parecia garantir a derrota. Em certo momento, quando Lúcifer conseguiu sujeitar o Príncipe, o Filho meramente capitulou ante o golpe mortal. Tudo parecia perdido, e o coração das pessoas desfaleceu de desespero. Mal percebiam que a parte melhor e final do plano estava prestes a acontecer. Ela chamava-se Ressurreição, e esta era a única tática de batalha que poderia dar o golpe mortal no inimigo e nas multidões de governantes maléficos.

Bem, qualquer luta entre um herói e vilões é bastante interessante, mas quando um herói está em desvantagem, um novo elemento é apresentado. Agora, o herói corre muito mais perigo e parece ter menos chance de vencer. Mas se ele, em sua fraqueza, superar todas as improbabilidades, termina como o herói duas vezes mais poderoso. Quando os heróis fracos vencem os vilões fortes, a vitória inspira reverência.

E assim, o Príncipe da Paz, o Cordeiro, que se deixou imolar, será glorificado, não por ter empregado a força bruta contra Satanás, mas exatamente porque não fez isso.

É parecido com o judô.

Ken, meu marido, poderia falar sobre isso. Ele, de vez em quando, assume sua atitude de artes marciais e começa a pular pela sala como um gato em um espinheiro, lançando-se precipitadamente, dando socos no ar com os punhos e dando chutes na direção do teto com a lateral do pé. Eu sempre o observo com um interesse um tanto alheio.

Ken diz que o judô tem sua utilidade. Ele é a arte de usar o poder do inimigo para derrotá-lo; e, embora Ken possa parecer passivo e até mesmo fraco em uma luta de judô, o segredo é simplesmente esperar pelo momento em que a força total do oponente pode ser utilizada para derrotá-lo. Quando meu marido é atacado, ele simplesmente anula seu oponente e faz com que o outro voe sobre seus ombros.

Jesus parecia passivo e fraco. As pessoas continuavam olhando para o seu diadema. Continuavam esperando que ele se comportasse como um monarca e tornasse a vida de seus sujeitos feliz, saudável e livre de qualquer problema. Mas Jesus tinha outros planos para a Terra — planos que envolviam maior louvor para os crentes e glória para si mesmo.

Ele continuou como se estivesse lutado judô. Especialmente contra o demônio. E mais especificamente na cruz. No momento exato em que o demônio pensou que havia encostado Cristo contra a parede e o havia derrotado, Satanás descarregou toda a sua fúria maléfica para acabar com ele. No entanto, foi a fraqueza, como também a vulnerabilidade, de Cristo que permitiu que ele anulasse Satanás e fizesse com que este acabasse por se degolar.

James Stewart, teólogo escocês, explica isso da seguinte maneira:

> Ele utilizou o triunfo de seus inimigos para derrotá-los. Ele utilizou as conquistas tenebrosas deles para que estas servissem ao seu próprio fim, não ao objetivo deles. Eles o pregaram na cruz sem saber que, exatamente por essa atitude, estavam trazendo o mundo aos seus pés. Eles lhe deram uma cruz sem suspeitar que ele a transformaria em trono.
>
> Eles os lançaram para fora dos portões da cidade para que morresse sem saber que naquele exato momento estavam levantando todas as portas do universo para permitir que o Rei da glória entrasse. Eles pensaram em eliminar suas doutrinas, sem compreender que estavam implantando o nome imperecível que queriam destruir no coração dos homens.
>
> Eles pensaram que haviam encostado Deus contra a parede e prenderam aquele que parecia desamparado e derrotado. Eles não sabiam que fora Deus quem os trouxera até aquele ponto. Ele não conquistou a despeito do ministério tenebroso da maldade, mas conquistou por meio dele.[4]

Algo glorioso aconteceu quando o pior assassinato do mundo tornou-se a única salvação do mundo. Quando a cruz, um símbolo de tortura, tornou-se um símbolo de vida e esperança, isso se tornou glória triplicada.

Jesus, no céu, acabou como o herói três vezes maior, pois ele venceu utilizando armas de guerra que eram espirituais, não carnais. Seu triunfo foi assegurado pela utilização do judô divino. Ele venceu ao utilizar o tempo perfeito e a paciência. "*No devido tempo*, quando ainda éramos fracos, Cristo morreu pelos ímpios" (Rm 5.6; destaque da autora). Ele venceu por meio da espera, da sujeição e da submissão. Filipenses 2.7-9 assemelha-se aos "Princípios básicos das artes marciais", pois quanto mais fraco Cristo se fez, maior foi sua vitória, e quanto maior a vitória, mais gloriosas as honras. "Mas esvaziou-se a si mesmo, [...] humilhou-se a si mesmo e foi obediente até a morte, e morte de cruz! Por isso Deus o exaltou à mais alta posição e lhe deu o nome que está acima de todo nome."

Se sentirmos pena de Cristo aqui na Terra ou ficarmos constrangidos porque sua justiça parece ter sido abortada, perdemos nosso tempo. Se ficarmos envergonhados por ele devido a tanto sofrimento sem sentido, seria melhor que tivéssemos algumas aulas de artes marciais. Jesus *flexionou* seus músculos como Rei aqui na Terra. No entanto, nossos olhos, nosso coração e nossa mente inábeis não estão treinados para ver isso. Ele usava uma coroa, só que não era a coroa que esperávamos ver. Não uma coroa de ouro, mas de espinhos.

Lá no céu, talvez sejamos tentados a dar um tapa na testa e exclamar: "Ei, meu irmão, como deixamos isso escapar?" Mas não haverá espaço para o remorso. Não nos repreenderemos severamente por não ter percebido. Não, nosso Rei dos reis será muito bondoso para permitir que tenhamos tais arrependimentos. Ficará óbvio por que suas medalhas estavam escondidas. Isso tudo foi engendrado para nos ajudar a exercitar a fé, desenvolver a confiança e demonstrar obediência, como também para nos ensinar sobre a sincronia e a paciência, a espera e a sujeição. O Rei venceu a cruz para que pudéssemos ter poder para enfrentar os demônios provocadores e, portanto, aceitar nossos espinhos, compartilhar nosso fardo e carregar nossa cruz, enquanto ele, o tempo todo, transforma tragédia em triunfo, e sofrimento, em vitória.

Jesus, com sua boa vontade, não zombará de nós por termos sido tão centrados em nós mesmos. Ele nos assegurará que conhece nossa estrutura e que não ignora que não passamos de pó. Perceberemos que na Terra fomos piores do que pensávamos, mas a graça do Senhor foi mais profunda do que pensávamos, e no céu, portanto, nos sairemos melhor do que pensávamos que poderíamos.[5]

O Senhor Jesus será muito condescendente com sua gentileza, permitindo que ela se derrame e se espalhe por tudo. Até mesmo, em nossos arrependimentos. E *isso*, meu querido amigo, nos levará a amar, louvar e regozijar com ele ainda mais. Nesse ponto, no céu, a glória de Deus abrirá exponencialmente à centésima potência. Fico muito feliz por Jesus quando imagino esse momento. Pois ele se mostrará como ele é, não mais o servo fraco e sofredor, mas o poderoso soberano do tempo e do espaço. Sua reputação será demonstrada. Ele receberá todo crédito que lhe é devido e sua glória será triplicada. Acima de tudo, sua justiça nos será presenteada.

E isso não parecerá muito bom. Pelo menos para alguns.

O grande e terrível dia do Senhor

Todo esse assunto sobre fraqueza e humildade deixa muitas pessoas irritadas. Elas não aceitam um Deus que deixou-se zombar, chutar e permitiu que cuspissem nele em nome da justiça. Especialmente, a justiça em prol delas. Como esse Deus fraco e sem poder afirma que elas precisam ser salvas — e de seus pecados, ainda por cima!

Na Terra, elas impuseram sua própria justiça. E a primeira coisa que tinham em mente era difamar e despojar Jesus. Elas, ao se colocarem no centro de seu próprio universo moral, achavam que tinham o poder de julgar a Deus. Denunciaram, processaram, acusaram e baniram o Senhor como uma deidade impotente de terceira categoria. Elas o expulsaram das salas de aula e apagaram suas marcas das praças públicas. Ao profanar o nome de Deus, neutralizaram-no e domaram-no para que ele pudesse abençoar suas ganâncias e paixões.

No céu, porém, o registro será arrumado. Deus vindicará seu santo nome e administrará sua justiça pura e perfeita. Para muitas pessoas, isso será aterrorizador.

Que choque quando virem esse Jesus a quem tentaram jogar em uma salinha da escola dominical. O horror tomará conta de seu coração, conforme a cena em Apocalipse 19.11-16 se desdobra, e elas lamentarão:

> Vi os céus abertos e diante de mim um cavalo branco, cujo cavaleiro se chama Fiel e Verdadeiro. Ele julga e guerreia com justiça. Seus olhos são como chamas de fogo, e em sua cabeça há muitas coroas e um nome que só ele conhece, e ninguém mais. Está vestido com um manto tingido de sangue, e o seu nome é Palavra de Deus. Os exércitos dos céus o seguiam, vestidos de linho fino, branco e puro, e montados em cavalos brancos. De sua boca sai uma espada afiada, com a qual ferirá as nações. "Ele as governará com cetro de ferro." Ele pisa o lagar do vinho do furor da ira do Deus todo-poderoso. Em seu manto e em sua coxa está escrito este nome: REI DOS REIS E SENHOR DOS SENHORES.

Esses símbolos não são, de forma alguma, deselegantes; eles são assustadores! Como artista, eu nem poderia pintar essa cena e jamais gostaria de fazê-lo. Olhos como chamas de fogo? Mantos tingidos de sangue? Isso não é a benevolência decrépita que, passivamente, desejava o bem dos seres humanos enquanto estava na Terra, um Deus por quem sentimos pena e de quem nos compadecemos. Ele é o grande e terrível Senhor, e ele mesmo é o fogo consumidor. "Vejam! O Senhor vem num fogo, e os seus carros são como um turbilhão! Transformará em fúria a sua ira e em labaredas de fogo, a sua repreensão. Pois com fogo e com a espada o Senhor executará julgamento sobre todos os homens, e muitos serão os mortos pela mão do Senhor" (Is 66.15-16).

Essa não é uma visão muito bonita, pois: "Terrível coisa é cair nas mãos do Deus vivo!" (Hb 10.31). A mesma boca que proferiu palavras de paz e reconciliação, decretará um dia a espada afiada do julgamento. Os mesmos olhos que brilharam de compaixão, arderão um dia com fogo. É ele a rosa de Sarom, o lírio dos vales, o meu noivo? Sim, esse mesmo Jesus em cujas mãos amorosas eu caí, é o mesmo temível Deus vivo.

Amante e vingador? Ele é perfeitamente o "mesmo e único". Ele é totalmente amoroso em sua justiça e justo em seu amor. E porque ele é perfeito, sua justiça é pura.

Como será esse terrível dia?

Assim que chegarmos ao céu, saberemos, sem a menor sombra de dúvida, que o que quer que seja que o juiz declarar sobre nós é verdadeiro. Conforme ele disser que somos, assim somos nós. Nem mais nem menos. Talvez percebamos, de uma forma esmaecida e nebulosa, que isso era realmente o que existia no âmago do nosso ser o tempo todo aqui na Terra. Se o juiz determinar que somos justos em Cristo, então: "Aleluia! Sempre soube disso!" Se ele nos declarar injustos, iníquos e mergulhados no egoísmo: "O diabo que me carregue! Sempre soube disso". A verdade evidente sobre mim ou você ficará clara para todos.

Esse fato é simples para os crentes. Lembra-se de quando disse que os cristãos não terão seu passado pecaminoso exposto diante de todos como se fosse um filme de mau gosto proibido para menores? Não se preocupe, não estou tentando ser esperta. É verdade que não teremos de passar por essa vergonha, pois Deus separou-nos de nossos pecados tanto quanto o Oriente é distante do Ocidente.

Mas se não fosse assim, se, por assim dizer, nosso recanto secreto dos pecados *fosse* exposto, estou convencida de que nenhuma alma justa protestaria, eu e você concordaríamos sinceramente com o juiz e diríamos: "Jesus, o Senhor está absolutamente correto. Sua justiça é perfeita. Na Terra, fui uma pessoa manipuladora, sempre camuflando e falsificando a verdade para todos que estavam ao meu redor. Isso, o tempo todo, no mais profundo de meu ser, era minha verdade!"

Jonathan Edwards leva esse pensamento um passo adiante, quando afirma que os pecadores "admirarão e se alegrarão muito mais com esse senso da graça de Deus que os perdoa, que a lembrança de seus pecados será, indiretamente, mais uma ocasião de alegrar-se".[6]

Se — e apenas se — nossos passados tenebrosos forem expostos, isso serviria para trazer glória ainda maior a Deus por tamanha graça.

Essa é a razão pela qual, por mais esquisito que nos pareça agora, não nos encolheremos nem nos acovardaremos nesse grande e terrível dia do Senhor. Por mais estranho que pareça, nos regozijaremos. Isso pode parecer insano, pois nosso senso humano de compaixão abomina a idéia da justiça sendo executada com som e fúria desenfreados. Na Terra, a justiça é administrada aos prisioneiros que, calmamente, são acompanhados ao corredor da morte às câmaras de execução, onde grupos silenciosos de pessoas sentam-se atrás de janelas à prova de som e, sem qualquer emoção, observam a morte acontecer.

Mas não no céu.

Lá, o julgamento é cheio de emoção.

Exatamente no meio desse apocalipse, enquanto as taças da ira são derramadas com fogo e fumaça, nós estaremos cantando e regozijando ao mesmo tempo em que observamos o julgamento. Esses parênteses de incrível louvor estão espremidos entra a ira de Deus, em Apocalipse 18, e aquilo que se assemelha ao Armagedom, no final do capítulo 19. No coro de louvor divino, dos versículos 1-10, somos contados entre os anjos, os anciões e a voz de uma grande multidão, que exclama: "Aleluia! A salvação, a glória e o poder pertencem ao nosso Deus, *pois verdadeiros e justos são os seus juízos*" (Ap 19.1-2; destaque da autora).

Por que concordaríamos alegremente com Jesus enquanto ele "pisa o lagar do vinho do furor da ira do Deus todo-poderoso"? Será que é porque as coisas se voltarão contra os camaradas ruins? Não. Acompanharemos o julgamento com cores de louvor porque amaremos a pureza e odiaremos o que há de pernicioso no mal. Desejaremos profundamente a verdade e desprezaremos as mentiras e as iniquidades. Com mente perfeita e coração devoto, concordaremos com todo o julgamento de Deus com um estrondoso: "Sim!" E faremos isso enquanto ele pisa suas uvas da ira. O dia de Cristo será um grande e terrível dia. Grande para os justos, e terrível para os injustos. "No fim, aquela face, que é o deleite ou o terror do universo, tem de dirigir-se a cada um de nós com uma ou com a outra expressão ".[7]

Fico grata ao saber que a escritura descreve esse período como apenas "um dia". Isso pode significar que o grande julgamento será rápido. Afinal, há "apenas dois tipos de pessoas nesse momento final: aqueles que dizem a Deus: 'seja feita a tua vontade', e aqueles a quem Deus dirá: 'seja feita a tua vontade'. Toda ela está no inferno, escolha-o". [8]

Para todas as pessoas que insistiram em dizer: "Seja feita a minha vontade!", Deus não as dissuadirá. Ele não mais contenderá com essas pessoas, não apontará sua glória na criação nem pregará o Evangelho a elas. Para aqueles que dão suas costas a Cristo, não há céu.

Toda ela está no inferno, escolha-o

Sim, o inferno existe.

É impensável falar sobre o céu sem ao menos mencionar o inferno. Por favor, observe que não me referi a ele como "contrapartida do céu". O céu não tem contrapartida. Não tem oposto. Assim como Satanás não é o oposto de Deus (pois o demônio é meramente um ser criado — e, além disso, uma criatura caída!), o céu também não tem um oposto. Na vastidão do infinito de Deus, como também no universo limpo e purificado, o inferno pode acabar por ser apenas uma partícula. Um monte de lixo. Um depósito de lixo.

Fora de Jerusalém, a cidade santa, havia um depósito de lixo onde os judeus levavam o lixo para queimar. Nos tempos primitivos, as tribos pagãs e os judeus desviados utilizaram essa área chamada *GeHinnom* para rituais e sacrifícios; essa é a razão pela qual o povo de Deus achou que aquele lugar servia apenas para atear fogo no lixo. E acabaram chamando esse local de *Geena*, e este se tornou o termo bíblico para o inferno. O inferno real será o compactador do lixo do universo.

> Deus não faz lixo, mas nós, sim; e um bom cosmos tem de finalmente se purificar do lixo espiritual, como o egoísmo, o ódio, a ganância e a cobiça [...] podemos até nos regozijar com o fato de que esse lixo exista, pois queremos que nosso lixo espiritual seja queimado, se não nos identificarmos com esse lixo. Se isso acontecer, seremos queimados eternamente [...] Deus não pode permitir esse lixo no céu; e se não o quisermos jogar fora, se nos abraçarmos bem apertado ao nosso lixo, a ponto de nos tornarmos também lixo, há apenas um lugar para nós.[9]

O inferno não poluirá o universo purificado, tampouco será uma fervura supurada em um canto do novo céu, uma chaga feia que vaza eternamente e chama a atenção de todo mundo. Talvez seja muito pequeno para isso. Não estou querendo dizer que o inferno será menor do que o céu em termos de estatísticas populacionais, mas em termos de sua importância nos novos céus e na nova terra. Ninguém presta muita atenção às pilhas de lixo fumegantes.

E já que falei de números, lembrei-me do registro das palavras de Jesus, segundo Mateus 7.13-14: "Entrem pela porta estreita, pois larga é a porta e amplo o caminho que leva à perdição, e são muitos os que entram por ela. Como é estreita a porta, e apertado o caminho que leva à vida! São poucos os que a encontram". Não resta a menor dúvida sobre isso. O mundo, em sua maior parte, escolhe o caminho para o inferno. Não são muitos os que escolhem Cristo e o seu céu.

Mas eu me pergunto: será que o inferno terá números maiores do que os residentes arrependidos do céu? E o que dizer sobre o número dos redimidos que será maior do que os grãos de areia da praia ou das estrelas no céu? Apocalipse 7.9 afirma que há uma multidão no céu que nenhum homem poderia enumerar.

Não há contradição entre as palavras de Cristo em Mateus e as que se encontram em Apocalipse. C. H. Spurgeon harmoniza isso da seguinte forma:

> Acredito que serão mais no céu do que no inferno. Se você me perguntar por que eu acho isso, responderei que é para que Cristo, em tudo, tenha a supremacia (Cl 1.18), e não posso conceber que ele tenha supremacia se houver mais nos domínios de Satanás do que no paraíso. Além disso, afirma-se na Bíblia que haverá uma multidão que nenhum homem poderá contar. Jamais li que há no inferno uma multidão que nenhum homem pode contar. *Regozijo em saber que as almas de todos os bebês, assim que morrem, vão rapidamente para o paraíso. Pense na multidão deles que há ali!* [10]

Em vez de debater os números do senso do céu e do inferno, basta dizer que o inferno existe; ele é horrível, e você não quer ir para lá, como também quer fazer tudo que esteja ao seu alcance para que os outros não o escolham. Os ensinamentos de Jesus sobre o inferno, quando menciona a amargura e o sofrimento ali existentes, têm a finalidade de infundir terror em nosso coração, alertando-nos de que se o céu é melhor do que poderíamos sonhar, então, o inferno também seria pior do que poderíamos imaginar.

O inferno nos alerta a buscar o céu.

Ele é o seu melhor impedimento.

Sei disso por experiência própria. Quando sofri o acidente, os médicos me encheram de medicamentos poderosos para acabar com uma infecção que estava avançando em meus membros paralisados. Meu corpo, devido à dor, parecia pegar fogo. Quando as enfermeiras me viravam de bruços naquela estrutura de metal que me sustentava, podia apenas ver o chão e os pés da pessoa. Aterrorizada, via horrendos cascos fendidos de demônios em vez dos sapatos das enfermeiras. Os pés dos amigos tinham garras nas extremidades. Eu berrava com as enfermeiras para que não me virassem para cima, pois temia ver monstros horrorosos. No entanto, quando elas me viravam, fiquei chocada ao descobrir que tudo estava normal.

Que inferno. Olhando para trás, sei que o meu terror foi induzido por drogas. Mas aquelas imagens amedrontadoras ficaram comigo até mesmo nos anos que se seguiram de amargura e apostasia. Na verdade, naqueles anos, quando estava oscilando e prestes a rejeitar Cristo totalmente, aqueles cascos partidos amedrontadores surgiam, como *flashes,* em minha mente. Para mim, era um aviso.

Tive muitos avisos em minha adolescência. Lembro-me de ler o sermão de Jonathan Edwards, *Sinners in the hands of an angry God* [*Pecadores nas mãos de um Deus irado*], enquanto estudava literatura norte-americana. Minhas mãos tremeram enquanto segurava o livro!

Gostaria que os alunos do colegial ainda tivessem de ler Jonathan Edwards, um dos maiores pensadores americanos, mas os tempos são outros. Poucos lêem advertências como estas,

> O mesmo Deus a quem os santos vêem como o seu amado supremo, os pecadores vêem como inimigo de sua alma. A luz divina e sobrenatural do santo é a treva divina e sobrenatural do pecador. Enquanto o redimido vê Deus como a fonte de toda a benção que o céu pode oferecer, o impenitente vê Deus como a fonte de toda a maldição do inferno. Para o santo, o céu é Deus. Para o iníquo, o inferno é Deus. Amaldiçoados são os impuros de coração porque eles também verão a Deus![11]

Isso parece injusto? Parece cruel que os descrentes sejam "lançados para fora, nas trevas, onde haverá choro e ranger de dentes" (Mt 8.12)? Nosso senso humano de justiça pode achar que sim, mas lembre-se, Deus não deve absolutamente nada a este planeta rebelde. Se não fosse pela vivificação da graça, todos nós permaneceríamos mortos em nossas transgressões. Além disso, se não fosse por sua graça, as junções deste planeta, havia muito tempo, já teriam se partido devido ao ódio e à violência. Que a raça humana tenha sobrevivido tanto tempo é uma demonstração da compaixão de Deus. A questão não é: "Como Deus poderia permitir que tantas pessoas fossem para o inferno?", mas deveria ser: "Como Deus poderia ser tão generoso e ter salvado tantas pessoas?"

A justiça humana não é a questão a ser considerada, mas sim a justiça de Deus.

Se não houver julgamento, e o inferno resultante dele, então não faz mais sentido comer, beber e ser alegre, pois amanhã morreremos e... ponto final. Nada. Tudo acabado. Mas *há* um inferno. Como também um julgamento. "Vi também os mortos, grandes e pequenos, em pé diante do trono, e livros foram abertos. Outro livro foi aberto, o livro da vida. Os mortos foram julgados *de acordo com o que tinham feito*, segundo o que estava registrado nos livros. [...] Aqueles cujos nomes não foram encontrados no livro da vida foram lançados no lago de fogo" (Ap 20.12-15; destaque da autora).

Este é um dos versículos da Bíblia que me deixa de cabelo em pé. Os versículos apocalípticos sobre os sinais dos tempos, terremotos, enchentes e pestes não me deixam assim. Nem mesmo a descrição de bestas que rugem e criaturas de dez chifres, ou dos céus baixando como um rolo e as montanhas sendo lançadas no oceano. O pior versículo da Bíblia é aquele sobre o julgamento das pessoas mortas. Isso porque alguns dos mortos serão meus vizinhos, professores da escola, a moça da lavanderia ou, até mesmo, aqueles rapazes muçulmanos que trabalham no posto de gasolina próximo da minha casa (isso para não mencionar milhões de outras pessoas no mundo todo).

Quando oro: "Venha em breve, Senhor Jesus", profiro as palavras "em breve" com muito cuidado. Eu realmente quero que Jesus volte logo? Quero sim!

E não quero, não!

Retardando o dia da ira de Deus

O dia amanheceu silenciosamente em Nazaré, exceto pelo canto do galo e pelo latido de alguns cachorros. Era ainda muito cedo, mas o sol já estava alto, e o ar, seco e quente. Em qualquer outra manhã, as ruas de Nazaré estariam abarrotadas de vendedores embusteiros e de mulheres a caminho do poço. Mas esse não era um dia comum. Era o sabá. E esse não era um sabá comum. Jesus voltara para sua cidade natal e devia estar na sinagoga.

Ninguém sabia ao certo quanto tempo ele estivera ausente. Dois, talvez três meses? Corriam rumores de que, certa manhã, Jesus pendurou seu avental de carpinteiro e dirigiu-se para o rio Jordão para encontrar João Batista. Depois, algo estranho aconteceu. Quando Jesus foi batizado, ouviu-se uma voz estrondosa seguida de uma pomba. Depois, ele desapareceu. Alguns dizem que Jesus foi para o deserto. Outros, mais tarde, registraram suas andanças em Cafarnaum. Foi quando os rumores ficaram realmente estranhos. Pessoas doentes sendo curadas? Água se transformando em vinho?

E agora ele estava de volta em Nazaré.

O ar na sinagoga estava quente e irrespirável. O atendente lhe entregou o rolo de Isaías. Ele o desenrolou calmamente, encontrou o versículo que estava procurando e começou a falar com voz de autoridade excepcional: "O Espírito do Senhor está sobre mim, porque ele me ungiu para pregar boas novas aos pobres. Ele me enviou para proclamar liberdade aos presos e recuperação da vista aos cegos, para libertar os oprimidos e proclamar o ano da graça do Senhor" (Lc 4.18-19).

Inesperadamente, ele parou no meio do versículo. Jesus o deixou inacabado e se sentou. Todos os olhos estavam voltados para ele. Nada surpreendente nisso, pois jamais ninguém lera Isaías 61 daquela forma, como se as palavras fossem suas próprias palavras. Por fim, Jesus quebrou o silêncio: "Hoje se cumpriu a Escritura que vocês acabaram de ouvir" (v.21).

O resto foi confuso. A multidão começou a pedir truques, um show de mágicas, e, aos berros, exigiam: "Faça aqui, em sua cidade natal, o que ouvimos que você fez em Carfanaum!" Jesus os lembrou de que as multidões exigiram o mesmo desempenho de Elias e Elizeu, mas, como os profetas de antigamente, ele não faria milagres em meio a pessoas infiéis, altivas e orgulhosas. Um tumulto teve início e, depois, houve revolta na cidade. Eles levaram Jesus para fora do vilarejo e o puseram no cume da montanha para jogá-lo penhasco abaixo. A história se interrompe abruptamente nesse ponto, com Jesus escapando e seguindo seu caminho.

Esse incidente, em Lucas 4, registra o anúncio formal do ministério de Jesus. Desde o momento que embarcou em sua missão terrena, ele deixou claro seus motivos e intenções. Viera em prol do céu. Mas por que a multidão não estava satisfeita com a afirmação de sua missão?

Talvez não tenha sido tanto o que ele disse, mas o que ele não disse. Jesus não leu todo o versículo de Isaías 61. Ele anunciou que viera proclamar as boas graças do Senhor, mas não terminou a sentença. Não falou o que as pessoas esperavam que falasse: que viera "proclamar o dia da vingança de nosso Deus". Era óbvio para as pessoas sentadas ali, naquela sinagoga, que Jesus não tinha a intenção de executar a ira de Deus sobre os opressores romanos. E todos achavam que era isso que o Messias deveria fazer — executar a ira e o julgamento.

Ele abandonou a parte mais aterrorizante do segundo versículo de Isaías 61, pois não tinha vindo para condenar ou destruir. Veio buscar e salvar o perdido.

Ele deixou todos confusos. Especialmente, João Batista que estava certo que haveria julgamento. João tinha preparado o caminho para Jesus, proclamando: "Arrependam-se, pois o Reino dos céus está próximo" (Mt 3.2). Ele pregou a vinda do fogo do inferno e alertou que a revanche de Deus estava próxima. Não é de admirar que João Batista estivesse estupefato. Arriscara a vida ao dizer coisas iradas contra Herodes, como também apontou o dedo aos religiosos hipócritas. Quando Jesus falhou em esmagar o mal e castigar os pecadores, João ficou confuso e desapontado. Ele fora jogado na prisão em benefício do julgamento que viria, mas Jesus não levantou um dedo para libertá-lo da cadeia.

Jesus deixou claro que seu programa não era executar a ira de Deus, mas entregar seu corpo a essa ira. Essa afirmação parte meu coração: Jesus, nosso precioso Salvador, não veio executar a ira de Deus, mas *apresentar o seu próprio corpo* para a fúria de Deus. Toda a violenta fúria de Deus contra o meu pecado foi derramada na cruz. Graças a Jesus, não existe mais raiva da parte do Pai para com você e para comigo.

Ao contrário, ele está guardando sua ira para o dia em que seu Filho voltar.

Um dia, Jesus voltará para acabar de cumprir o versículo em Isaías 61.

Ele julgará os vivos e os mortos. Ele esmagará os iníquos. Punirá os rebeldes, os malfeitores impudentes. Arruinará nações e deporá reis e governantes. Instituirá o dia da revanche do nosso Deus.

Isso é o que diminui os meus apelos para que o retorno de Cristo aconteça logo. É verdade, eu oro: "Venha em breve Senhor Jesus", mas, no mesmo instante, lembro-me da garota adolescente com o vestido branco de lantejoulas, por quem orei no baile, e da garota asiática de 10 anos no cabeleireiro, e de algumas tias e tios, pois, a não ser que eles venham a professar Cristo como Salvador, acabarão pisados no lagar da ira de Deus. Por favor, retarde um pouco mais aquele maravilhoso e apavorante dia do Senhor!

Todavia, preciso lembrar que o tempo de Deus é perfeito. Eu e você temos uma tarefa a realizar, assim como os discípulos que foram lembrados disso quando perguntaram a Jesus quando ele voltaria. O Senhor disse-lhes: "Não lhes compete saber os tempos ou as datas que o Pai estabeleceu pela sua própria autoridade. Mas receberão poder [...] e serão minhas testemunhas em Jerusalém, em toda a Judéia e Samaria, e até os confins da terra" (At 1.7-8). Não preciso me preocupar com o tempo de Deus. Tenho apenas de me preocupar em ser testemunha. Enquanto Cristo está no céu, ele está proclamando, por meio de nós, o ano das boas graças do Senhor. Está levando adiante o seu plano de compaixão e perdão por nosso intermédio. Ele é ainda o Pastor suave e misericordioso em busca de mais pessoas para resgatar, à procura de homens e mulheres perdidos a quem alegremente concederá a salvação.

Portanto, quando eu começar a apoiar-me no parapeito da eternidade e ansiar para que meu Salvador cumpra a promessa de retorno, mordo meus lábios e recordo-me de 2Pedro 3.9: "O Senhor não demora em cumprir sua promessa, como julgam alguns. Ao contrário, ele é paciente com vocês, não querendo que ninguém pereça, mas que todos cheguem ao arrependimento". Esse é o único lembrete que preciso para sair daquele parapeito e correr em busca dos que perecem.

Como nosso Senhor é paciente, pois retardou por praticamente dois mil anos a sua revanche! Não me importo com a demora de Deus, mesmo que isso signifique ter de passar alguns anos a mais nessa cadeira de rodas. A demora de Deus significa mais tempo e oportunidades para aumentar o número de pessoas no céu. Mais tempo para sua herança ser enriquecida, seu corpo ficar completo, sua noiva ficar mais bela, seu exército ficar maior e ganhar mais fileiras e o grande coro dos adoradores eternos ficar mais alto e estrondoso em seu louvor. Enfim, isso significa mais glória para ele.

Posso resumir 2Pedro 3.9 com essa paráfrase: "O Senhor não se demora a executar suas sentenças, conforme alguns compreendem o sentido de demora. Ele está retardando a última parte de Isaías 61.2 para que, se o céu assim desejar, meus vizinhos, meus parentes e as pessoas que trabalham na comunidade venham a se arrepender".

Ó, como Jesus é gracioso, como é paciente. Como nosso Deus é gentil. Como é misericordioso. Até que o Rei dos reis e o Senhor dos Senhores, com os olhos como chama de fogo, as vestes embebidas de sangue e a espada e a fúria, venha, é melhor que eu e você saiamos lá fora e proclamemos o ano das boas graças do Senhor.

Coroe-o com muitas coroas

A sua pressão está um pouco mais alta, como a minha está exatamente agora? Talvez, você esteja se sentindo como eu — flutuando, graças ao deleite, mas reverente devido ao medo.

Tinindo de alegria, mas tremendo devido ao respeito santo. Nosso Deus é um Deus magnífico. Essa é a razão pela qual gostaríamos que estivéssemos aconchegados uns com os outros para nos proteger do ar frio da noite, escutando o assobio dos pinheiros da casa ao lado e olhando a pequena fatia de lua sorrindo no horizonte. Gostaria que estivéssemos juntos sobre um domo estrelado, sentindo-nos pequenos e engolidos por ele e sintonizando a melodia esmaecida e espantosa de um certo hino que faz ressoar a corda de nossa alma.

Esse seria um momento de grande alegria e sabedoria. Mas, desta vez, nós não o deixaríamos escapar. Nada mundano ou comum poderia afogá-lo, e nós não apenas permaneceríamos nesse estado de êxtase ao escutar a música do céu, mas também elevaríamos a nossa voz e cantaríamos juntos...

> Coroe-o como Senhor do amor:
> Observe suas mãos e o lado —
> Feridas pesadas, mas visíveis do alto,
> Em beleza, glorificadas.
> Nenhum anjo do céu
> Consegue suportar essa visão,
> Mas seus olhos maravilhados se inclinam
> A esses mistérios tão radiantes.
>
> Coroe-o como o Senhor da vida:
> Que triunfou sobre o túmulo,
> Que ressuscitou vitorioso da batalha
> Para aqueles que veio salvar.
> E, agora, suas glórias cantamos
> Aquele que morreu e ressuscitou
> Aquele que morreu para nos dar a vida eterna
> E vivo está para que a morte morra.
>
> Coroe-o como o Senhor do céu:
> Um com o Pai,
> Um com o Espírito que recebemos graças a ele
> Que lá no trono está.
> Para ele, louvores eternos,

Pois, por nós, morreu.
Seja Tu, ó Senhor, por toda a eternidade
Adorado e engrandecido.
Amém.[12]

Notas

1. Reginald Heber. "Holy, holy, holy" (domínio público).
2. Matthew Bridges. "Crown Him with many crowns" (domínio público).
3. George F. Root. "When He cometh" (domínio público).
4. Ravi Zacharias. *The veritas forum at Harvard University Tape Series*. Norcross, Ga.: Ravi Zacharias International Ministries, 1992.
5. Essa idéia é do dr. Jack Miller, Westminster Theological Seminary.
6. Gerstner. *The rational biblical theology of Jonathan Edwards*. p. 558.
7. Lewis. *The weight of glory*. p. 10.
8. Lewis. *The inspirational writings of C. S. Lewis*. p. 382.
9. Kreeft. *Heaven*. p. 121-122.
10. C. H. Spurgeon. *Spurgeon at his best*. Grand Rapids: Baker, 1988. p. 95.
11. Gerstner. *The rational and biblical theology of Jonathan Edwards*. p. 538.
12. Matthew Bridges. "Crown Him with many crowns" (domínio público).

Parte 3
A jornada rumo à nossa morada

Parte 3
A jornada rumo à nossa morada

9
Preparando-se para o céu

Sem levantar os olhos da mesa, pedi a minha secretária: "Francie, você pode arquivar isso e tirar cópias dessas cartas". E suspirei: "E pode abrir o sofá-cama de novo?"

"Você está falando sério? De novo?"

"De novo." Ao falar isso, senti que meu rosto ficou vermelho e meus olhos ficaram marejados. Pela quarta vez naquele dia, eu precisava ser levantada de minha cadeira de rodas e deitar. Precisava tirar a roupa para reajustar meu colete – a respiração curta, a sudação e a subida da pressão sangüínea mostravam que alguma coisa estava comprimindo, ferindo ou perfurando meu corpo paralisado. Minha secretária enxugou as minhas lágrimas e abriu o sofá-cama que eu tinha no escritório.

Quando ela deslocou meu corpo, examinando minhas pernas e quadris em busca de alguma indicação de marca de pressão ou áreas vermelhas, fitei vagamente o teto. Resmunguei: "Quero desistir disso".

Não conseguíamos achar nada errado. Ela me vestiu novamente, me colocou na cadeira de rodas e se afastou.

Olhei embaraçada para ela: "Onde devo ir para abdicar desta estúpida paralisia?"

Francie sacudiu a cabeça e sorriu. Ela já me ouvira dizer isso muitas vezes. Não era novidade. Minha incapacidade, às vezes, é um tormento.

Depois de recolher a pilha de cartas de minha escrivaninha, já prestes a sair, ela parou e encostou-se na porta: "Aposto que você mal pode esperar pelo céu. Sabe, como Paulo disse: 'Gememos, desejando ser revestidos da nossa habitação'".

Meus olhos marejaram de novo, mas, dessa vez, com lágrimas de alívio e esperança. "Sim, isso seria ótimo". Não podia retornar ao meu ditado. O verso ficou paralisado, como eu, e sussurrei uma oração: "Sim, Senhor, eu aguardo para ser toda renovada, ter um corpo que nunca conheça a dor. Mas, para ser honesta, o que realmente quero é um novo coração que não queira desistir".

Sentei e sonhei com o que já sonhara milhares de vezes: a esperança do céu. Ajustei e alinhei meu desejo, refocalizei minhas emoções e reorganizei meus pensamentos. Mentalmente, recitei muitas outras promessas e fixei os olhos em meu coração para ver as realidades divinas invisíveis e a divina realização futura. Fixei o olhar em umas poucas coordenadas divinas para focar acima de meu tormento físico: *Quando o vemos, queremos ser iguais a ele... O perecível deve ser transformado em perene... o corruptível, em incorruptível... aquele que está semeado de franqueza, será levantado em poder... ele nos deu uma herança que não pode nunca definhar, corromper ou enfraquecer... Se sofremos com ele, reinaremos com ele.*

Isso era tudo que eu precisava. Abri meus olhos e disse em voz alta com um sorriso: "Venha rápido, Senhor Jesus".

A cena que acabei de descrever pode ocorrer duas ou três vezes por semana. Para ser franca, a aflição física e a dor emocional fazem parte de minha rotina diária. Mas, apenas permaneço centrada em mim o tempo suficiente para derramar algumas lágrimas, desatar o nó da garganta que me sufoca e pronto. Há muito tempo, aprendi que a autopiedade pode ser uma armadilha mortal, portanto, eu a evito como se fosse uma praga. De forma rápida, movo-me para cima e para diante.

A privação é a maneira como Deus me ajuda a direcionar a minha mente na vida futura. E isso não quer dizer que a vida futura signifique desejo de morrer, uma muleta psicológica ou escapismo da realidade. Estou falando da "vida futura" como realidade verdadeira. Se você quiser deixar a realidade em perspectiva, nada é mais importante do que alguns versículos da Escritura, consagrados pelo tempo e muito conhecidos.

Toda vez que o meu colete machuca a parte lateral do meu corpo, ou tenho de enfrentar quatro semanas na cama, ou sinto o golpe do sentimento de pena de alguém, olho além dos aspectos negativos e vejo os positivos...

Lembro que os peregrinos não deviam sentir-se em casa na Terra.

Ponho meu coração e minha mente em coisas do céu e espero o Noivo.

Lembro da promessa de que terei um corpo, um coração e uma mente novos.

Sonho com o reinar na Terra e governar no céu.

Penso nas coroas e nos prêmios e em lançá-los todos aos pés de Jesus.

Quando as Escrituras tocam as cordas vibrantes de meu coração, entôo uma melodia e mantenho-me no estado de quem escuta uma música celestial. Antes que eu perceba, as canções me elevam e plano nas asas do Espírito, respirando o ar celestial. Estou no céu. Essa é uma posição vantajosa e gloriosa da qual posso observar, abaixo, minha dor e meus problemas. A alma que subiu ao reino dos céus não pode deixar de triunfar.

É estranho que, seja necessário uma cadeira de rodas – que, algumas vezes, me atira à Terra –, para me fazer ver a futilidade de travar lutas espirituais no plano terrestre. Quando tentei viver na mesma pequena e restrita esfera dos meus pinos, engrenagens, rodas e tiras de couro, só fiz bobagens. Sentia-me impotente até que mudei para um campo de batalha mais alto e encontrei uma perspectiva distinta.

De uma perspectiva celeste, olhando para baixo, meus problemas parecem provações extraordinariamente distintas. Minha paralisia, quando vista de sua perspectiva concreta, parece uma enorme e intransponível muralha; mas a muralha, vista de cima, parece uma linha delgada, algo que pode ser superado.

Descobri com deleite a perspectiva de visão dos olhos dos pássaros. Essa era a visão de Isaías 40.31: "Mas aqueles que esperam no Senhor renovam as suas forças. Voam alto como águias; correm e não ficam exaustos, andam e não se cansam".

As águias suplantam a lei mais baixa da gravidade por meio da mais alta lei de vôo, e o que é verdade para os pássaros, também é verdade para a alma. As almas que, como as águias, alcançam as alturas dos céus com asas, superam a lama da Terra que nos mantêm presos em uma perspectiva temporal e limitada. Se você quiser ver os horizontes do céu e pôr a Terra em seu espelho retrovisor, tudo de que precisa é abrir as suas asas (sim, você tem asas, não precisa de asas maiores nem melhores, você possui tudo o que precisa para conquistar uma perspectiva celeste em suas provações) e observar as suas provações a partir do domínio celeste. Você, como a muralha que se transforma em uma linha fina, poderá ver o outro lado, a conseqüência mais feliz.

Foi isso o que me aconteceu aquele dia em meu escritório. Estava apta a olhar além de minha "muralha" e ver para onde Jesus estava me levando em minha jornada espiritual.

Apesar de a paralisia ter ajudado em minha peregrinação, ela não me tornou automaticamente santa. Você pode dizer a mesma coisa a respeito do seu sofrimento. O pesar e os problemas não tornam alguém obediente instantaneamente. Isso, para mim, levou tempo. E de muitas maneiras.

A visão a partir do fim dos tempos

As Escrituras, em essência, nos apresentam uma visão da vida a partir da perspectiva eterna. Alguns chamam a isso de "ponto de vista celestial". Eu chamo de "a visão do fim dos tempos". Essa perspectiva separa o que é transitório do que é permanente. O transitório, como o padecimento físico, não durará, mas o que é permanente, como o peso eterno de glória proveniente daquele padecimento, permanecerá para sempre. As outras coisas – sofrimento adormecido, decepções profundas, circunstâncias que parecem confusas –, não importa quão reais nos pareçam aqui na Terra, são tratadas como irrelevantes. As privações dificilmente são dignas de ser mencionadas.

O apóstolo Paulo tinha essa perspectiva quando disse: "Pois os nossos sofrimentos leves e momentâneos estão produzindo para nós uma glória eterna que pesa mais do que todos eles" (2Co 4.17). E ao observar suas próprias tribulações, ele acrescentou: "Eu as considero como esterco" (Fp 3.8).

Espere um minuto. Ele disse: "Tribulação, peso"? "Sofrimentos, esterco"?

O apóstolo Pedro também tinha essa perspectiva quando escreveu aos amigos cristãos que estavam sendo açoitados e surrados. "Nisso vocês exultam, ainda que agora, por um pouco de tempo, devam ser entristecidos por todo tipo de provação" (1Pe 1.6).

Alegrar-se? Quando você é lançado aos leões? Os cristãos, para quem Pedro escrevia, estavam sofrendo de maneira horrível sob as ordens de Nero, imperador romano. Pedro esperava que vissem seus problemas como duradouros... *por um pouco?* Que tipo de relógio de pulso ele estava usando?

Esse tipo de desinteresse pelo sofrimento extremamente desagradável, que consome as entranhas, costumava me deixar enfurecida. Presa em uma cadeira de rodas, quando olhava, pela janela, os campos de nossa fazenda, perguntava-me: *Deus, como é possível que o Senhor possa considerar meus problemas leves e temporários? Nunca mais andarei nem correrei. Nunca mais usarei as mãos. Tenho uma bolsa pendurada para escoar a urina... e cheiro a urina... minhas costas doem... estou presa diante desta janela. Talvez o Senhor veja tudo isso como algo que sirva para conquistar a glória eterna, mas, nesta horrível cadeira de rodas, tudo o que vejo da vida é um dia horroroso depois do outro!*

Não aceitei o ponto de vista celestial. O meu sofrimento grita por minha total atenção, insistindo: "Esqueça o futuro! O que Deus fará *agora?*" O tempo faz isso. Ele prende a sua atenção em coisas temporais e faz com que viva o momento. E o sofrimento não facilita nada. Apenas aperta o parafuso no momento, despertando a sua ansiedade para que possa encontrar uma maneira de consertar a situação ou de escapar dela. Era assim que eu me sentia enquanto tinha pena de mim mesma por estar em minha cadeira. Quando li, em Romanos 5.3, "nos gloriamos nas tribulações", meu primeiro pensamento foi: *Tudo bem, Deus, vou me regozijar no dia em que o Senhor tirar-me desta coisa! E se o Senhor não o fizer, o que isso significa? O Senhor está zombando da minha paralisia? Está tentando me convencer de que estou enfrentando um período de negação espiritual? Que a minha ferida e o tormento são imaginários?* Deus, obviamente, estava usando um dicionário diferente quando se referia a minha aflição como leve e momentânea.

Anos mais tarde, a luz se manifestou. O Senhor não usara um léxico diferente quando escolheu palavras como "leve e momentâneo" para definir os problemas terrestres. Mesmo quando isso significa ser um cisne despedaçado e dilacerado por leões ou estatelar-se em uma cadeira de rodas pelo resto da vida. Os escritores da Bíblia, inspirados pelo Espírito, apenas têm uma perspectiva distinta, uma visão do fim dos tempos. Tim Stafford diz: "Por isso, às vezes, as Escrituras, de maneira tão jovial e perturbadora, podem parecer intocáveis pela realidade, removendo grandes problemas filosóficos e agonias pessoais. Mas a vida é assim quando olhamos a partir do fim. A perspectiva muda tudo. O que parece tão importante no momento, não tem nenhuma importância".[1]

Tudo é uma questão de perspectiva. Em 2Coríntios 4.16-17, o autor diz: "Por isso não desanimamos". Embora exteriormente estejamos a desgastar-nos, interiormente estamos sendo renovados dia após dia, pois os nossos sofrimentos leves e momentâneos estão *produzindo para nós uma glória eterna que pesa mais do que todos eles*" (destaque da autora). O que poderia exceder o peso do tormento da paralisia permanente? As coordenadas para a nova perspectiva encontram-se no próximo versículo: "Assim, fixamos os olhos, não naquilo que se vê, mas no que não se vê, pois o que se vê é transitório, mas o que não se vê é *eterno*" (v. 18; destaque da autora). O grande valor da glória eterna fica claro:

A cura daquela velha ferida.
Regozijo eterno e enlevado.
Estar belamente revestido de retidão.
Conhecer totalmente a Cristo, meu Rei e co-herdeiro.
A destruição final da morte, da doença e do mal. A vindicação de seu santo nome. A restauração de todas as coisas sob Cristo.

Essas coisas, em qualquer dia, superam as milhares de tardes de sudação e pressão alta. Superam uma vida sem sensibilidade física ou movimento. Observe que não estou dizendo que minha paralisia é uma coisa leve em si ou por si mesma, ela apenas se *torna* leve em comparação com o peso muito maior que está do outro lado da escala. E, normalmente, não diria que três décadas em uma cadeira de rodas é algo "temporário", elas *são* quando você percebe que "são como a neblina que aparece por um pouco de tempo e depois se dissipa" (Tg 4.14).

A Escritura, com freqüência, tenta nos fazer ver a vida dessa maneira. A nossa vida é um eco na tela eterna. A dor será suprimida por um grande entendimento, será eclipsada por um resultado glorioso. Algo tão soberbo, tão grandioso, acontecerá no final do mundo que será suficiente para compensar qualquer ferida e reparará qualquer angústia. Isso também nos ajuda a saber que o sofrimento que passamos aqui é necessário para alcançar o estado que queremos (mais exatamente, que Deus quer!) no céu.

Foi por isso que Jesus gastou tanto tempo enfatizando a perspectiva do fim dos tempos. O Senhor veio dos céus e sabe quão maravilhoso o céu é. Contudo, ele sempre focava no resultado final – o resultado da colheita, o fruto da árvore, o fim do dia de trabalho, o lucro do investimento, a casa que resiste à tempestade. Ele sabia que se tivéssemos de nos regozijar com o nosso sofrimento, a nossa fascinação com o aqui e agora seria reduzida. Caso contrário, como ele poderia dizer àqueles que se lamentam: "Você é abençoado"? De que outra maneira ele poderia dizer àqueles que são perseguidos para que fiquem alegres? De que outra maneira, poderia lembrar seus seguidores que "considerassem regozijo" o sofrer tortura e morte?

Nada mais alterou de maneira tão radical a maneira de ver meu sofrimento do que o salto até esse desígnio superior do fim dos tempos. O céu tornou-se minha maior esperança. Na verdade, surpreende-me que outras pessoas possam enfrentar a tetraplegia, o câncer ou mesmo a morte na família sem a esperança do céu. Eu pretendia não mais ficar na janela da casa da fazenda por horas a fio, revolvendo a lama, rejeitando o ensinamento de Romanos 8.28 e resmungando: "Como essa passagem pode afirmar que, em minha vida, todas as coisas se ajustam em um padrão para o bem!" O padrão de bom, adotado por Deus, para minha vida terrena cheirava a urina e parecia penoso, mas eu sabia que o resultado final no céu exalaria um perfumado e glorioso aroma: Cristo em mim, a esperança de glória.

É tudo uma questão de tempo. Em Eclesiastes 3.11, lemos: "Ele fez tudo apropriado ao seu tempo". E muitos não verão a beleza antes do fim dos tempos. O tempo soluciona o dilema de Romanos 8.28 tanto quanto os outros problemas do mal, do sofrimento e do tormento.

A ligação entre a privação e o céu

Você pode não estar paralisado em conseqüência de uma perna quebrada, mas pode estar por outras limitações. Um coração partido. Um lar desfeito. Uma reputação arruinada. Essas coisas que agora clamam por sua atenção integral podem fechar as portas para a satisfação terrena, mas podem agitar janelas escancaradas para uma viva esperança de céu.

Observe que as portas fechadas – muitas delas foram batidas em sua cara e esmagaram seus dedos – não são acidentais. Deus, a fim de ganhar o seu coração, tomará medidas drásticas para instilar em seu íntimo um profundo desejo por sua herança que não pode nunca perecer, ser roubada ou enfraquecer. Primeiro, o *modus operandi* dele, mas, mais tarde, com a perspectiva do fim dos tempos, você ficará agradecido por isso. Samuel Rutherford descreve a ligação entre a privação e o céu desta maneira:

Se, algum tempo atrás, Deus tivesse me contado que me faria tão feliz quanto posso ser neste mundo, mas depois dissesse que começaria isso com um braço ou perna que ficariam aleijados, impossibilitando-me de desfrutar de todas as minhas fontes usuais de divertimento, eu, com certeza, pensaria que esse era um método muito estranho de realizar o seu propósito. E, no entanto, a sua sabedoria estaria presente até nisso! É a mesma coisa que se você visse um homem trancado em uma sala, idolatrando uma série de lamparinas e regozijando-se com a sua luz, e, com o intuito de fazê-lo verdadeiramente feliz, você começasse a apagar as lamparinas; e depois abrisse as venezianas para deixar entrar a luz do céu.[2]

Deus fez exatamente isso comigo quando pôs um pescoço quebrado em meu caminho. Ele apagou as lamparinas da minha vida que iluminavam o aqui e agora, lamparinas que tornavam esse aqui e agora tão cativante. O obscuro desespero que acompanhou a total e permanente paralisia não foi muito divertido, mas isso, com certeza, fez com que o céu se tornasse vivo. E, um dia, quando nosso noivo voltar – provavelmente, enquanto eu estiver deitada em meu sofá-cama do escritório, como já aconteceu inúmeras vezes –, Deus abrirá as venezianas do céu. Não há dúvida, para mim, de que estarei muito mais empolgada e pronta para esse momento do que se estivesse sobre os meus pés.

O sofrimento não é um malogro do plano de Deus. A verdade é que isso faz parte da aflição, como também a morte, a doença e a destruição. No entanto, é necessário que haja a redenção antes que Deus volte e feche a cortina do sofrimento. Como Dorothy Sayers disse: "Apenas no cristianismo vemos um Deus bom que alcança no mais profundo do que, de outra maneira, poderia ser um terrível mal e inverter a ordem para que se transforme em algo positivo e bom para nós e glória para ele".

Portanto, qual é a ligação entre o céu e a nossa privação?

O sofrimento move nosso coração em direção ao céu

O sofrimento nos faz querer ir para lá. Lares desfeitos e corações partidos aniquilam nossas ilusões de que a Terra possa cumprir suas promessas, de que ela possa, na realidade, ser satisfatória. Apenas a esperança do céu pode verdadeiramente mover nossas paixões para fora deste mundo – e Deus, de qualquer maneira, sabe que nunca poderia nos realizar neste mundo – e colocá-las onde encontrarão sua gloriosa realização.

Enquanto eu podia andar, teria sido bom se tivesse me concentrado no céu somente por causa de Cristo. É altruísmo, sim. Mas, é realista? Não. Eu era saudável, atlética, desatenta e não era o tipo de pessoa que pudesse ser ludibriada a respeito do céu por alguém, a não ser por mim mesma. Quem quer pensar sobre o céu quando tem coisas para fazer aqui e lugares para ir? Além disso, você tem de morrer para chegar lá. Eu não queria pensar sobre essas coisas quando tinha 17 anos.

Essa é a natureza da besta humana. Pelo menos, desta besta. Algumas pessoas têm de quebrar o pescoço para conseguir elevar o coração, centrá-lo nas glórias celestiais, e eu sou uma delas. Foi apenas após perceber e aceitar que minha paralisia seria permanente que o céu me interessou.

Graças a Deus, você não precisou quebrar o pescoço para ser arrebatado. Quando você *percebe* que as esperanças que nutriu nunca se tornarão verdade, que a pessoa que você amou partiu desta vida para sempre, que você nunca será tão bonito, ou bem-sucedido ou famoso como, certa vez, imaginou, seu olhar se levanta. Você anseia e aguarda o dia em que suas esperanças serão realizadas e a angústia se desvanecerá. O glorioso dia em que "seremos completos", conforme você o idealizou, torna-se sua paixão, pois percebe que a Terra, de uma vez por todas, nunca realizará nossos mais profundos desejos.

Meu desejo de correr pelas campinas terrestres e descansar meus pés em um riacho nunca se realizarão – mas se realizarão no novo céu e na nova Terra. Meu sonho de abraçar uma pessoa amada e verdadeiramente *sentir* seu abraço nunca se realizará – mas se realizará quando juntos estivermos diante de Jesus.

Você pode apreciar isso, em especial, se a Terra despedaçou seu coração. Você pode ser uma mãe que perdeu o filho em um acidente, um filho que perdeu o pai que morreu de câncer, ou um marido cuja esposa passou para a glória. Esses queridos levam consigo uma parte do nosso coração que ninguém pode restabelecer. E desde que, de qualquer maneira, a busca pelo céu é uma ocupação do coração, não se surpreenda por se ver ansiando pelo céu depois que deixar o luto. Se seu coração estiver com a pessoa amada, e ela estiver em casa com o Senhor, então, o céu é sua pátria também.

O coração despedaçado guia a pessoa para o verdadeiro contentamento ao esperar menos desta vida e mais da vida que está por vir. A arte de viver com o sofrimento é a de redimensionar suas expectativas no aqui e agora. Com certeza, há algumas coisas que *nunca conseguirei* fazer devido a esta cadeira de rodas. Esses desejos aumentam minha solidão aqui na Terra. O salmista envolveu essa solidão com palavras, em Salmos 73.25-26, quando diz: "A quem tenho nos céus senão a ti? E na terra, nada mais desejo além de estar junto a ti. O meu corpo e o meu coração poderão fraquejar, mas Deus é a força do meu coração e a minha herança para sempre".

Larry Crabb escreve:

> Pessoas devotas[...] suportam nobremente coisas difíceis. Uma filha anoréxica, o desemprego, ser traído por um amigo. Elas sabem que sua vida é significativa e que (lá no céu) estão destinadas, na esfera mais profunda, a desfrutar de ilimitado gozo. Como sentem, em seu âmago, que agora nada alcança o padrão de sua alma desejosa, a dor quieta, mas profundamente pulsante, as leva não a lamentar, mas a antecipar e a promover a submissão.[3]

Todavia, pedir menos não é uma perda, e redirecionar as expectativas não é algo negativo. É bom. Quando ainda podia andar, o prazer impetuoso proporcionava apenas satisfação fugaz. Em uma cadeira de rodas, a satisfação se manifesta com o sentar sob uma árvore em um dia de vento e se deliciar com o farfalhar das folhas, ou se sentar perto da lareira e apreciar a suave melodia de uma sinfonia. Esses prazeres menores, menos barulhentos, são preciosos, pois, ao contrário da alegria que sentia ao me manter em pé, essas coisas produzem perseverança, resignação e espírito de gratidão, tudo o que me qualifica para a posterior eternidade.

É por meio dessa sujeição que você alcança o máximo aqui na Terra. Conforme lemos em Hebreus, se você tiver "um coração sincero e com plena convicção de fé", receberá por sua vez a convicção das realidades divinas invisíveis e da futura realização divina. Você desfruta de um novo estágio, uma nova liberação de energia em cada aspecto de sua vida como se os olhos de sua alma tivessem sido fortalecidos, e sua compreensão espiritual, avivada. A maior segurança da fé lhe mostra que, na verdade, todas as coisas estão operando juntas para o bem e, assim você percebe, sem dúvida alguma, que o menor gesto feito em nome de Cristo resultará em uma grande capacidade de servir a Deus em glória.

O sofrimento impele o coração rumo à pátria.

O sofrimento nos prepara para encontrar Deus

Pense nisso: *imagine que nunca na vida você tenha experimentado a dor física.* Nenhuma mágoa no passado, nenhum tornozelo torcido, nenhuma dor de dente. E se você nunca precisou usar muletas ou andador, como acha que pode agradecer as mãos cicatrizadas com que Cristo o saudará?

Sim, Jesus é o único no céu que exibe a cicatriz da vida na Terra, a marca de pregos nas mãos. Sabemos disso porque em seu trono, o Cristo ressurrecto aparece como o Cordeiro "que parecia ter estado morto". E quando tocarmos suas cicatrizes, Deus nos dará, pelo menos, uma resposta parcial sobre as perguntas ("por quê?") que nos fazemos a respeito dos nossos sofrimentos, e poderá comentar: "Por que não?"

Se Jesus passou por tanto sofrimento para nos garantir o que não merecíamos, por que reclamamos quando na Terra suportamos apenas uma pequena fração do que ele passou em nosso benefício? Mas, se em vez disso, já tivermos eliminado as queixas e regozijarmo-nos pelo privilégio de participar do sofrimento de Cristo, ficaremos cheios de alegria quando sua glória se manifestar. Pois "se de fato participamos dos seus sofrimentos, para que também participemos da sua glória" (Rm 8.17).

De certa maneira, desejo levar comigo para o céu a minha velha e esfarrapada cadeira de rodas. Poderia apontar para o assento vazio e dizer: "Senhor, durante décadas, fiquei paralisada nesta cadeira. No entanto, isso me mostrou o quanto o Senhor se sentiu paralisado ao ser pregado em sua cruz. Minhas limitações ensinaram-me alguma coisa sobre as limitações que o Senhor enfrentou quando deixou de lado seu manto de magnificência e sobrecarregou-se com a indignidade da carne humana".

Nesse ponto, com meu forte e bonito corpo glorificado, posso sentar na cadeira, roçar os braços dela com minhas mãos, levantar os olhos para Jesus e acrescentar: "Quanto mais fraca eu me sentia nesta cadeira, mais eu me apoiava no Senhor. E quanto mais eu me apoiava, mais descobria quão forte o Senhor é. Obrigado, Jesus, pelo aprendizado da obediência que tive em seu sofrimento... O Senhor deu-me a graça de aprender a obediência em meu sofrimento".

Não apenas agradecerei pelas cicatrizes de Cristo, como também pelas dos outros crentes. Lá verei homens e mulheres que, no mundo, foram cortados em pedaços, queimados em chamas, torturados e perseguidos, comidos por feras e afogados nos mares – tudo devido ao amor que tinham pelo Senhor. Que privilégio poder estar em pé ao lado desse grupo! Mas, como seria vergonhoso, se conversando com eles, apenas pudéssemos sacudir os ombros e tagarelar: "Eu? Sofrimento? Bem, uma vez, tive de aturar um amarelo horrível na parede de minha sala... e, ó sim, fiz uma cirurgia de vesícula. Você quer ver minha cicatriz?"

Perdoe-me por ser irreverente, mas talvez mordêssemos com mais freqüência nossa língua queixosa se parássemos de retratar essa cena no céu. O exemplo de outros santos que sofreram se destina a inspirar-nos para nossa jornada celestial rumo à nossa morada. Por isso, adoro ler biografias de missionários como Amy Carmichael ou J. Hudson Taylor, pessoas que consideraram um privilégio suportar seus sofrimentos com graça para que pudessem compartilhar da glória em Cristo.

Suponha que você nunca tenha conhecido em sua vida o sofrimento emocional. Sem mácula em sua reputação. Nenhum sentimento ferido. Nenhuma pontada de culpa. E se ninguém nunca o tiver ofendido profundamente? Como você poderia expressar de maneira adequada a sua gratidão quando encontrar-se com o Homem de Dores que está familiarizado com o pesar?

Se você nunca se sentiu constrangido ou envergonhado, nunca poderá compreender o quanto ele o amou quando suportou que os soldados neles cuspissem, a fraqueza moral de seus discípulos, a multidão insensível e o escárnio da turba. Tudo por amor a você.

Ele tomou os seus pecados vergonhosos para si. Você pode dizer: "Senhor, sou grato por sentir a punhalada da culpa... Entendo melhor o quanto o Senhor foi ferido pelo pecado na cruz!"

Por fim, suponha que, nunca na vida, você tenha travado uma batalha contra o pecado. Há uma conexão clara entre o céu e essa batalha. O apóstolo João estreitou essa conexão quando escreveu em 1João 3.2-3: "Sabemos que, quando ele se manifestar, seremos semelhantes a ele, pois o veremos como ele é. Todo aquele que nele tem esta esperança purifica-se a si mesmo, assim como ele é puro".

É raro achar crentes que, graças ao céu, purificam-se a si mesmos. Eu quero ser um deles. E você? Quero examinar a minha consciência para que fique limpa e escancarar cada cubículo do meu coração que oculte um segredo. É doloroso pôr-se tão próxima do auto-exame para cortar cada pecado, eu, como qualquer outra pessoa, não gostaria de "arrancar meu olho" nem de "cortar minha mão". No entanto, isso é o que o Senhor requer se quisermos gozar uma vívida antecipação de vê-lo face a face. Todos que purificam a si mesmos têm a esperança celestial, e todos que possuem essa esperança, purificam a si mesmos.[4]

Quero ser tão feliz quanto é possível no céu. O bispo Ryle acerta o alvo quando adverte: "O céu é um lugar santo. Todos os seus habitantes são santos. Todas as suas ocupações são santas. Para ser realmente feliz no céu, devemos estar, de alguma forma, preparados para isso. Nosso coração deve estar um pouco na toada, um pouco pronto para isso".[5]

Sim, você quer ser feliz no céu. E, sim, você gostaria de se sentir em casa com o rei Davi e os apóstolos Paulo e João. Portanto, viva a vida de acordo com o que eles falaram. Poderíamos aplaudir com entusiasmo o apóstolo Paulo que disse: "Sujeitem-se uns aos outros, por temor a Cristo" (Ef 5.21), se o que praticamos é pisar sobre as outras pessoas para seguir adiante?

Poderíamos realmente esperar, cheios de interesse, passar horas sozinhos com o apóstolo João que afirmou: "Todo aquele que permanece no amor permanece em Deus, e Deus nele" (1Jo 4.16), se, na verdade, nos acomodamos a uma devoção indiferente e cheia de murmúrios cansativos ao nosso Senhor Jesus? Poderíamos nos sentir tranqüilos com Davi que declarou: "Clamo ao Deus Altíssimo, a Deus, que para comigo cumpre o seu propósito" (Sl 57.2), se optarmos por ignorar Deus quando temos problemas?

Como poderíamos exultar em encontrar o Senhor face a face depois de, aqui na Terra, agarrarmo-nos aos mesmos pecados pelos quais ele morreu? É impossível insistir em continuar com hábitos pecaminosos quando, ao mesmo tempo, agarramo-nos ao desejo de tocar a cicatriz dos pregos nas mãos de Cristo. Ninguém pode esperar ir para o céu enquanto, de maneira consciente, agarra-se a pecados que sabe que são ofensivos. É verdade, a vida santa é austera e exigente, mas o prêmio divino é precioso. É divino que existam pessoas dispostas a pregar seus pecados na cruz; que, como João, desejam depender de Cristo; que, como Paulo, abandonam a si mesmas para ser lançadas ao terceiro céu; e que, como Davi, gostam de sentar-se aos pés de seu Senhor.

Sim, é uma luta. Todo o capítulo 7 do livro de Romanos nos assegura que sempre será uma luta viver a vida santa. Mas pense nisso como a melhor maneira de mostrar o seu amor por Cristo! "De todas as coisas que nos surpreenderão na manhã da ressurreição, acredito que a que nos surpreenderá mais é esta: não termos amado mais a Cristo antes de morrer".[6]

Quanto a você, não sei, mas essa é uma surpresa que eu quero evitar. Quero cortar fora cada pecado que se enreda em meu ser.

Se você vir seu sofrimento dessa maneira, uma coisa curiosa acontecerá. Se você compreender a sua aflição como uma preparação para encontrar Deus, você não se apressará em chamá-la de "sofrimento" novamente. Não obstante, mesmo tendo momentos árduos em minha cadeira de rodas, como aquele em meu escritório, com pressão alta e dor, considero a minha paralisia, de modo geral, um dom. Da mesma maneira como Jesus mudou o significado da cruz de um símbolo de tortura para um símbolo de esperança e salvação, ele me deu a graça de fazer a mesma coisa com a minha cadeira. Se a cruz pôde tornar-se uma bênção, uma cadeira de rodas também pode.

Fui inspirada por madame Guyon que, apesar de ter ficado, por muitos anos, trancada nas profundezas das masmorras francesas, escreveu: "Não quero que meu aprisionamento tenha fim antes do momento certo; amo as minhas correntes". E Amy Carmichael, missionária na Índia, que escreveu em sua cama de aflição:

> Antes que cesse o sopro dos ventos,
> Ensina-me a habitar em sua calma:
> Antes que a dor se transforme em paz,
> Meu Deus, deixe-me cantar um salmo.[7]

Madame Guyon e Amy Carmichael diriam algo mais. Elas não esperariam que eu ousasse dizer que estou "sofrendo" de paralisia. Uma vez um dom, sempre um dom. A cadeira de rodas, em certo sentido, foi agora deixada para trás. O desespero acabou. Agora, há outras cruzes para carregar, outras "cadeiras de rodas" em minha vida para ser transformadas em dons.

Quando encontramos Jesus face a face, a lealdade em sua aflição lhe dará algo tangível, algo concreto para oferecer a ele em retorno. Que evidência de seu amor e fidelidade você poderia apresentar se esta vida o deixou totalmente sem marcas e cicatrizes?

Quando o sofrimento parece intransponível

Do outro lado do telefone, posso ouvir o sopro e o chiado do aparelho de respiração artificial de Lisa, como ela sofre para falar entre uma respiração e outra: "Joni, não... vejo por que Deus... está me pondo em meio... a todo esse sofrimento... Por que ele apenas não... me leva para casa... agora?"

Apoiei minha cabeça contra o receptor e, pela milésima vez, pensei no que responder. Lisa tinha 21 anos quando sofreu um acidente que a deixou paralítica, dois anos e meio atrás. Naquela época, ela passou por vários hospitais. Os médicos fizeram tudo que podiam e agora estão decidindo para onde mandá-la. Seus pais não podem cuidar dela. Os centros de convivência independentes para pessoas de sua idade estão abarrotados e com longas listas de espera. A única opção talvez seja uma casa de saúde.

Estou nesta cadeira de rodas há muitos anos. Lisa está apenas há alguns. Como posso querer que ela alcance o que me custou muitos anos para entender? O que eu poderia fazer ou dizer para ajudá-la?

Lisa, interrompendo meus pensamentos, continuou: "Eu sou cristã. Por que... devo passar por tudo... isso?"

Muitas vezes, também me fiz essa pergunta. *Certo, eu aceitei essa conexão entre a aflição e o céu, mas o que fazer se o sofrimento é intransponível, esmagador, insuportável?* Estou paralisada dos ombros para baixo, mas Lisa está paralisada do pescoço para baixo. Ela nem mesmo pode respirar sozinha. Como alguém pode lidar com tanta frustração e aflição? Questões como essas, quando se trata de lutas de alguém como ela, perdem seu tom acadêmico. Essa jovem tetraplégica, dependente de um aparelho artificial para respirar, está vivendo em uma terra de ninguém, caminhando adiante nas trincheiras de frente em que a maioria de nós sofre.

Senti que sua pergunta, enquanto conversávamos ao telefone, não era o "por quê?", do tipo de punho cerrado, mas o "por quê?" do coração que perscruta. A amargura não era seu castigo merecido. Lisa, na verdade, estava procurando saber como viver, como enxergar sua aflição como significativa. Eu sabia que se pudesse erguer-se acima de sua situação para ver seu sofrimento de um ponto de vista divino, ela estaria na posição invejável de alcançar mais do que a maioria das pessoas.

Ela murmurou ao telefone: "Você quer dizer que eu posso conseguir mais do que você?"

Respondi gentilmente: "Sim, eu acredito que sim".

"Estou pronta... eu quero entender... não quero viver... minha vida em vão".

Na hora que se seguiu, devagar, tentei ajudá-la a colocar sua visão acima da intransponível muralha de seu hospital. Iniciei pelo básico (que não é, na verdade, tão básico) e compartilhei como sua paralisia poderia se tornar a melhor maneira de conhecer Deus. Expliquei: "Lisa, o Salmo 46.10 diz: 'Parem de lutar! Saibam que eu sou Deus!' Assim, as horas que você passa na cama do hospital são uma maneira de aquietar-se diante de Deus, isto é, parar de lutar. Grande parte do seu corpo não se mexe. Literalmente. Ele está sempre quieto. Essa quietude pode ajudá-la a compreender coisas sobre o Senhor que a maioria das pessoas nunca consegue".

A quietude perfeita não está sempre disponível para aqueles que mais a apreciariam, e, muitas vezes, não é apreciada por aqueles que a têm. Lisa tinha um longo caminho diante de si antes de aprender como se sentir confortável em sua quietude forçada, no entanto, a brandura de sua voz me dizia que ela estava no caminho certo. Ela aprenderia isso não apenas devido à ausência de ruído ou de movimentos desassossegados, mas por meio da vigilância espiritual e da receptividade. Jim Elliot, morto com uma lança pelos índios Auca, escreveu: "Onde quer que você esteja, *esteja todo lá*. Viva por completo cada situação que você acredita ser o desejo de Deus".[8]

Eu prossegui: "Lisa, muita coisa foi destruída em sua vida. Não destrua nada mais nela. E não se preocupe em achar respostas... De qualquer maneira, não acho que elas pudessem satisfazê-la neste momento. Use o tempo que você conseguiu, a quietude que está experimentando... para conhecer Deus".

"Mas, como?"

Sorri com a pergunta dela, pois sabia que a resposta de tão simples pareceria superficial. "Converse com ele em oração, deixe que Ele converse com você por meio de sua Palavra."

"É só isso?"

"É só isso!"

Lisa me disse que começaria a fazer isso imediatamente, em especial, quando lhe contei que as orações mais débeis, proferidas por aqueles que sofrem, chegam mais fundo no coração de Deus. Nesse ponto, imaginei anjos pulando de alegria no céu. Essa tetraplégica, com respiração artificial, que se encontra deitada na cama, gastaria longos momentos em oração e, embora pudesse não ter consciência disso, faria o trabalho dos anjos. Pois, há anjos no céu que não fazem nada além de louvar a Deus, como os serafins que dia e noite proclamam diante do Senhor: "Santo, Santo, Santo!"

O caminho que ela tinha pela frente era árduo, mas quando pessoas feridas, como ela, dão uma ninharia para Deus, ele sempre pega tudo. Ele quer que quem muito sofre receba glória ainda maior.

> O relógio parou. O universo reluziu e ruiu. O dilúvio arrastou a muralha do dique. Anjos fulgurantes caíram como poeira de ouro das feridas, trazendo convites para as ovelhas: "Levantai-vos coxos, esfarrapados, órfãos, cegos, vós mutilados espiritualmente, julgados sem mérito, rejeitados como inúteis pelos homens. Levantai e achai a coroa, o trono, o direito inato à herança.
>
> *Douglas Kaine McKelvey*[9]

Quanto maior o sofrimento, maior a glória

Há uma relação direta entre o sofrimento terreno e a glória celeste. Não estou glorificando o sofrer terreno. Não há benevolência inerente ao dano irreversível da espinha de Lisa. Não há nada louvável na agonia. Os problemas são reais, e não estou negando o fato de que esse sofrimento dói. Estou apenas negando que isso tenha *importância* no grande cenário das coisas. Isso é leve e momentâneo se *comparado* com o que nossa resposta está fazendo por nós no céu — sim, o sofrimento é essencial para a glória futura. Como já disse, isso coloca Lisa em invejável posição.

Vou explicar. O maior sofrimento que já ocorreu foi o da cruz. E a maior glória jamais dada em resposta ao sofrimento foi aquela atribuída a Cristo, quando ele ascendeu ao céu. Ele sofreu a "morte de cruz! *Por isso* Deus o exaltou à mais alta posição" (Fp 2.8-9; destaque da autora). Há uma correspondência direta entre o sofrimento e a glória.

Quando a mãe de Tiago e João se aproxima de Deus e pergunta se seus filhos podiam almejar o deleite de uma posição proeminente no reino do céu, o Senhor replicou aos três: "Vocês não sabem o que estão pedindo". Depois, ele disse aos filhos dela: "Podem vocês beber o cálice que eu vou beber?"

Eles responderam: "Podemos".

Jesus disse-lhes: "Certamente vocês beberão do meu cálice" (veja Mt 20.20-23).

O Senhor pressupôs que se era para seus seguidores compartilhar sua glória, eles também deveriam compartilhar seu sofrimento. E quanto maior o sofrimento, maior a glória. Por isso, o apóstolo Pedro diz que a medida do sofrimento mantém o regozijo: "Mas *alegrem*-se à medida que participam dos sofrimentos de Cristo, *para que também*, quando a sua glória for revelada, *vocês exultem com grande alegria*" (1Pe 4.13; destaque da autora). Regozijamo-nos na Terra... portanto, podemos ter arroubos de alegria no céu.

Será que isso significa que aqueles que sofrem muito, embora nobremente, terão uma auréola maior? Uma face mais radiante?

Não, mas significa que desfrutarão de uma maior capacidade para servir a Deus no céu. Os que sofrem com espírito submisso e passam por sofrimentos sem paralelos serão glorificados sem comparação.

Tenho certeza de que, algumas vezes, Lisa sorrirá maliciosamente — como já aconteceu comigo — enquanto lê Romanos 8.18: "Considero que os nossos sofrimentos atuais não podem ser comparados com a glória que em nós será revelada". Como eu, ela pensará de forma circular: *A Bíblia está sendo leviana sobre minha sina de vida?* Mas, desde que ela se mantenha focada no básico — ficando calma e quieta e conhecendo Deus por meio da oração e da Escritura —, ela permanecerá na sublime estrada que conduzirá à nossa morada. Ela será mais devotada ao futuro do que ao presente. Mais devotada ao espiritual do que ao físico. E mais devotada às realidades espirituais do que às temporais.[10]

Não vá para o céu ainda!

Há outro círculo pelo qual Lisa terá de passar. Ainda lido com isso e aposto que você também. Quanto mais firme meu coração se encontra ancorado no céu, mais quero ir para lá. Agora mesmo.

Não há o que fazer a respeito do cansaço diário de ficar sentada ou ter cãibra no pescoço para manter minha cabeça ereta. Isso apenas significa que a menor parte de meu coração está aqui, e a maior está lá. Identifico-me com o que o apóstolo Paulo disse em Filipenses 1.21-24: "Porque para mim o viver é Cristo e o morrer é lucro. Caso continue vivendo no corpo, terei fruto do meu trabalho. E já não sei o que escolher! Estou pressionado dos dois lados: desejo partir e estar com Cristo, o que é muito melhor; contudo, por causa de vocês, é mais necessário que eu permaneça em meu corpo".

Eu, como Paulo, debato, com freqüência, os prós e os contras da vida. Contudo, como para ele, minha vida terrena também significa um dissabor. Estou dividida entre os dois lados. Desejo partir. Como meu coração já foi na frente, anseio segui-lo em direção à pátria. No entanto, é mais necessário que eu, como também Lisa e milhares de outros como nós, permaneçamos em nosso corpo. Pelos outros.

Ao final da minha conversa telefônica com Lisa, expliquei isso. "Se você permanecer fiel, apesar de bizarro, vai ajudar as pessoas como eu, e muito mais do que você possa imaginar."

"Mas é difícil... pensar nos outros... quando você está ferida."

"Eu sei." Minha voz era quase um sussurro. "Mas, para você, é mais necessário que ela permaneça em seu corpo... isso é mais necessário para mim e para muitas pessoas que a conhecem melhor. Um amigo meu, deficiente, citou, certa vez, este versículo: 'Pois assim como os sofrimentos de Cristo transbordam sobre nós, também, por meio de Cristo, transborda nossa consolação. Se somos atribulados, é para consolação e salvação de vocês; se somos consolados, é para consolação de vocês, a qual lhes dá paciência para suportar os mesmos sofrimentos que nós estamos padecendo'" (2Co 1.5-6).

Fez-se uma longa pausa do outro lado.

"O fato de você estar presa em seu corpo... produz alguma coisa para o resto de nós cristãos. Não estou falando de você ser uma inspiração. É mais do que isso... é um mistério. Deus, de alguma maneira, fortalece os outros por meio de sua fidelidade. Você pode se sentir um fardo para os outros, mas Deus pensa o oposto. Ele acha que é necessário que os outros cuidem de você... Você fará mais pelo bem-estar espiritual deles do que pode imaginar. E mais, tudo isso contará como crédito para você. O apóstolo Paulo disse isso em Filipenses 1.25-26, quando contou seu exemplo inspirado para um grupo de companheiros: 'Convencido disso, sei que vou permanecer e continuar com todos vocês, para o seu progresso e alegria na fé, a fim de que, pela minha presença, outra vez a exultação de vocês em Cristo Jesus transborde por minha causa'. Você prestou atenção na parte 'transborde por minha causa'? Se as coisas boas acontecem aos outros por meio de seu exemplo, Deus registra isso em seu arquivo."

Lisa retorquiu e tentou levar a melhor: "Mas, eu não... vejo mais as pessoas... Todos... se foram... posso ajudar você... e ninguém mais".

Nesse ponto, ela mencionou outra razão de por que Deus ainda não a tinha levado para o céu. Ela deve resistir não apenas para o benefício dos outros, mas para cumprir o propósito de ensinar aos poderes invisíveis, aos governantes e às autoridades das regiões celestes sobre o Senhor poderoso e que tudo sustenta.

Voltei a falar: "Veja, quando estava no hospital, eu tinha uma amiga, Denise. Ela, há oito anos, estava deitada numa cama, paralítica e cega. Numa situação muito pior do que a minha ou a sua. Ela estava lá apesar de toda a situação parecer inacreditável".

De novo, fez-se um longo silêncio do outro lado, e eu sabia que Lisa escutava atentamente.

"Denise morreu depois de ficar oito anos naquela cama. Minha lógica humana afirmou: 'Deus, o Senhor poderia tê-la levado para casa antes... o que toda a luta dela significou para as enfermeiras que, por acaso, a conheceram?' Mas, depois, li um versículo em Efésios 3.10 que afirma que Deus usa a nossa vida como um quadro-negro em que ensina lições sobre si mesmo. E ele faz isso para o benefício de anjos e de demônios... talvez não pessoas, mas quatriliões de seres invisíveis".

Alguma coisa dinâmica está acontecendo neste momento no céu. Anjos e demônios estão aprendendo novas coisas sobre Deus. Isso acontece quando os crentes permitem que suas circunstâncias dolorosas sirvam de plataforma para que sua alma erga-se às alturas celestiais. Cada dia que vivemos nesse corpo representa um trabalho produtivo — para nós, para os outros, para a glória de Deus e para as multidões do céu.

Para frente e para cima

O sofrimento sempre nos conduz para o mais secreto e para o mais elevado. Sempre, para frente e para cima, em direção ao centro do céu.

Lisa e eu nos despedimos e mantivemos contato. Ela organizou sua vida com uma amiga e começou a fazer uma faculdade local. Envolveu-se com sua igreja e começou a participar de estudos bíblicos. Depois de cinco anos, perdemos contato. Aliás, não estava preocupada com ela, pois parecia estar em uma rota serena e segura.

Este ano, entretanto, fiquei perplexa, verdadeiramente chocada, quando, após terminar de fazer uma palestra, uma jovem mulher, usando um aparelho, veio com sua cadeira de rodas em minha direção com um sorriso confiante. Soube imediatamente quem ela era. O brilho em seus olhos assegurou-me de que era a mesma jovem. Ela rumava alegremente para a pátria e, durante o percurso, extraía o máximo de cada dia.

Se Madame Guyon pudesse alcançar Lisa (confinada em sua própria situação de pinos e barras) através dos séculos, ela a teria congratulado com essas palavras redigidas em sua escura masmorra: "Que grande ganho se obteve comparado ao pouco que foi perdido! Você perdeu a 'criatura' para ganhar o 'Criador'. Você perdeu sua insignificância para ganhar todas as coisas. Você será alguém sem fronteiras, pois terá herdado a Deus! Sua capacidade de experimentar a vida dele apenas aumentará mais um pouco. Tudo que, uma vez, você teve e perdeu, retornará para você em Deus".[11]

Lisa e eu vimos o futuro, e o futuro somos nós. Um glorioso futuro para aqueles que, por causa de Cristo, sofreram de forma corajosa.

O seu futuro também é glorioso. Deus colocou o sofrimento em sua vida para fazer você lembrar que o céu não está apenas no futuro; ele está no agora, neste momento. O céu destina-se a abençoar a sua vereda e a ser a fonte de força em seu sofrimento de hoje. Corajosamente, acolha-o e saúde-o.

> O céu não pode vir até nós a menos que o nosso coração encontre repouso no hoje. Alcance o céu. Não há paz que repouse no futuro que não esteja escondida nesse precioso pequeno breve instante. Alcance a paz. A treva do mundo não é nada além de uma sombra. Por trás dela, ao nosso

alcance, está o regozijo... A vida doa-nos tão generosamente, mas nós, quando julgamos seus presentes pela embalagem, os lançamos fora, pois os consideramos feios, ou pesados, ou difíceis. Remova a embalagem e, por baixo dela, encontrará o esplendor vivo, tecido com amor, sabedoria e poder. Acolha-os e saúde-os e toque as mãos dos anjos que os trazem.

A tudo que chamamos de provação, pesar, dever: acredite-me, tem a mão de um anjo ali, o presente está lá e o milagre de uma Presença ofuscante. Nossas alegrias também: não fique contente com elas apenas como alegrias. Elas também ocultam presentes divinos. A vida é tão cheia de sentido e propósito, é tão cheia de beleza por baixo de sua embalagem que você descobrirá que a Terra apenas dissimula o céu. Coragem, portanto, para clamá-la, isso é tudo! No entanto, você tem a coragem e o conhecimento de que somos peregrinos viajando por um país desconhecido no caminho de nossa morada.

Fra Angélico (1387-1455)[12]

Notas

1. Stafford, *Knowing the Face of God*, p. 221
2. Samuel Rutherford. *Letters*.
3. Larry Crabb. *Men and women, enjoying the difference*. Grand Rapids: Zondervan, 1991.p. 92-93.
4. Idéia tirada dos escritos do bispo J. C. Ryle.
5. J. C. Ryle. *Holiness*. Cambridge: James Clarke. p. 43-45.
6. Ibid., p. 45.
7. Amy Carmichael. *A rose from brier*. Frot Washington, Penn.: Christian Literature Crusade, 49, 12. Usado com permissão.
8. "Sillness". *The Elisabeth Elliot Newsletter* (março/abril de 1994), 1.
9. Douglas Kaine McKelvey. *Cattail, fishscale, and snakeskin*. Chicago: Cornerstone, 1994. p. 38. Usado com permissão.
10. Fonte para essas idéias: John MacArthur, Jr. "Secrets to endurance" mensagem. Panorama City, Ca.: Grace to You, 1994.
11. Madame Guyon. *Spiritual torrents*. p. 80.
12. Clarkson. *Grace grows best in winter*. p. 191-2.

10
A caminho de casa

Quando sai do escritório do *JAF Ministries*, o poente incandescente atrás das montanhas costeiras me fez parar. Fiquei no estacionamento, olhando os tons variados e intensos que iam do lilás vivo para o rosa e, depois, para o vermelho fogo. Um pôr-do-sol exibido, provocador, um verdadeiro caleidoscópio, me convidava a segui-lo para além do horizonte. Era mais um daqueles momentos celestiais inspirados persuadindo-me não apenas a ir além do horizonte, mas para a morada. Sabia que não podia segui-lo. No momento, apenas posso sentar e regozijar-me.

"Boa noite, Joni", sorriram duas colaboradoras enquanto se dirigiam para seus carros.

"Boa noite", disse sonhadoramente. Acordei e acrescentei: "Ei, meninas, esperem... é possível conceber algo como esse pôr-do-sol?"

Minhas amigas pararam e ficamos juntas, quietas, olhando as cores. Essas maravilhosas cores nos banharam com seus tons ardentes, tocando-nos como se o dedo de Midas tivesse transformado nosso grupo em uma única e silenciosa estátua de ouro. Estávamos presas naquele momento infinito que, sabíamos, estar escapulindo mesmo enquanto tentávamos agarrá-lo. *Absorva tudo*, parecia que entendíamos assim a mensagem, *isso não durará para sempre*.

Enquanto as cores esmaeciam, raios dourados projetavam-se detrás da montanha como se o último vestígio de sol escorregasse cume abaixo. Depois, ele se foi. Acabou.

Olhamos o céu escuro e ameaçador como a névoa do oceano que se aproxima arrastando-se sobre a colina. Senti um calafrio, nos despedimos e seguimos o nosso caminho. Entrando em minha *van*, lembrei-me de minha passagem favorita de Amy Carmichael: "Teremos toda a eternidade para celebrar as vitórias e apenas algumas poucas horas antes do pôr-do-sol para vencê-las".

Carmichael sabia muito a respeito da vida cristã — e muito sobre os pores-do-sol. Ela sabe que o esmaecimento das cores nos fascina com sua beleza, imobilizando-nos e fazendo-nos quase crer em momentos infinitos. Depois, no segundo seguinte, o vagaroso desvanecimento do rosa e do dourado.

Por que sempre fico admirada pela *rapidez* com que o pôr-do-sol desaparece? Olhei um pôr-do-sol, entrei na *van*, fui embora, parei no posto de gasolina, no mercado, ajudei Ken a preparar o jantar e, muito depois de escurecer, caí na cama. Na manhã seguinte, levanto-me e estou de volta ao trabalho. Minha vida passará em um lampejo, em um piscar de olhos. Inesperadamente — em um estalar de dedos — ela passará. Finda. A beleza transitória de todas as coisas boas da vida desaparecerá.

Absorva tudo... isso não durará para sempre. Compreendi que logo, muito mais rápido do que poderia conceber, seguirei o pôr-do-sol sobre o horizonte e entrarei no outro lado da eternidade. E se for capaz de olhar a Terra por sobre os ombros, sei que ficarei aturdida pelo fato de a vida passar tão rapidamente. Mas, no céu, não haverá tempo para pensar nessas coisas.

Portanto, devo pensar nelas agora.

É por isso que Deus nos dá momentos infinitos no aqui e agora, fazendo assim ressoar em nosso coração aquele vibrante acorde que ecoa a eternidade. Ele, com esse espantoso eco, seduz-nos a sair deste mundo, e isso acontece quando estamos envolvidos nos braços daquele que amamos. Ou quando observamos uma criança rir. Ou saboreamos algo da Escritura que faz brotar vida em nosso coração. Ou choramos ao ouvir um coro cantando um hino jubiloso. Ou vemos o pôr-do-sol ou fitamos as estrelas.

Os momentos infinitos são os que impulsionam o nosso coração para frente, para o céu. Os momentos em que demonstramos grande obediência, em que escolhemos a paciência em vez das queixas, ou reverenciamos a Deus quando isso é difícil. Amy Carmichael diz que se trata de "conquistar vitórias" nas poucas horas que temos antes do pôr-do-sol.

Em Efésios 5.15, lemos: "Tenham cuidado com a maneira como vocês vivem; que não seja como insensatos, mas como sábios". O tempo se esvai, as horas são efêmeras e, antes que você perceba, não há mais chance de provar o nosso amor por Jesus por meio de nossa obediência. Não temos mais tempo de voltar atrás em nossa conduta. De construir com ouro, prata e pedras preciosas.

O sol já terá se posto.

Crepúsculo: avizinhando a passagem para o céu

Ninguém gosta mais do pôr-do-sol do que minha mãe. Lindy, como as amiga a chamam, é como eu, pois ela pára tudo o que está fazendo para assistir a um pôr-do-sol vigoroso. No verão, seu primeiro ritual ao fim do dia é sentar-se em uma cadeira, bebericar um café na área de trás de seu condomínio para assistir o sol desaparecer na baía de Sinepuxent, na costa oriental de Maryland. Depois, vê o crepúsculo dar lugar a milhares de estrelas cintilantes que se estendem por todo o horizonte. Ela adora olhar para cima e sempre me telefona para me lembrar que é lua cheia.

Minha mãe está ciente do quanto os dias são curtos. Ela, aos 81 anos de idade, já viu milhares de vezes o sol se pôr e sabe que mesmo o dia mais brilhante, com certeza, terá seu crepúsculo. Para ela, as sombras estão caindo há mais tempo e são mais densas, mais rápidas, e o ar bafeja tepidez. Seu tempo mais poderoso de construir com ouro, prata e pedras preciosas está se desvanecendo, como também o entardecer de sua vida está passando. Lindy sabe que está se preparando para o crepúsculo. No entanto, mesmo em seu crepúsculo, ainda que pareça nobre e idosa, ela é tão... *jovem*!

Estou convencida de que isso se deve ao fato de ela manter o olhar voltado para o alto e focar algo muito além de seus muitos aniversários e a artéria bloqueada. Literalmente, o céu está mais perto dela, e concentrar-se nele sempre infundirá juventude em seu coração. Afinal, viver no céu é um tipo de momento infinito. As pessoas que olham para cima e vêem além dos limites dos anos engrandecem a alma com a eternidade. Elas têm o ar de algo eterno a sua volta, de algo atemporal. Sabem que cada dia as leva para mais perto do céu, que, por sua vez, instila mais juventude em seu coração.

Não é necessário convencer minha mãe, nem é preciso torcer o braço de minha amiga, Alice McIntire. No entanto, definitivamente, em seu crepúsculo, ela não dirá a sua idade, pois afirma que: "Qualquer mulher que diga quantos anos tem, não está dizendo nada". Alice — ela é mais velha do que minha mãe — gosta de olhar para cima e ver como as sombras caem há mais tempo e mais depressa. Durante anos, o ritmo de seu coração bateu com o de seu Salvador e, de vez em quando, ela parece inclinar a cabeça, como se estivesse fascinada com a melodia da celebração celestial. Não me surpreenderia se esse realmente fosse o caso. Ela tem ouvido para as coisas festivas. Mesmo depois de oito décadas, ela vive o céu e parece fazer parte dele. Alice sabe que terá toda a eternidade para celebrar as vitórias, portanto, no crepúsculo de sua vida, está tirando o maior proveito dos momentos. Ainda ministra estudos bíblicos para mulheres e o faz trajando belas blusas de tricô e de seda com laços, brincos e sapatilhas bordadas.

Seu estudo bíblico não estaria completo sem, ao final, oferecer seu melhor jogo de porcelana e linho para o café, acompanhado de bolinhos. Sua vivacidade, seu humor e seu estilo me maravilham, e, certa vez, disse a ela: "Você realmente deve estar olhando para o futuro, para o céu". Ao que ela replicou: "Oh, sim, querida, mas espero estar por perto para o retorno de Jesus... nunca gostei de perder uma boa festa".

Alice se mantém olhando para cima. Por isso, permanece tão jovem (como minha mãe). Todo cristão que mantém o olhar para cima aumenta a capacidade de seu coração para o céu. Eles não parecem velhos, ficam jovens.

O dr. Sherwood Wirt, editor emérito da revista *Decision*, pertence às fileiras de Alice McIntire e, como ela, seu semblante revela o ar da juventude. "As pessoas falam das 'transições' que a idade traz, em geral, em relação às mudanças externas, como perda de cabelo e dificuldade para ouvir. Tenho agora 83 anos e quero testificar sobre meu interior, onde vivo, pois a idade não significa nada. Sou a mesma pessoa que era aos 20 anos, ou aos 46, ou aos 65 anos".[1]

Não tenho 90 nem 18 anos, mas consigo me identificar com o que ele afirma. Sinto-me tão jovem em meu interior, em algum ponto entre a idade de 12 ou 13 anos. Como se ainda fosse uma criança. Uma menina como minha mãe que ainda se arruma para fitar a lua. Ou como Alice que seleciona a última moda em desenhos para pequenas prateleiras. E o dr. Wirt que, toda vez, desarma as pessoas com o brilho em seus olhos. Sentimo-nos jovens quando esquecemos o temporal e focamos no eterno — isso é o que fazem as crianças que não têm noção de tempo e a quem o reino do céu pertence.

Pessoas como essas entendem que o tempo não é seu ambiente natural. Percebem que são seres espirituais que vivenciam por tempo limitado a experiência de vida física. Para elas, o tempo não se parece tanto com a aproximação de um inimigo quanto com a passagem — embora difícil — para uma eternidade melhor e mais brilhante.

Quando a passagem é dolorosa

Essa passagem pode ser mais alegre no crepúsculo, porém, não necessariamente, mais fácil.

A passagem final para minha mãe, para Alice ou para o dr. Wirt pode ser imediata e suave, mas não há garantia disso. Para muitos, a passagem é feia e dolorosa.

Para Billie, esposa de Cliff Barrows, aconteceu dessa maneira. Eles lutaram, por mais de quarenta anos, junto com o dr. Graham, sempre cheios de interesse pela vida e entusiasmo pela boa luta. Esse zelo manteve Billie à tona durante seus últimos nove anos, enquanto ela corajosamente combatia um câncer de seio, que espalhou-se para o fígado, os ossos e, por fim, atingiu o cérebro. Ela escolheu o caminho superior e manteve a perspectiva jubilosa, melhorando seu corpo tanto com o remédio de um coração alegre quanto com um regime de vitaminas, vários chás e suco de cenoura e beterraba. No entanto, Billie, mesmo com cinco tratamentos quimioterápicos, não pode debelar a doença.

Sua passagem deveria ter sido um modelo: cercada por uma família carinhosa, encorajada pela oração e amparada por um espírito lutador — magnificamente serena em carruagens balançando suavemente enquanto os anjos, calmamente, viessem buscá-la. Não aconteceu dessa maneira. Sua passagem foi um golpe decisivo, um nocaute no meio do ringue, que a impossibilitou de continuar a luta, pois o tempo ameaçava, zombava e não demonstrava misericórdia.

Em cinco ocasiões distintas, seus filhos e filhas voaram de cantos distantes do país para ficar ao lado dela com o pai. Eles pensavam: *Desta vez, Deus levará mamãe para casa.* No entanto, aquela não era a hora marcada para ela. Em suas duas últimas semanas, a alegria de Billie — que havia sido uma inspiração para Cliff, amigos, médicos e toda a família — foi emudecida pelo tique-taque de cada minuto doloroso, e cada um desses minutos falhava em trazer-lhe o livramento.

O leito de morte não foi um lugar abençoado para Billie. Contudo, tornou-se um lugar de bênção para a família. Cliff, os filhos e as filhas, os genros e as noras, como também os netos, descobriram uma profunda e rica bênção em estar juntos. Não à volta da mesa de festas, com risadas e momentos alegres, mas ao redor de uma cama de aflição que, de maneira dolorosa, oferecia momentos de amor e reconciliação. Embora Billie não pudesse se comunicar, as lágrimas que rolaram de seu rosto pouco antes de ela morrer disseram tudo. Por fim, a abençoada libertação veio. Ela trocou a Terra do morrer pela do viver.

Não muito depois do funeral de Billie, telefonei para sua filha, Bonnie. Falamos sobre a agonia arrebatadora daqueles últimos dias. "Joni, os cristãos não devem romancear a morte. A morte é a última tentativa de Satanás para nos cercar, e ele fará com que isso seja tão horrível quanto puder".

Fizemos uma longa pausa.

"No entanto, Deus tem a última palavra. Ressurreição. E na sepultura podemos cantar — na verdade, continuamos cantando todos os dias:

> Estamos agora onde Cristo nos guiou,
> Seguindo nossa sublime Cabeça,
> Fazer como ele, como ele ressuscitamos,
> São nossas, as cruzes, o túmulo, os céus."

Eu podia ouvir o sorriso na voz de Bonnie e não foi difícil imaginar o mesmo sorriso, em meio às lágrimas, enquanto ela e sua família deixavam o túmulo, cantando aquele hino de vitória: *Cristo, o Senhor, ressuscitou hoje*.

Quando desliguei o telefone, pensei em Corrie ten Boom, a holandesa que foi enviada aos campos de concentração nazistas por ter escondido famílias judias. Anos depois de sua libertação, sua companheira, Pam Rosewell, sentou-se ao lado de sua cama, já velha e após ter um derrame cerebral. Ao observar o corpo e a mente dela se transformarem em uma sombra do que fora, Pam Rosewell se perguntava — como a família de Billie — por que o Senhor não a levava mais cedo para a sua memória. Entretanto, Pam, depois do funeral de sua amiga, observou: "Cada dia que ela vivia era uma vitória sobre o mal... ele queria que ela tivesse morrido cinqüenta anos antes, em Ravensbruck, mas apenas o ato de viver, sem fazer nada, apenas respirando vida, para dentro e para fora, era um triunfo. Nos seus últimos anos de vida, ela não influenciou ninguém, e se o Senhor permitiu que ela permanecesse na Terra apenas para fazer uma declaração diária e silenciosa para os principados nas regiões celestes de que 'Jesus é o vencedor', então, na verdade, esse foi um silêncio importante".

Na verdade, será que, para a prestação de contas de Billie, algo de valor eterno resultaria do fato de ela sobreviver alguns meses ou algumas semanas extras? Estaria em atividade a realidade divina invisível? Realidade essa que a família Barrows, envolta pelo véu do sofrimento que nos bloqueia a visão, era incapaz de perceber? Talvez, afinal, a glória de Deus se tornasse mais áurea devido à fé da família forjada em seu leito de morte — uma vitória que será creditada à Bíblia. Os dias em que estava morrendo podem ter sido maus, mas ela lutou o máximo que podia. Seu corpo obedeceu ao impulso do Deus doador de vida. E, talvez, isso — sem a menor intenção de dar glamour — fosse uma vitória. Em todo o seu sofrimento, nem Corrie nem Billie foram diminuídas.

> Estou em pé na praia. Uma embarcação ao meu lado desfralda suas velas brancas na brisa da manhã e parte para o oceano azul. Ela é objeto de beleza e força, e eu permaneço e a vejo até que finalmente paira como uma pequena mancha de nuvem branca no lugar exato em que o mar e o céu se fundem. Nesse momento, alguém ao meu lado disse: "Pronto! Ela se foi".
> Foi para onde? Desapareceu da minha vista — isso é tudo.
> Ela tem exatamente o mesmo mastro grande, forte e vergado de quando estava ao meu lado, como também, da mesma maneira, é capaz de suportar seu carregamento de carga viva até seu lugar de destino. Seu tamanho diminuído está em mim, não nela; e apenas no momento em que alguém ao meu lado diz: "Pronto! Ela se foi", há outros olhos espreitando sua chegada, e outras vozes prontas para levantar o alegre grito: "Lá vem ela!".
> E isso é morrer!
>
> —*Autor desconhecido*

Olho para o meu próprio corpo degenerado e me espanto em pensar como se dará essa passagem final. Será breve e suave? Ou longa e agonizante? Meu marido será capaz de cuidar de mim? Ou, devido a minha tetraplegia, ficarei melhor em uma casa de saúde? Não tenho tanto medo da morte, mas de morrer.

De modo estranho, sou confortada pelo pensamento de que, quer ela seja um sofrimento prolongado quer seja uma passagem tranqüila durante a noite, não se espera que o servo sofra menos do que seu Mestre. Não há paz sagrada na morte. Alexander Schmemann, teólogo, escreveu em seu clássico *For the life of the world* [*Para a vida do mundo*]: "Só se Cristo for a vida é que a morte é aquilo que os cristãos proclamam um inimigo a ser destruído, não um 'mistério' a ser explicado".[2] Até mesmo a Terra ficará transtornada em suas dores finais de parto antes do aparecimento do novo céu e da nova Terra. Todas as sementes — quer sejam uma planta, uma pessoa ou um planeta — devem morrer. Contudo, depois, virá a colheita.

Entre a morte e a ressurreição

Billie e Corrie, até no momento da colheita, não foram diminuídas, pois, atualmente, estão no céu. Ganharam incomensuravelmente no instante em que passaram da terra do morrer para a do viver. Em 2Coríntios 5.8, o autor explica isso: "Estar ausentes do corpo [*é estar*] e habitar com o Senhor" (acréscimo da autora). Billie e Corrie, nesse momento, não estão em um estado de alma adormecida na presença do Senhor; elas, no melhor sentido da palavra, "habitam" com ele. Estão vivas, despertas, atentas e plenas de regozijo por ter chegado à pátria. A pátria na qual se sentem ajustadas, que lhes dá calor e boa acolhida, o lugar a que pertencem. Quem pode medir a plenitude do significado da palavra "lar"!

Há uma outra maneira de provar que os santos mortos não foram diminuídos, e os indícios estão em Lucas 16.19-31. Jesus conta não uma parábola, mas uma incrível ocorrência da vida real que aconteceu após a morte do mendigo chamado Lázaro e do homem rico. O homem rico estava ciente do ambiente infernal que o rodeava como também tinha perfeita noção da condição de seus irmãos que permaneciam na Terra, e ele desejava desesperadamente alertar a sua família. Ele sentiu, viu, orou, lembrou e desejou.

O que quero dizer? É que se almas perdidas podem sentir e inquietar-se, podem ainda mais aquelas que morreram na fé!

Corrie e Billie agora habitam com o Senhor de glória, o Senhor de amor. Quão profundamente elas devem sentir e orar e ver. Quão fervoroso deve ser o amor delas. É possível que nossos entes queridos que estão na glória possam nos amar agora? Orar por nós? O amor não morre; ele não pode morrer, pois ele não pode definhar. O amor faz parte dos seres santos mortos, não o corpo, mas a personalidade. Estou convencida de que Billie agora ama seu marido Cliff com o mais puro, santo e intenso amor que jamais sentiu aqui na Terra. E, da mesma maneira, é capaz de observar os enganos, os erros e as lágrimas de seus entes queridos na Terra, ela tem o benefício de uma visão em que não há mais tempo, ela é capaz de ver o cenário maior e melhor.

No céu não perdemos, pois "morrer é um ganho". Não somos menos, somos mais. Quando morremos, não estamos em um estado letárgico de alma adormecida, não estamos no purgatório, e, com certeza, não estamos inconscientes. Estamos em nossa morada com o Senhor. Morada!

Depois, a ressurreição e o resto

Depois, um dia, a ressurreição. "Mas os teus mortos viverão; seus corpos ressuscitarão. Vocês, que voltaram ao pó, acordem e cantem de alegria. O teu orvalho é orvalho de luz; a terra dará à luz os seus mortos" (Is 26.19).

Em uma tarde de Domingo, removi o véu sobre essa realidade divina invisível. Há pouco tempo, minha sogra adquiriu um lote familiar em um cemitério. Ela não assinou os papéis até que Ken e eu olhássemos o lote e déssemos nossa aprovação. Choraminguei para Ken: "Tenho de fazer isso?" Podia pensar em coisas melhores para fazer em nossa tarde de domingo.

Representando a esposa submissa, empreendi, com Ken, a difícil viagem até o cemitério. Olhei o meu túmulo localizado em uma seção denominada "Pinheiros murmurantes" e escutei a corretora de imóveis (na verdade, era assim que ela era chamada) lembrar-me de que com minha "cabeça" aqui e meu pé "ali", poderia ter uma grande visão do vale e das montanhas distantes. Eu lhe disse que isso era importante. Também lhe disse que não pretendia ficar ali por um longo período.

Enquanto a corretora e a minha sogra conversavam sobre a papelada, olhei em volta para as centenas de lápides. De repente, fui tomada pelo fato de que estava sentada no ponto exato em que meu corpo ressuscitará, se morresse antes de Cristo vir. Descansar naquela encosta de colina gramada acendeu mais a realidade da ressurreição do que ouvir sermões ou ler tratados sobre o assunto. Um dia, seres reais retornarão aos túmulos reais para se reunir e ressuscitar.

E, depois, o céu.

Depois, o repouso.

Não o descanso de inatividade, mas o descanso da dor, da exaustão e do desapontamento. Estou apenas chegando à meia-idade, mas, como muitas de minhas amigas que se arrumaram durante anos, também estou pronta para o descanso. Não ter mais de brigar contra o pecado. Não ter mais de extrair o mundo, por meio de sucção, do meu coração. Não ter mais lutas, que acabam em nocaute, com o demônio. Não ter mais de cair na cama depois de um dia exaustivo apenas para obter algumas horas antes de acordar e voltar de novo à carga de trabalho. "Assim, ainda resta um descanso sabático para o povo de Deus" (Hb 4.9).

Esse pensamento torna não apenas suportável a dura labuta terrestre, mas a torna mais leve. Ainda me lembro como, após horas cavalgando para verificar as cercas e porteiras, meu cavalo ficava úmido de suor, com a cabeça baixa. Tinha de tocá-lo para que pusesse uma pata cansada na frente da outra. Depois, quando sentia um bafejo de casa ou reconhecia a cerca de seu pasto, suas orelhas se levantavam e ele apressava o passo. Quanto mais nos aproximávamos do celeiro, mais alegre se tornava seu trote. Depois de tirar a sela, ele poderia rolar com alegria na sujeira e beber longos goles de água do coche. Quão bom era para aquele animal estar em casa, poder descansar.

Quão bom nos parecerá poder descansar, estar em casa. Pode ser que os escritores da Bíblia — alguns que tinham cicatrizes de apedrejamento no corpo; outros cujas juntas ficaram enrijecidas pelas correntes — tivessem esse sereno repouso em mente, um repouso que os fazia levantar e apressar o passo. Eles escreveram encorajamentos vigorosos, como: "Devemos, portanto, fazer todo esforço necessário para alcançar o repouso", e: "Ao ver que os dias são breves, faça qualquer esforço...", e: "Resgatar o tempo dos dias é algo maléfico". O trabalho árduo parece muito leve para eles quando comparado com o glorioso repouso que estão prestes a desfrutar.

Aproveite o dia

O sol está se pondo. Agora, restam apenas poucas horas de dia para se obter a vitória celestial.

Acredito que estamos no crepúsculo de nossa labuta pesada assim como no crepúsculo da história terrena. Acredito que restam poucos dias. Minhas palavras finais para você são: "Aproveitem ao máximo todas as oportunidades" (Cl 4.5). Isso é o que Alice e minha mãe estão fazendo, e isso é o que Billie e Corrie fizeram nos seus últimos dolorosos anos de vida. Se pudéssemos ouvir isso dos próprios lábios de Amy Carmichael, talvez percebêssemos a urgência em conquistar triunfos para Cristo nessas poucas horas finais, antes do sol desaparecer.

Tentei apresentar essa perspectiva de "fim do tempo" para Kim, uma jovem cristã que sofre do mal de Lou Gehrig – doença que produz a destruição progressiva de uma parte dos nervos da medula espinhal, resultando na perda gradual das funções musculares — e estava vacilando entre aceitar ou não a ajuda de um respirador artificial. Ela não tinha certeza se o aparelho seria algo que sustentaria sua vida ou apenas prolongaria sua morte. Conversamos sobre como o impacto de sua decisão afetaria não apenas a ela, mas ao seu círculo de familiares e amigos. Na verdade, discutimos os fatos de sua doença e se sua morte era iminente ou não. Conversamos sobre a distinção entre egoísmo e abnegação.

Fiz uma oração silenciosa, pedindo a Deus que me ajudasse a ser tão sensível quanto deveria, e depois disse para Kim: "Se puder resolver essas questões com a consciência de um espírito controlado, creio que você não tomará a decisão errada. Mas, entre os dois, talvez possa haver uma escolha melhor. E para guiá-la, vou ler um último e poderoso versículo de 2Pedro 3.8. "Começa assim: 'Não se esqueçam disto, amados'. É provável que você saiba, graças à escola dominical, que o que Pedro está para dizer é de extrema importância, da mesma forma quando Jesus diz: 'Em verdade, em verdade!' E ele continua: 'Para o Senhor um dia é como mil anos, e mil anos como um dia'".

Expliquei-lhe por que o versículo é tão importante. Todos reconhecemos o antigo adágio de que Deus vê os últimos dois mil anos apenas como dois dias que já passaram, mas quantos de nós já pensamos a respeito da segunda parte do versículo? O trecho sobre ver cada dia como mil anos? É um pouco como a geometria divina, a fórmula matemática que nos assegura que cada dia é uma oportunidade para investir em mil anos de eternidade. Deus dá-nos uma fatia de tempo de vinte e quatro horas do qual devemos extrair o máximo que pudermos de cada oportunidade, oportunidades essas que terão repercussões eternas.

A maneira como gastamos as horas e os momentos — a maneira como Kim os gasta — é levada em conta. E muito mais do que temos consciência. Sugeri a Kim que ela devia sorrir e "agradecer" quando sua mãe injetava a refeição líquida em sua sonda. Essa é uma maneira de tirar o máximo de uma oportunidade, e isso poderia repercutir em 359 anos de benefícios para ela, sua mãe e em glória para Deus. Kim deu uma risadinha quando lhe disse isso. "E quando você morder a língua para não reclamar de qualquer coisa, isso pode lhe tirar quinhentos anos de bênção eterna, benefício e glória!" Que maneira para essa jovem viver os dias que lhe restam! Se Kim vivesse apenas mais duas semanas com essa perspectiva divina, isso lhe renderia quatorze mil anos no céu. Se vivesse um mês, isso representaria trinta mil anos de investimento eterno.

Não digo que cada dia aqui representa exatamente mil anos lá. Lembre-se, o céu tem um tipo de tempo distinto. O tempo apenas *está* no céu. Meu propósito, ao usar 2Pedro 3.8 era simplesmente dar um significado divino para o tempo terreno de Kim.

Aquela pequena maravilha que é o Salmo 90.12 afirma: "Ensina-nos a contar os nossos dias para que o nosso coração alcance sabedoria". *Esse* é o tipo de sabedoria que Deus quer que apliquemos em nossa fatia de tempo de vinte e quatro horas. Esse é o tipo de sabedoria que envia o seu coração na frente para o céu.

Ó, se pudéssemos perceber quão curta a vida é. Tiago 4.14 afirma: "Que é a sua vida? Vocês são como a neblina que aparece por um pouco de tempo e depois se dissipa". E se precisarmos de outra cutucada, Isaías 40.6-7 diz: "Que toda a humanidade é como a relva, e toda a sua glória como as flores do campo. A relva murcha e cai a sua flor, quando o vento do Senhor sopra sobre eles; o povo não passa de relva". Além disso, faça todo esforço. Os dias são maléficos. Compense o tempo.

Tente extrair o máximo de seus momentos.

Venha para a morada!

Sim, quanto mais velha fico, mais jovem me sinto. Quanto mais rápido o tempo voa, mas preciosas se tornam minhas horas. Em certos dias, sinto como se fosse ser chamada para minha morada a qualquer momento.

Eu tinha esse sentimento de "Vamos para casa", quando brincava no bosque que ficava atrás do nosso quintal. Assim chegava em casa, depois da escola, enquanto minha mãe preparava o jantar, eu deixava as minhas coisas no quarto e saía correndo pela porta dos fundos para brincar de pega-pega com Kathy e algumas crianças da vizinhança. Chamávamos uma pela outra e nossos gritos ecoavam em meio às altas árvores. Tudo ecoava — o chilreio dos pássaros, o ruído distante de um velho cortador de grama, a batida das portas. Nossa brincadeira era tão gostosa que podíamos ficar horas brincando e eu mal percebia o tempo passar. Eu mal percebia os raios de sol abrindo caminho entre as árvores, formando longas sombras. Kathy e eu sabíamos que logo mamãe poderia nos chamar para entrar em casa.

Engraçado, era muito raro que eu fosse para casa por vontade própria, sem ser chamada. Eu preferia ouvir a voz do meu pai ou da minha mãe, com as mãos em volta da boca, gritando meu nome. E mal eles me chamavam, lá da porta dos fundos, soava o ding-dong do sino que anunciava o jantar.

"O jantar está pronto... hora de vir para casa!"

É curioso... ainda posso ouvir a voz de mamãe. Eu quase chego a chorar; isso quase me fazia chorar quando era criança. O eco do sino... o som espantoso que repercute através da madeira... o júbilo prestes a fazer irromper em meu coração o amor pela morada... o calor familiar... sem falar no frango com purê de batatas perto do fogo incandescente na sala de jantar. E, com freqüência, no verão, depois de a mesa estar limpa e a sobremesa já ter acabado, sentávamos na área dos fundos e assistíamos o sol desaparecer.

"Lá vai ele..."

"Quase se foi... resta apenas uma ponta de luz."

Nossa família competia para ver quem era o último a ver o sol se pondo.

E depois esperávamos até que as estrelas surgissem, cantando hinos e contando as constelações. Isso era tudo que aquela criança poderia esperar. E aqui estou eu, adulta e ainda olhando para além da Ursa Maior e cantando melodias celestiais e conseguindo vitórias até que o crepúsculo terrestre dê lugar para o amanhecer da eternidade.

A maioria das coisas que empolga profundamente o íntimo de minha alma são ecos que se desvanecem tão logo alcançam os meus ouvidos. No entanto, o eco daquele sino de jantar, agora, muitos anos depois, não morreu, mas está expandindo em seu próprio som.

Quando isso acontece a qualquer um de nós, quando esses fantásticos vislumbres, aquelas promessas que parecem que nunca se realizaram plenamente encontram total satisfação em nossos anos de maturidade, então sabemos que encontramos o que estivemos procurando por tanto tempo. Sem a menor sombra de dúvida, devemos dizer: "Por fim, eis aqui a coisa para a qual fui feita... essa é a cura para uma antiga ferida".

É por isso que, para mim, os ecos estão ficando mais altos. Eles ressoam com o rico, pleno e profundo tom de Alguém que chama de bem perto.

> Jesus, branda e gentilmente, está chamando,
> Chama por você e por mim;
> Veja, ele está no portal, esperando e olhando,
> Olhando para mim e para você.
> Venha para a morada, venha para a morada,
> Você que está fatigado, venha para a morada;
> Jesus, sincera e ternamente, está chamando,
> Chamando, ó, pecador, venha para a morada![3]

Notas

1. Sherwood Wirt. "Remembering the joy". *Decision*. Dez 1994.
2. David Chilton. "Where is thy sting?" *World magazine*, vol. 9, n. 30. 7 jan. 1995, p. 28.
3. Will. L. Thompson. "Softly and tenderly" (domínio público).

Epílogo

Anos atrás, quando fiquei paralítica num acidente de mergulho, meu mundo se reduziu ao básico. Deitada durante dois anos em uma cama de hospital, sobre lençóis engomados, e rodeada por funcionários do hospital também engomados, vivi em um vácuo esterilizado, fazendo pouco mais do que comer, respirar e dormir. Tinha todo o tempo do mundo para dirigir perguntas a Deus.

Talvez os amigos que me visitaram tenham pensado que estava sendo muito filosófica. Eles, no entanto, não se depararam com as questões maiores sobre a vida que me martirizavam: "Qual é o sentido da vida?" e "Para onde estamos nos dirigindo?" Percebi, assombrada e ferida, que a vida tinha de ser mais do que simplesmente existir.

Foi quando me encontrei face a face com o Deus da Bíblia. Decidi que era melhor fazer minhas perguntas para ele, em vez de encolher os ombros e seguir em frente. Aqueles dois anos no hospital foram como uma longa sessão de perguntas e respostas.

O céu... nossa verdadeira morada, em parte, é resultado daquele tempo de questionamento. Qual é o significado da vida? Conhecer e glorificar a Deus. Para onde estamos nos dirigindo? Para deleitar-se com ele para sempre... pelo menos, aqueles que o conhecem.

Meu coração anseia para que você também o conheça e deleite-se com ele para sempre. E se o seu coração foi aquecido pelas palavras que leu nestas páginas, se você sentiu nelas o toque da verdade, então é Deus quem está lhe dizendo: "Venha para sua morada, venha para sua morada... você que está fatigado, venha para sua morada". O primeiro passo nessa direção é a oração honesta e que vem do coração. Se você deseja saber se está na direção certa para ir para a sua morada ligue-se ao céu, não ao inferno, depois sinta-se livre para pegar estas palavras e transformá-las em sua oração pessoal...

> Senhor Jesus, percebo que vivi minha vida afastada do Senhor
> E agora vejo como meus pecados me separaram do Senhor.
> Por favor, entre em minha vida — em meu coração, mente e espírito
> E torne-me a pessoa que o Senhor deseja que eu seja.
> Perdoe-me por ter vivido afastado do Senhor todos esses anos
> E ajude-me a converter-me de meus antigos caminhos
> Para o novo e reto caminho do Senhor.
> Eu o convido a ser o Senhor de minha vida
> E agradeço pela diferença que o Senhor fará em minha vida.
> Amém.

Se essa for a sua oração, o próximo passo na direção certa é achar a igreja em que compartilhará sua nova afeição pelo Senhor Jesus com outros corações semelhantes que crêem nele e que centram sua fé em torno da Bíblia como a Palavra de Deus. Você, passo a passo, crescerá no melhor conhecimento dele e irá se deleitar mais nele. Eu aguardo o dia em que a nossa jornada à morada ultrapasse esses portões de pérolas, e já estejamos do outro lado deles. Quando você chegar lá, devemos viver o céu, até lá, façamos tudo que podemos para ajudar outros corações a achar o caminho em direção à nossa morada.